suhrkamp taschenbuch 3995

W0109913

»Eines Tages«, hat Cees Nooteboom einmal erzählt, »habe ich meinen Rucksack gepackt, Abschied von meiner Mutter und den Zug nach Breda genommen, mich an der belgischen Grenze an den Straßenrand gestellt und den Daumen hochgestreckt. Und ich bin eigentlich nie mehr zurückgekehrt.« Seit dieser ersten Reise ist der große niederländische Autor unterwegs, ist zu jenem Reiseschriftsteller mit überwältigendem Werk geworden, den wir heute kennen.

Der vorliegende Band bietet eine Auswahl seiner besten Reisegeschichten aus den beiden Amerikas. Ein Meister der Nebenrouten, ein Spezialist für die unsichtbaren Gärten jenseits der hohen Mauern, ein Kenner der Räume, die hinter fest verschlossenen Türen warten – Cees Nooteboom führt mit Leidenschaft und Brillanz, sachkundig, leichtfüßig und selbstironisch durch Landschaften und Städte eines Kontinents.

Cees Nooteboom, 1933 in Den Haag geboren, lebt in Amsterdam und auf Menorca. Seine *Gesammelten Werke* liegen im Suhrkamp Verlag vor. Im suhrkamp taschenbuch erschienen zuletzt neben *Auf der anderen Wange der Erde* die Bände *Leere umkreist von Land. Reisen in Australien* (st 3993), *Eine Karte so groß wie der Kontinent. Reisen in Europa* (st 3994), *In der langsamsten Uhr der Welt. Reisen in Afrika* (st 3996) und *Geflüster auf Seide gemalt. Reisen in Asien* (st 3997).

Cees Nooteboom
Auf der anderen Wange der Erde

Reisen in den Amerikas

Aus dem Niederländischen von
Helga van Beuningen und
Andreas Ecke

Herausgegeben von
Susanne Schaber

Suhrkamp

Umschlagillustration: Jan Vanriet

suhrkamp taschenbuch 3995
Originalausgabe
Erste Auflage 2008
© Suhrkamp Verlag Frankfurt am Main 2008
Quellennachweise am Schluß des Bandes
Suhrkamp Taschenbuch Verlag
Druck: Druckhaus Nomos, Sinzheim
Printed in Germany
Umschlag: Göllner, Michels, Zegarzewski
ISBN 978-3-518-45995-9

1 2 3 4 5 6 – 13 12 11 10 09 08

Auf der anderen Wange
der Erde

(...) Auf der anderen Wange der Erde
Seh ich Steine in Formen von Menschen,
Die einen Menschen zermalmen.
Grausam, voll Haß träumt die Welt
Immer neue Gedanken,
Einen Dolch im harrenden Wasser.
Im Kahn aus Stengeln geflochten,
Kommt der schweigende Mann gerudert.
Seine Ferkel fressen den Schlamm,
Seine Frau schneidet das Schilf.

Ich bin es, der dies alles sieht,
Ohne Stamm aus dem Nirgends gekommen
Bis an die Sümpfe des Euphrats,
Bis zu dem Biß der Anden,
Ein Karnickel willig zur Jagd.

Cees Nooteboom, Titicaca

New York, Stadt des Verschwindens

Nie mehr habe ich den vergessen, diesen ersten Satz eines Reiseberichts von Dom Moraes in einem Buch über Indien: »Angst possessed me when I left London Airport.« Ich bin in Paris, auf dem Weg nach New York, Kansas, Memphis, New Orleans. *Angst possesses me*, und ich habe keinen Teufel, um sie auszutreiben. Wahnsinn, mutwillige Energieverschwendung, ausgerechnet am Tag vor einer großen Reise, und dann auch noch in einem lächerlichen Pariser Hotelzimmer, von Panik gepackt zu werden, daß man die Wände mit den verblaßten Tapeten hochgehen könnte, aber was soll man dagegen tun!

Ich werfe einen Blick nach draußen, und das ist auch wieder verkehrt. Der Tag ist in sich zusammengefallen, und ein lustloser Großstadtabend kommt heran. Dann eben raus auf die Straße. Schon seit Jahren nehme ich dieses Hotel, obwohl es keine Feuertreppe hat und ich genau weiß (heute sicherer als je zuvor), daß es einmal abbrennen wird und ich dann, wie bei diesem Hotelbrand in Tokio, mit der Geste einer Skulptur von Bernini auf dem Dach (auf dem Foto) des Hotels (in der Morgenzeitung) zu sehen sein werde, wie ich da stehe und um Hilfe rufe, und niemand hört mich.

Über die hölzerne Wendeltreppe, die an jenem großen Tag das Feuer mit rasender Geschwindigkeit aufwärts saugen wird, schleiche ich mich vorsichtig nach unten, aber die Chance, unbemerkt an Monsieur Mouton vorbeizukommen, ist gleich null. Er ist der Eigentümer, hat die Statur von de Gaulle und sitzt immer in der Halle, ein großer Mann von ziemlich rechtem Schnitt, dessen deprimierenden Untergangsphilosophien ich schon mehrmals aufmerksam gelauscht habe, seit wir zusammen, jeder auf seine persönliche Art, die prophetischen Maitage von '68 verbracht haben.

Kein Entkommen heute. Krachend fällt seine Hand auf meine Schulter: »Ça va, Monsieur Buhm?«, und erst nach langem Palavern über Terrorismus und Steuern enteilt ein kopfscheuer Buhm auf die Straße.

Wohin bloß? Ein uralter Instinkt treibt ihn in Richtung Notre Dame. Es ist naßkalt, neblig, das Licht ist blaß, wir haben November. Die Seine ist leer und schwarz, die Autos stinken, und Buhm, von Wahnvorstellungen gequält, faßt den Entschluß, morgen auf keinen Fall über den Ozean zu fliegen, und faßt zugleich den Entschluß, diesen Entschluß noch etwas vor sich her zu schieben, um auf diese Weise seine Qualen noch ein bißchen zu steigern.

Es ist dunkel bei Notre Dame. Gott ist da und ruft dich, aber Buhm kann nicht hinein. Mit der Fassade hat es übrigens eine merkwürdige Bewandtnis: Die Tauben, die sich dort niederlassen, werden schwarz, und die, die auffliegen, weiß. Geheimnisse von Licht und Schatten, aber bei meiner Stimmung etwas für stundenlanges Starren. Sie haben, warum auch immer, eine Vorliebe für den Schoß Christi. Mit heimlicher Genugtuung denke ich an Voltaire, der Notre Dame so schrecklich häßlich fand, daß er wünschte, man würde sie sofort abreißen, aber wo hätte ich dann heute abend stehen sollen?

Wenn ich doch fliege, grübelt es in mir, ist es morgen abend um diese Zeit fünf Uhr. Das ist natürlich Unsinn, weil es dort, wo ich dann sein werde, nicht Abend, sondern Nachmittag ist und hell. Aber dann ist es hier, wo ich jetzt stehe, wieder genauso spät, genauso naßkalt wie jetzt. Oder doch nicht? Es gibt niemanden, der so etwas für einen kontrollieren will. Und doch müßte es gehen: an der Seine entlanggehen, das nächste Haus suchen, den Namen von jemandem notieren, der im vierten Stock wohnt, im *Bottin* nachsehen, welche Telefonnummer zu diesem Namen gehört, und dann am nächsten Abend, genau zur gleichen Zeit, von New York aus in Paris anrufen und fragen, würden Sie vielleicht so freundlich sein, mit dem Fernglas nachzusehen, wie viele Tauben (jetzt sind es drei) bei Christus auf dem Schoß sitzen? Aber dann haben sie natürlich kein Fernglas oder sie sind blind oder telefonieren gerade oder sind nicht zu Hause. Nie läuft etwas so, wie man möchte.

Die feuchte Kälte sitzt mir jetzt in den Knochen. Ich trinke irgendwo ein Guinness, was auch wieder idiotisch ist, denn das mache ich sonst nie, dann tarne ich mich als »Pariser Passant, Winter, abends halb elf« und laufe in einer halben Stunde bis zum La Coupole. Einen Wodka. Der fährt mit einem eisigen, scharfen Messer in das Angstgefühl in meinem Magen. Hurra. Noch einen. Die Welt wird übersichtlicher. Alle Männer sind müde und alle Frauen sind munter, das sieht man gleich.

Ich versuche mich auf *Le Monde* zu konzentrieren, in der unsinnigen Annahme, das Entstehen einer subversiven Bewegung auf den Malediven ginge mich etwas an. Die unheimlichen kleinen Buchstaben graben mir die Augen aus den Höhlen, und in erneuter Verwirrung bestelle ich statt eines *Tableaus* (Austern, Miesmuscheln, Herzmuscheln, Strandschnecken) ein *Bouquet* (ekelhafte, um eine halb geschälte Zitrone aufgebahrte tote Garnelen von falschem Rosa). Alles geht schief. Zu spät, etwas anderes zu bestellen. Einen Halben Sancerre, zu meinem Tournedos einen Halben Gigondas. Doch noch so etwas wie Fröhlichkeit, Fröhlichkeit vermischt mit Verdruß über meine eigene Person und über diese ganze geschwätzige Menge um mich herum, die über den Preis des Beaujolais quasselt und über Filme, die ich, Gott sei Dank, nicht zu sehen brauche. Was jetzt? Einen Nembutal oder einen Armagnac? Oder beides? Nembutal vergessen, also zwei Armagnac. Euphorie, aber die verschwindet sofort unter einer Schicht Geschleim vom Taxifahrer, der nach sorgfältiger Analyse zu dem Schluß gekommen ist: Wenn das Leben überhaupt einen Sinn haben sollte, dann jedenfalls nicht jetzt und nicht für ihn.

Am nächsten Morgen ist alles vorbei. Ich erinnere mich undeutlich, daß ich mitten in der Nacht noch einen Kilometer durch mein zwei mal zwei Meter großes Zimmer gewandert bin, ohne irgendwo anzustoßen, daß ich jemanden in Bayern angerufen habe, der mir langsam und ruhig erklärt hat, daß Depressionen immer vorübergehen. Außerdem muß ich viel geraucht haben, oder es war jemand anders, der die Ricard-Aschenbecher mit Kippen verschiedener Marken vollgestopft hat, aber vorbei ist vorbei, der Tag ist klar, frostig, strahlend, ich taste meine Seele ab, um ganz sicher zu sein, daß nicht doch ein Rest Panik, Alptraum oder Bösartigkeit aus irgendeiner Falte kommen kann, aber nichts, nichts, wie berauscht packe ich meine Koffer, und summend mache ich mich auf den Weg in die Vereinigten Staaten von Nordamerika.
Das Merkwürdige an so einem Tag ist, daß es keinerlei Bruch darin geben wird. Alles ist eine einzige lange Bewegung, vom ersten Schritt im Pariser Hotelzimmer bis zum letzten im noch unbekannten Hotel in New York. Und nach allem, was die Erfahrung mich gelehrt hat, wird am Ende des Tages nichts irrealer sein als die Wirklichkeit, in

der ich mich jetzt noch bewege: Ein Taxi auf einem Kai an der Seine, auf dem Weg zum Terminal der Air France – am Ende des Tages wird sich diese Bewegung zurückgebildet haben, wird zu etwas Unmöglichem geschrumpft sein, das wahrscheinlich nie wirklich geschehen ist. Jetzt ist sie noch wirklich. Der Fahrer fragt, ob er den ganzen Bogen am Invalidendom vorbei fahren soll oder ob ich das kleine Stück Kai zu Fuß überqueren will, und gerade, als ich bezahlt habe, springt die Ampel für Fußgänger auf Grün, und er ruft: »Il y a le feu, profitez-en.« Der Satz macht mich stutzig, und sofort beginne ich, während ich meine Koffer schleppe, auf ihm herumzukauen. Die beste Übersetzung ist natürlich: »Das Feuer brennt, nutzen Sie es aus«, und als ich am Schalter in der Schlange stehe, versuche ich einen Zusammenhang zu erfinden, in den dieser Satz wirklich paßt: Der alte Umbagwe sagt zu Sa-Mbe in dem staubigen Weiler Nga im Süden der Zentralafrikanischen Republik: »Das Feuer brennt, nutze es aus«, aber gerade, als ich soweit bin, daß Sa-Mbe, von den anderen Dorfbewohnern unbemerkt, etwas Schreckliches tut, geschieht wieder etwas anderes: Ein Schwarzafrikaner vor mir am Schalter entbrennt wegen irgendeines Mißgeschicks mit seiner Reise oder seinem Tikket in wahrhaft ehrfurchtgebietendem Zorn und wendet sich wie ein Volkstribun mit seiner Anklage an zwei schwarze amerikanische Damen, die ihn natürlich nicht verstehen. Er hat einen prachtvollen kamelfarbenen Kaschmirmantel an und wedelt mit seinem krokodilledernen Köfferchen herum. Wir stehen betreten dabei und sehen zu Boden, von soviel aufrichtigem Zorn in Verlegenheit gebracht, bis eine Hohepriesterin der Air France mit fast vom Schädel abblondiertem Haar erscheint und ihn hinter eine Tür mitnimmt, die alle Geräusche schluckt.

»They were damn good cookies they gave us this morning«, sagt der Greis hinter mir, und so betreten wir unsere Büchse, Neger mit Gitarren, mediterrane Intellektuelle mit einer Ascheschicht unter den allwissenden Augen, alte amerikanische Damen mit diesem weißen Flaumhaar, wie manche nicht sehr wohlriechende Blumen es zuweilen absondern, Kinder, Geschäftsleute, und ich, Fleisch mit Augen und Seelen drin, und all das soll in diesen einen Jumbo.

Die verschiedenen Bereiche sind farblich gekennzeichnet, und an allen Türen stehen Platzanweiserinnen. Ich sitze im blauroten Teil, und der Sitz neben mir bleibt frei. Wie immer, wenn man sich befördern läßt, wird die jetzt zu verbringende Zeit unecht. Sobald man sich auf Gnade und Ungnade ausgeliefert hat, ist man nicht mehr Herr seiner selbst. Natürlich könnte man, während man mit einer Geschwindigkeit von tausend Stundenkilometern nach Westen fliegt, so um die hundert Meter nach Osten wandern, aber das bringt einem nichts. Man ist nicht mehr handlungsfähig und müßte schon Luftpirat sein, um daran etwas zu ändern.

So verirrt man sich also in einem willenlosen, zeitlosen Vakuum. Das ist auch das Reizvolle an Seereisen: Man *existiert* gar nicht mehr, die Zeit verfliegt oder die Zeit steht still, es ist völlig egal. Diese acht Stunden heute kann ich abschreiben, die können sie sich einrahmen lassen oder irgendwo in der Wüste Gobi deponieren, ich habe nichts dazu zu sagen.

Die Körperfunktionen allerdings werden aufrechterhalten. Wir bekommen *Medaillon de langouste, Pintadeau à l'orange, petits pois à la française, Fromages assortis,* Dessert und *Café de Colombie,* und all das wird mit Zickigkeit und mittelalterlichen Gebärden aufgetischt, diesen abgerundeten Gesten, mit denen in Tüll gehüllte, spitz behaubte Damen in einem Film über Abaelard und Héloïse beim Gastmahl die Schüsseln reichen. Es ist sehr anheimelnd, und doch sitzt auf der anderen Seite des Gangs eine spanische oder griechische Mutter in Schwarz, die geräuschlos, aber mit elementarer Gewalt vor sich hin weint.

Geschieht überhaupt etwas? Sind wir irgendwohin unterwegs? Der heilige Augustinus, der nie geflogen ist, sich aber viel vorstellen konnte, hat all diese Rätsel klar dargestellt, so klar wie die eiskalte Luft, die wir durchschneiden, zehn Kilometer über den Schollen, den Walen und den Schiffen: »Was also ist die Zeit? Wenn niemand mich danach fragt, weiß ich es; wenn ich es jemandem auf seine Frage hin erklären soll, weiß ich es nicht. Dennoch sage ich zuversichtlich, ich wisse, wenn nichts vorüberginge, dann gäbe es keine Vergangenheit, und wenn nichts herankäme, gäbe es keine Zukunft, und wenn gar nichts wäre, dann gäbe es auch keine Gegenwart. Aber auf welche Weise sind denn diese beiden Zeiten, die Vergangenheit und die Zukunft, wenn doch das Vergangene schon nicht mehr und das Zukünftige noch nicht ist? Eine Gegenwart aber, die immer gegenwärtig bliebe und nicht überginge in die Vergangenheit, wäre nicht mehr Zeit, sondern Ewigkeit.«

Und genau so empfindet man es auch: Es ist etwas Unmenschliches an dieser konstanten abstrakten Bewegung, die sich als Stillstand ausgibt, von der man aber weiß, daß sie auf dem Kennedy Airport enden wird, wo die Zollbeamten schon jetzt ihre Aggression aufladen, um einen nachher so unverschämt wie möglich malträtieren zu können.

Inzwischen betrachte ich den Rauch meiner Zigarette, sehe, wie die Stewardessen aus unendlicher Entfernung miteinander telefonieren und sich gleichzeitig am Bein kratzen, möchte einen Film sehen, aber der Ton, den man sich in die Ohren stopfen muß, funktioniert nicht, und *natürlich* glaube ich, daß nur bei mir der Ton nicht funktioniert, und *natürlich* glauben alle anderen, daß gerade bei ihnen der Ton nicht funktioniert, und das führt dann dazu, daß Hunderte von Händen sich heben, die flehende, gereizte und herrische Gesten machen, und die armen Dienerinnen wie verrückt an allen Kopfhörerbuchsen herumfummeln und zu spät merken, daß es sich *natürlich* um eine allgemeine Störung handelt, so daß niemand hören kann, weder auf französisch noch auf englisch, was Belmondo so alles an Schweinischem zu diesem ungeheuer scharfen Weib sagt, das uns da mit ein paar Metern Vorsprung nach New York vorauseilt.

Zu irgendeiner Stunde kommen wir an. Das Dorf, in dem ich die ganze Zeit gewohnt hatte, wird ausgekippt und mit dem Inhalt anderer gerade angekommener Dörfer aus Lima, Bangkok und Rom vermischt. Gleich werden wir füreinander New Yorker sein. Etwas Graues und Staubiges auf unseren Gesichtern, unsere Art von Müdigkeit an ihre Art Müdigkeit angepaßt, und es ist soweit. Die weinende Frau aus dem Flugzeug schlurft in der Schlange am Zoll vor mir her. Als sie am Schalter ankommt, stellt sich heraus, daß sie ihre Papiere nicht ausgefüllt hat. Das ist auch kaum möglich, denn sie versteht sie nicht, genausowenig, wie sie den Zollbeamten versteht oder er sie.
»Always the same«, schreit er, »go away, go back«, und er weist mit der Gebärde eines Prokonsuls in eine Ecke des Saales. Wut und Elend, die Anpassung beginnt.
Ich bin übrigens noch nie auf angenehme Weise in die-

ses Land hineingekommen. Beim allerersten Mal mit einer Constellation aus Curaçao, nächtliche Zwischenlandung in einem bedrohlichen, grimmigen Kuba, damals noch unter Batista, Landung in Miami, nicht viel Geld, Übernachtung bei der Young Men's Christian Association. 1957. Erstes Aufwachen in den Vereinigten Staaten: Auf der anderen Seite des Zimmers, in einem hölzernen Bett wie dem meinen, liegt ein Marine mit so einer komischen, großen amerikanischen Unterhose, aus der sein rosa Geschlecht in unschönem Bogen heraushängt. Ich hatte es mir anders vorgestellt, glaube ich, aber es war schon eine Art Einführung.

Beim zweiten Mal von einem Zollbeamten angeschnauzt und bedroht: »Who do you think you are?« Die Antwort, die ich damals gab, würde ich jetzt nicht mehr geben, soviel steht fest.

Mucksmäuschenstill stehe ich in der Schlange und blicke in eine leere Ferne, während der Mann meinen Paß untersucht, als wäre er ein auf dem Sinai gefundenes Palimpsest. Dann: Freiheit, Kofferkampf, das Durchwühlen der Krawatten, Socken und Unterhosen, ein schmutziger Bus und eine endlose Fahrt, von der mir nur ein ozeangroßer Friedhof in Erinnerung geblieben ist, im Zentrum ein Taxi, das sich auf das Taxi am Morgen in Paris reimt, und ein Hotel, das sich auf das Hotel reimt, das ich zwölf Stunden zuvor verlassen habe: Der Tag ist gereimt, ich bin wieder in meiner Welt, Mann allein mit Koffer in Hotelzimmer, einundfünfzigste Straße, zweiundzwanzigster Stock, vierzig Jahre alt, alles in Ordnung. Ich lege mich aufs Bett und gebe mir selbst eine Übung auf: Erinnere dich an die Gesichter der Stewardessen aus dem Flugzeug!, und von diesen geschlechtslosen Damenköpfen umgeben, versuche ich einen

Blick auf die Straße unten zu werfen, aber das geht vom Fenster aus nicht, ich sehe nur Fenster, in allen Richtungen, mit Menschen dahinter, die ihr tägliches Brot verdienen. Das tue ich auch, überlege ich, und schließe die Augen und höre das Vibrieren, Brummen, Rasen und Heulen des Verkehrs tief unter mir und sehe die weißen Tauben, die vom Schoß Christi an der Fassade von Notre Dame auffliegen.

Im Fernsehen ein rosafarbenes, unschön gebogenes Frankfurter Würstchen, das sich auf mein erstes Erwachen reimt, vor fast zwanzig Jahren in Miami, und dann ein orange gepuderter Mann, der sich gegen einen Korruptionsvorwurf verteidigt. Ich rufe einen Freund an, der nicht da ist, dann noch einen, der nicht da ist, ziehe dann ein Oberhemd an und gehe raus, jung, vital und gesund, einer, der Lust hat, sich die Schuhe putzen zu lassen und irgendein Käseblatt zu kaufen.

Fünf Minuten später blicke ich irgendwo auf der Lexington Avenue auf das Kraushaar von jemandem hinab, der unermeßlich tief unter mir sitzt und meine gerade bei Carvil erstandenen Halbstiefel putzt, und lese in einer Zeitung von Morden, Maniaks und der rasenden Talfahrt der Börse. Die stinkende Druckerschwärze bleibt an meinen Fingern haften. Es ist noch immer nicht Abend. Ich kaufe einen Kamm und ein Gläschen Vitaminkapseln. Wenn dies ein Dorf in den Anden wäre, hätte ich keine Chance, aber hier geht es: Ich habe einen Infiltrationsversuch begonnen, der gelingen muß.

Hier ist möglich, was sonst bei keiner Reise geht und doch das heimliche Ziel aller Reisen ist: das Einswerden mit der fremden Bevölkerung. In New York braucht man dafür nichts, man ist seine eigene Tarnung. Zwischen Syrern, polnischen Juden, Maoris, Italienern und Wikingern ist man nur ein weiterer Schatten, eine weitere Teilmenge, auf jeden Fall einer, der einfach einen Kamm und ein Gläschen Vitaminkapseln kauft, jemand, der bestimmt einen Namen haben wird, aber eigentlich doch keinen Namen hat, ein Niemand.

Das ist etwas, das vielen Menschen angst zu machen scheint. Mich erregt es, obwohl ich immer noch nicht genau weiß, warum. Während man sein eigenes Leben beibehält – man kann eine bestimmte Nummer anrufen, und dann ist dort, wenn jemand erreichbar ist, einer, der weiß, »wer« man ist –, kann man zugleich *verschwinden*. Jeder kann einen sehen, aber als man selbst ist man unsichtbar. Man könnte, selbstredend sozusagen, genausogut jemand anders sein. Um ein Beispiel zu nennen, jemand, der einen Kamm und ein Gläschen Vitaminkapseln kauft. Und das gilt natürlich auch für die anderen.

Fragmente von ihnen sind sichtbar: Sie sind alt oder jung, reich oder arm, männlich oder weiblich, weiß oder schwarz – und manchmal kann man noch mehr erkennen: orthodoxer Jude, Mann mit Holzbein, Mongoloider, Polizist, Alkoholiker, aber damit hört es dann doch auf. Zusammen, alle miteinander, sind wir die Menge, und als Menge unteilbar. Niemand will mir hier, in diesen übervölkerten Straßen der Hast, meinen Mengenstatus aberkennen. Niemand schließt mich aus. Ich bin *also* glücklich. Etwas in der Art muß es sein.

Bei Horowitz' Grabmälern nehme ich ein Taxi und sage, daß ich zu einer Sauna möchte. Wo genau weiß ich nicht mehr, aber in der Gegend vom Times Square. Stimmt, sagt der verborgene Mann hinter dem dichten Gitternetz zwischen uns. Als wir da sind, bezahle ich durch eine winzige

Klappe und sehe seine schwarze Hand mit langen dünnen Fingern meine Dimes zusammenfegen. Sein Gesicht habe ich nicht gesehen.

Im Vestibül der Sauna steht eine Opernsängerin, die offenbar dem Chor der Unterwelt angehört und ihre Gruppe verloren hat, und singt. Sie singt einen langen, manchmal kaum hörbaren Klagegesang, und es ist nicht ihre Absicht, etwas dafür zu nehmen. Mit ihrer Wehklage im Rücken erreiche ich die stillen Räume, in denen es nach Chlor riecht. Das angemalte Geschöpf, das mir Schlüssel und Eintrittskarte auszuhändigen hat, ruft überrascht: »Hello, dear« – als wäre sie meine Mutter und ich aus einem gewonnenen Krieg heimgekehrt.

Wie in allen öffentlichen Badeanstalten wirkt trotz peinlicher Sauberkeit alles ein bißchen schmierig, und voller Wohlbehagen gehe ich am verlassenen Schwimmbecken vorbei zu den tiefhängenden Nebelbänken des *Roman Room*. Nur ein Römer liegt darin, und der ist tot. Aber das auch wirklich perfekt: genau, wie man sich einen mediterranen Toten vorstellt. Die Farbe von Elfenbein, das in einem Schrank auf dem Dachboden gealtert ist, und darunter die Farbe von Asche. Unter den geschlossenen Augenliedern hat ER, der uns alle holen wird, eine Schicht Blau aufgetragen. Der weißhaarige Leichnam hört die Börsennachrichten, die einem auf seiner Brust plazierten Transistorradio entströmen. Hin und wieder läßt er ein mißbilligendes Murmeln hören, Anaconda Copper schwächer, Gold fester, und unter einer Ascheschicht von *multinationals* schlafe ich ein und werde vom Gott Apollo geweckt.

»Wake up, Sir«, ruft die Erscheinung. »It's dangerous to fall asleep.« Ich bin nicht in Paris, nicht im Flugzeug, nicht in meinem Hotel, und durch den Nebel spähe ich diesem vollkommenen Leib nach, der sich schon wieder entfernt und am Rand des Schwimmbeckens seine Übungen beginnt.

Ich habe zu lange hier gelegen, das steht fest, denn mein Herz rast wie eine wild gewordene Pumpe. Der Leichnam ist weg, aber ich kann sein Radio noch hinter einer gekachelten Wand hören. Ich schwimme ein kurzes Stück und döse dann auf einem Liegestuhl ein bißchen vor mich hin, während der vollkommene, geölte Leib mit unerbittlicher Präzision sich und die kleinen Hanteln bewegt. Noch schöner soll er werden und noch schöner und noch schöner, bis der ganze Dreck zusammenbricht, *denn unser Leben ist nur Traum, es strömet fort, verweilet kaum, ach, wer brächt's zum Halten?*

Es ist immer noch der gleiche Tag, und noch einiges muß geschehen, bis meine irgendwo über dem Atlantik zurückgebliebene Seele wieder in ihren Leib schlüpfen kann.

Ich gehe durch die Stadt wie einer, der zu einem bestimmten Ziel unterwegs ist. Es ist bitter kalt, November, und ich verfluche mich, weil ich nur einen Regenmantel mitgenommen habe. Wer hat behauptet, New York liege auf dem gleichen Breitengrad wie Neapel?

Am Times Square gehen die Lichter an, ganze Völkerscharen beginnen in diesem Augenblick ihre tägliche Wanderung, die Straßen verschwinden unter Menschen wie unter einem dahinjagenden Wirbelsturm. Ich esse in einem der japanischen Restaurants, die in den letzten Jahren zu Dutzenden hier eröffnet worden sind. Das Essen schmeckt exakt so wie in einem japanischen Restaurant in Rio oder Amsterdam: der Vorteil von Imperien – die Kohorten möchten auch fern der eigenen Grenzen die äußeren Merkmale des Vaterlands antreffen.

Es ist jetzt ihr Abend und meine Nacht, und mitten in dieser Nacht wache ich zum dritten Mal innerhalb der letzten vierundzwanzig Stunden auf, diesmal vom Heulen einer Sirene irgendwo da draußen geweckt. Es ist wie der Alarm auf einem U-Boot: immer wieder ein kurzes hysterisches Aufjaulen, das aber nur langsam verklingt. Ich erwarte den Torpedo und sehe auf meine Uhr. Zwei Uhr Ortszeit. Zu spät und zu früh.

Die Heizung gibt schnaufende und schlürfende Laute von sich wie eine Nilpferdkuh bei der Niederkunft. Ich schalte den Fernseher ein und aus, sehe zu den Tausenden und Abertausenden von erleuchteten Fenstern in den Wolkenkratzern hinaus und fühle mich, wie so mancher niederländische Geschäftsmann auf Reisen, vollkommen allein. Hurra, Hurra, würde Remco Campert sagen.

Peter Stuyvesant habe ich mir immer als einen Mann mit Holzbein und einem Kopf aus Stein vorgestellt, weiß der Himmel, warum. Die Wirklichkeit war anders, und interessanter. *Peter Stuyvesant and his New York* von Henry Howard Kessler und Eugene Rachlis erzählt die Geschichte des dickköpfigen Paragraphenreiters Stuyvesant nicht ohne Sympathie. Eine anarchistische, liederliche, ständig halb betrunkene holländische Bevölkerung mit Hang zum Aufrührertum, dazu neidische englische Konkurrenten drumherum, eine bürokratische und vor allem schwerfällige Westindische Kompanie in weiter Ferne, in der Nähe dafür Intrigen, Komplotte und Mißgunst – all das glaubt man kaum, wenn man die alten Stiche von Joost Hartgers betrachtet, auf denen ein Kanu, darin die einzigen wirklich rechtmäßigen Eigentümer, Indianer, mit Federn auf dem Kopf und Pfeilen auf dem Rücken, friedlich an einer Schaluppe vorübergleitet, in der mit Lanzen und Musketen bewaffnete Holländer sitzen. Es muß ein schöner Sommertag gewesen sein, als der alte Hartgers seine Radierung in Angriff nahm: Zwei holländische Schiffe liegen bewegungslos auf der Reede, ein sanfter Wind streift die sommerlich vollen Bäume, in den Sandstraßen zwischen den wenigen Häusern um das Fort herum ist niemand zu sehen, die Flügel der einzigen Windmühle drehen sich gemächlich, das Leben geht seinen Gang.

»Nieuw Amsterdam op 't Eylant Manhattans« steht auf einem anderen Stich. Ein paar träge Bürger, die über den Strand wandern, eine kleine Kirche, einige Holzhäuser, wieder die Mühle, ein kleiner Galgen, ein großer Galgen, ein Boot, Wäldchen, und noch nichts verrät den Vulkan, der hier seine Lava aus Wucher, Arbeit und Wahnsinn in die Höhe schleudern wird.

Und in welche Höhe! In der weißen Morgensonne stehe ich vor dem neuen World Trade Center und werde kleiner und kleiner, bis ich zu dem geschrumpft bin, was jemand vom obersten Stockwerk aus von mir sehen kann: nichts. Silbern schimmernd stehen sie am Fluß, die beiden Türme, zermahlen all das hier unten zu einer Welt von gestern – und doch sind sie irgendwie zerbrechlich, verwundbar, etwas, das unmöglich bleiben kann und eines Tages mit einem Seufzer in sich zusammensinken wird, zerknüllt wie Zigarettenpapier. Ich gehe nicht hinein – man würde ja auch in ein Schmuckstück nicht hineinwollen –, sondern wandere weiter, zwischen den verschlackten, verräucherten, geschwärzten »alten« Gebäuden dieser Gegend hindurch, die aus dem späten neunzehnten Jahrhundert und von einem menschlichen Maß sind, das abgeschafft wird. So entstehen kahle Stellen, kleine Stücke freigelegter Wüste, wo man als Fußgänger ein Irrlicht ist, ein Stück in antiquiertem Stil, handkoloriert, etwas Vergängliches, das immer noch auf geheimnis-volle Weise Kontakt zu Wesen seines eigenen Maßstabs sucht.

Irgendwo in einer dieser Lücken steht noch eine alte Bar. Die Häuser daneben sind abgebrochen, ringsum hat der Wind Sand herangewirbelt, in der angrenzenden Steinwü-ste stehen die Betonmischer bereit, und die dreiste Kurve, die der neue Highway beschreiben wird, zeigt auf die schmale Tür, durch die ich eintrete. Eine alte Frau, ein Hund und eine Bardame mit einem Dekolleté, das an den Hintern eines kranken Kindes erinnert. Für mich allein, das alles. Wen oder was habe ich hier ersetzt?

Nirgendwo sonst hat das Verschwinden solche Dimensio-nen, und nirgendwo wütet es so wie hier. Nichts bleibt, eins überwuchert das andere, und die Erinnerung an etwas ver-schwindet fast ebenso schnell wie die Sache selbst. Wenn ich nächstes Jahr wiederkomme, gibt es auch diese Bar nicht mehr. Wo ich jetzt sitze, steht dann ein Computer, der Daten zum Fischfang Perus ausspuckt, und der Gedanke an das Dekolleté, das sich jetzt vor mir hin und her schiebt und die Bourbonflaschen abstaubt, vergilbt dann in mei-nem schlechten Gedächtnis und in dem des Gastes, der ein-tritt, als ich hinausgehe.

Genug gegrübelt. Ich gehe weiter zum Broadway, der ein-zigen Straße Nieuw Amsterdams, in der unsere Vorfahren, dank einer Ausnahmebestimmung in Peter Stuyvesants Vor-schriften, auf ihren Wagen sitzen bleiben durften: In allen anderen Straßen mußten sie absteigen und ihr Pferd am Zügel führen, weil sie sonst durch ihre irrwitzige Ge-schwindigkeit das Leben unschuldiger Fußgänger gefähr-det hätten.

Den ganzen Tag bleibe ich an der Südspitze Manhattans

hängen. Ich suche und finde die Fulton Street, am Fisch-
markt. Meiner Erinnerung nach gab es dort an irgendeiner
Ecke einen Fischladen, wo man an der Theke Austern essen
konnte. Es gibt ihn noch, Sloppy Louis. Der gleichnamige
Besitzer öffnet einem die Austern und gebraucht seine ver-
krebste Kehle wie eine Rassel, eine von der Art, wie man sie
bei der Karfreitagsmesse statt der Glocke verwendet. Sein
Haar ist blauviolett gefärbt. *Steamers, little neck clams, oysters*
für nicht einmal einen Dollar das halbe Dutzend. Leute, die
weiß Gott wo noch in diesem Abbruchviertel wohnen,
kommen rein und kaufen Fische, deren silberne Unschuld
zwischen all dem Stein eine Art Naturvision auslöst, die
wie ein falsches Lachen klingt.

Neben dem Fischladen ist ein Museum, in dem man sehen
kann, wie die Gegend früher ausgesehen hat. Untergegan-
gene Schiffe, verschwundene Schaufelräder, zerfallene Dock-
arbeiter, ertrunkene Matrosen. Ein Foto gibt es, das den
Blick festhält: Neun Männer, unter dem wachsamen Auge
eines zehnten mit Melone, gehen wie Arbeitstiere im Kreis
und stemmen sich in die Speichen eines gewaltigen Spills,
mit dem sie ein Segel ihres Schiffs hissen. Der älteste Mann
hat einen weißen Schnauzbart, und wie man an den Falten
seiner Hose erkennen kann, schreitet er (schreiten sie) tüchtig aus. Wo ist der Gedanke, den er in diesem Augenblick
dachte? Es stimmt zwar, daß so ein Foto einen durch eine
Öffnung in der Zeit blicken läßt, aber außer einem Bild still-
stehender, aufbewahrter Zeit sieht man nichts. Fotos wie
schwarze Löcher.

Draußen am hölzernen Pier wiegen sich noch ein paar Se-
gelschiffe und alte Frachter auf dem Wasser. Einige alte
Männer sitzen in der Sonne, und für einen kurzen Augenblick riecht es hier nicht nach Stadt. Ich gehe durch die

Schermerhorn Row zurück, und ohne zu wissen, wo ich hin will, schnappe ich mir irgendwo ein Taxi.

Volltreffer! Ein rothaariger Irrer sitzt am Steuer und macht mich auf jede Frau aufmerksam, die vorbeikommt. Am Anfang begreife ich noch nicht, wovon er redet, aber er inventarisiert, evaluiert, registriert in rasendem Tempo, er kann, während er uns durch den Verkehr boxt, mit sich selbst nicht Schritt halten, Brüste, Beine, Hintern, Möse, alles will gesehen werden, sein Hals dreht sich in alle Richtungen, er ruft, pfeift, zeigt, brabbelt, taxiert, wählt, verwirft und genießt. Doch, sicher, er ist verheiratet, zwei Kinder, aber das hat hiermit überhaupt nichts zu tun: »Life is short, you know! I don't wanna be old and regret. You know what! It's a great thing with me, I can't help it myself, I just HAVE to, every minute of the day! Shall I tell you something? Now, I'll tell you something, and I don't care what ya gonna think of me: I COULD FUCK A SNAKE!« Und er dreht mir seinen Kopf mit der schuppigen rosa Haut und der rostigen Mähne zu und ruft noch einmal: »A SNAKE!! I COULD FUCK A SNAKE!«

An der Ecke Greenwich Street und Avenue of the Americas darf ich aussteigen, in einer Gegend voller Lagerhäuser. Pfeifend fährt er weg, ein mannshoher Schwanz mit rotem Haar, sein Kopf ruckt nach links und rechts wie bei einem Vogel, der überall Würmer sieht. Am Tanz seines gelben Taxis kann ich erkennen, wie der Asphalt sich wellt, und so schaukeln sie alle, große, tanzende Chevrolets, Fords und Chryslers, wie die *horsewagons* in der Main Street irgendeines Santa Fe. An beiden Seiten der Straße nur Dreck, schwarz gewordene Monster, Baracken. »Geno has big arms« steht an einer Mauer, und wer immer Geno auch sein mag, man glaubt es sofort.

Dann kommt der Tag, da ich bis oben hin voll New York bin, und gerade an diesem Tag bekomme ich einen Anruf von meinen Freunden in Maine, nahe der kanadischen Grenze, die mich fragen, ob ich mit ihnen Thanksgiving feiern will.

Auf dem Weg zum Büro der Delta Airlines erkläre ich mich für verrückt: die Entfernung Amsterdam-Stockholm für ein Dinner zu fliegen! Aber als die Angestellte den Computer gefragt hat, ob das zu machen wäre, und der Computer geantwortet hat, daß am Tag vor Thanksgiving nur noch bei einem einzigen Flug ein Platz frei ist, und zwar genau einer, betrachte ich das als einen Fingerzeig und nehme diesen Platz.

Der Mann, der mich zum La Guardia Airport fährt, besteht zuerst darauf, daß ich ein italienischer Filmregisseur bin. Von dort zum holländischen Journalisten ist es ja eigentlich noch ein gutes Stück, aber er kommt aus Israel, also ist Holland auch in Ordnung. »The only country with a conscience«, ruft er, halb zu mir umgedreht. Als ich frage, warum er weggegangen ist, zuckt er mit den Schultern. »We're not going to win, so we're going to lose«, sagt er dann. »Maybe not everything, but enough for me. So I did what we've always done: move.« Sein Lachen klingt nicht fröhlich.

Am Flugplatz herrscht ziemlicher Trubel. Draußen auf dem Gehsteig checkt man ein, es lebe die *efficiency*. Von aller Last befreit, betrete ich die Lounge. Mädchen von weit über vierzig in weit abstehenden Kinderröckchen gehen umher und verteilen Drinks in großen Gefäßen, die Stimmung ist ausgelassen. Als mein Flug ausgerufen wird, erkenne ich unter den 179 anderen Passagieren die eine, die auch zu meinen Freunden unterwegs ist. Eine präraffaelitische

Erscheinung, deren Beschreibung nicht fehlen darf: kirsch-
roter Mund, ein Teint wie Sahne, perlweiße Zähne, sam-
tene Augen und Haar mit der Farbe von Ebenholz.

Dann ist alles wie in einem Trivialschinken auf Seite drei.
»Are you Miss Rodin?« frage ich (mit einer leichten Verbeu-
gung).

»Yes, and then you must be Mister Nuhtbaum«, lacht sie
strahlend, und los geht's, aber das ganze elende Flugzeug
ist schon voll, so daß uns nur die letzten beiden Sitze bleiben, hinten auf dem Wagen (sagt sie), bei den Toiletten,
die stark frequentiert werden, denn es wird eine ganze
Menge geschluckt.

Es ist eine etwas rauhe, sorglose Art des Fliegens, pfeilgleich
geht es in die Höhe, wir wippen auf unserem Rücksitz auf
und nieder, das Gefäß mit Bourbon umklammernd, denn
ein Tischchen haben wir nicht. Zwei Zwischenlandungen,
weiß der Himmel wo, man sagt, draußen stürme es, und als
wir zum dritten Mal abheben, wird gesungen, von *fasten
your seatbelts* ist keine Rede mehr, auf einmal sind wir wieder in der Luft, und auf einmal stehen wir wieder auf
dem Boden. Alle sind angeheitert, aber das kann auch so
aussehen, weil *wir* es sind, und dann stehen wir draußen
in einem heftigen, nördlichen Wind, sehen hin und wieder
den Mond hinter vorbeijagenden Wolken hervorschnellen,
und jeder Gedanke an so etwas wie Stadt ist verschwunden.

Wir sind in Bangor, Maine. Ein Bildhauer erwartet uns mit
einem Mastodon von Auto, und wir fahren stundenlang
durch die Nacht und die rollende Landschaft, manchmal
schweigend und dann wieder gegen das Radio anschreiend,
das uns das Universum zu einem Punkt reduziert, auf eine
nur für uns, hier in diesem Auto gültige Weise. Dann sehe

ich das erste Mondlicht auf dem schwarzen Wasser der Penobscot Bay, und das Wiedererkennen beginnt – als käme ich nach Haus.

Mein alter Freund, der Nobelpreisträger, stürmt die Treppe herunter, mit einer Vitalität, die ihm nun schon seit mehr als fünfundsiebzig Jahren wie ein Wirbelwind den Weg bahnt – k. u. k. Monarchie, Flucht und Exil, man sieht es ihm nicht an. Strahlend steht er da, groß, silberhaarig, und ruft mir mit diesem ganz Mitteleuropa eigenen Akzent zu: »I was readink Homer« – und während in anderen Türen Gestalten und Gesichter erscheinen und wir weiter in die Vorhalle eindringen und das Umarmen und Abküssen beginnt, deklamiert er den Schluß des zwanzigsten Buches der *Ilias*.

Wir werden in das Zimmer geführt, in dem das Holzfeuer brennt. »This young man comes from the land of Multatuli«,[1] wie ein Herold kündigt er mich an, Berichte über Freunde und Bekannte werden ausgetauscht, wir bekommen ein Glas Glühwein mit Zitrone und Zimt. Er erinnert sich, daß ich meinen vorletzten Geburtstag bei Freunden im selben Dorf gefeiert habe, und fragt mich, wie alt ich bin. »Vierzig«. Er steht auf, geht zum Schrank, nimmt die Gedichte von Dylan Thomas heraus und trägt dann doch auswendig vor. Danach ist es einige Zeit still, das Feuer sprüht seine Funken hoch in den Kamin, der Wind rüttelt an den Fenstern, wohlige Schwere und Müdigkeit geben mir ein melodiöses Gefühl des Wohlbehagens, und dann sagt er unvermittelt, und als dulde die Sache keinen Aufschub: »Read me some Rilke«, und drückt mir die *Duineser Elegien* in die Hand.

Ein Tag New York, eine Flugreise mit Whiskey, fast zwei

Stunden Fahrt durch die Nacht, der Glühwein, ich lese, ohne zu wissen, was ich lese, die anderen ausschließend, denn nur er kann Deutsch, und so spreche ich die dunklen Geheimformeln des Magiers:

> *Wer, wenn ich schriee, hörte mich denn aus der Engel*
> *Ordnungen? und gesetzt selbst, es nähme*
> *einer mich plötzlich ans Herz: ich verginge von seinem*
> *stärkeren Dasein. Denn das Schöne ist nichts*
> *als des Schrecklichen Anfang, den wir noch grade ertragen,*
> *und wir bewundern es so, weil es gelassen verschmäht,*
> *uns zu zerstören . . .*

Am nächsten Morgen weckt mich heftige Aktivität auf den Fluren. Trippeln von kleinen Kinderfüßen, ein Klavier, Fetzen Gesang, der Geruch von warmem Toast und gebackenem Bacon. Ich stehe auf, öffne die Vorhänge und sehe die weißgraue, geräuschlose Welt der Bucht. Der Regen verschleiert die Inseln, macht sie fast unsichtbar, kein Mensch, kein Boot sind zu sehen.

Nach dem Frühstück hüllen wir uns in die unglaublichste Regenkleidung, grüne Stiefel, gelbe und orangene Plastikanzüge, Baskenmützen und Südwester, so begeben wir uns unter Führung des Bildhauers, der als einziger den Weg kennt, auf eine Wanderung über den letzten noch ganz erhaltenen Indianerpfad um die Bucht herum, den Penobscot Trail. Unser Anführer hat eine elektrische Handsäge mitgenommen, denn er ist auch der einzige, der den Pfad »sauberhält«, und was das bedeutet, sehe ich später, als wir alle zusammen im niederstürzenden Regen an umgefallenen Bäumen und nassen, bemoosten, im Matsch versunkenen Stümpfen herumzerren.

Manchmal kann man nebeneinander gehen, dann wieder müssen wir mühsam klettern, ist der ganze Pfad kaum breit genug für einen, und die mit dicken Tropfen beladenen Zweige federn einem ins Gesicht, und so ziehen wir, eine seltsame Gruppe ungeschickter Plastikindianer, über diesen Trail, auf dem niemals mehr Indianer unterwegs sein werden.

Wir kommen durchs Dorf zurück. Alles ist leer und still, die großen weißen Häuser wirken verlassen, hinter den geschlossenen Türen träumen die Truthähne in ihren Brätern, und unsichtbare alte Damen essen Kürbiskuchen und gedenken der Pilgrims.

Bevor *wir* uns dem Truthahn widmen, müssen wir erst noch eine andere amerikanische Messe zelebrieren: eine Cocktailparty. Die erste, an der ich je teilgenommen habe, vor etwa achtzehn Jahren, war auch gleich die rätselhafteste. All die fremden Leute, die einen beim Vornamen nennen und ihn sich gleich so einprägen, daß sie sich noch an ihn erinnern, wenn sie einem zehn Jahre später in Afghanistan, auf dem Markt in Kabul, begegnen.

»Was willst du trinken, Sohn?« fragt einen dann so jemand, und als ich sagte: »Einen Whiskey, aber ohne Eis und Wasser«, entgegnete er verärgert: »You ain't being social, son.« Geheimnis, Geheimnis.

Diesmal ist es nicht anders. Die Hände voller Alkohol, spricht man mit Frank und Herbert über Nixon, Israel und die Verseuchung des Planeten, und die ganze Zeit spürt man, daß dies für sie nicht einfach nur ein Gespräch ist, sondern ein Ritus, von einem geheimnisvollen guten Willen bestimmt, der über den Wassern schwebt und irgendwie etwas bewirken soll.

Mein jetziger Gastgeber ist traurig. Er ist siebzig, war früher Professor für französische Philologie, seine Frau ist diesen Sommer gestorben, und er fragt, ob ich noch weiß, wie wir im Sommer vor zwei Jahren draußen gegessen haben, auf der Terrasse. Ich weiß es noch genau: eine würdevolle, etwas strenge Frau, stolz hatte sie ein Stück Büttenpapier vorgezeigt, das bewies, daß ihre Tochter mit irgendeinem halbadligen französischen Leutnant verheiratet war. Aber die Blumen dufteten, die Kolibris flogen wie Spitfires hin und her, tauchten in die Hibiskuskelche oder standen in der Luft still, wie verrückt mit ihren kleinen Flügelchen schwirrend, um die Schwerkraft zu überwinden, und auch dieser Gastgeber trug damals auswendig und fehlerlos ein Gedicht vor, in diesem Fall von Mallarmé. Weg, verschwunden, vorbei, jetzt wohnt er allein in dem großen Holzhaus, in Erwartung eines langen Winters.

Wir nehmen ihn mit, als wir essen gehen, der Kummer muß vertrieben werden, und der Abend ist voll von rebellischer Fröhlichkeit. Die beiden alten Männer »werfen den Eimer in den Brunnen«, wie sie es ausdrücken, und ziehen ihn, mit sonderbaren Versen gefüllt, wieder herauf. Aus den Schützengräben des Ersten Weltkriegs fördern sie diese zutage:

> un allemand un cochon
> deux allemands de la bière
> trois allemands de la guerre
> un anglais un imbécile
> deux anglais deux imbéciles
> trois anglais une grande nation

> (Ein Deutscher: ein Schwein
> zwei Deutsche: Bier

drei Deutsche: Krieg
ein Engländer: ein Idiot
zwei Engländer: zwei Idioten
drei Engländer: eine große Nation)

und diese:

il dio dei cinesi
aveva un baul
e dentro era un gobbo
che si gratava il cul

(Der Gott der Chinesen
der hatte einen Buckel
und darin war ein Männchen
das kratzte sich am Arsch)

Am nächsten Morgen bringt mich der Witwer zum Flugplatz von Bangor. Die Landschaft ist ganz weiß und still, es herrscht fast kein Verkehr. Miss Rodin bleibt, es wird wohl fünfzehn Jahre dauern, bis ich sie wiedersehe. Nebelfetzen hängen über der Bucht, die Kiefernwälder sind dunkel und geheimnisvoll, an diesem Amerika hat sich nie etwas verändert. Mein Freund erzählt, daß er seit dem Tod seiner Frau nicht mehr schlafen kann, aber auch nicht immer Pillen schlucken will, und deshalb angefangen hat, die Gedichte Nervals auswendig zu lernen.
Als wir am Flugplatz angekommen sind und ich die Schalterhalle betrete, um für den Flug nach Washington einzuchecken, kann ich ihn durch die Scheiben sehen, wie er noch ein bißchen bei seinem Auto herumsteht, einfach so, ohne auf etwas zu warten, sein alter Kopf steckt voller

französischer Gedichte, aber wie oft will die wohl jemand hören?

Januar 1975

1 Multatuli (eigentlich Eduard Douwes Dekker, 1820-1887): niederländischer Schriftsteller, zeitweise im Staatsdienst in Niederländisch-Indien; schrieb u. a. den Roman *Max Havelaar*, in dem er das Versagen der niederländischen Kolonialbehörden und die Unterdrückung und Ausbeutung der Einheimischen anprangerte.

Autopia

Wer nach Los Angeles reist, tut das auf eigene Gefahr. Kommt er nicht aus Europa? Hat er nicht ein sicheres Gespür dafür, was und wie eine Stadt eigentlich sein sollte? Dann müßte er doch nach San Francisco! »San Francisco«, sagen die Amerikaner, »ist die europäischste Stadt Amerikas. Bleib nicht länger als unbedingt nötig in Los Angeles, das ist eine Wüste, aus Immobilien zusammengestückelt, in gelben Smog verpackt – man muß es gesehen haben, aber dann muß man auch schnell wieder weg.«

Es stimmte nicht. Wenn man über die Stadt fliegt, nachdem man gerade den ganzen Kontinent überquert hat, fährt einem zwar schon der Schreck in die Glieder. Häuser von Horizont zu Horizont. Dazwischen die vielen blauen Scherben der Schwimmbecken und viel Kohlgrün und Salatgrün, aber ansonsten doch ein ganzer Planet, der nur aus Häusern besteht, die Oberfläche durchzogen von sogar aus großer Höhe gewaltig wirkenden Adern, durch die der Verkehr pulsiert. Und doch stimmte es nicht. Ich bin dageblieben, bis meine Zeit vorüber war, und es hat mich nicht nach San Francisco gezogen. Die Menschheit, auch die feinsinnige, zerfällt hier in zwei Parteien: Hasser und Liebhaber.

Auf den ersten paar Seiten eines großartigen Buches, *Los Angeles: The Architecture of Four Ecologies*, macht Reyner Banham diese Spaltung sichtbar. »Ich weiß ja, daß Geschmäcker verschieden sind«, zitiert er Adam Raphael aus *The Guardian* vom 22. 7. 68, »aber für mich persönlich ist LA die lauteste, stinkigste, unangenehmste und unkultivierteste Stadt der Vereinigten Staaten. Kurz und gut: eine stinkende Kloake (. . .).«

»Aber«, sagt Nathan Silver im *New Statesman* vom 28. 3. 69, »bei meinem ersten Besuch in LA war ich so ungefähr auf alles gefaßt, nur nicht auf das, was ich sah: eine verdammt schöne Stadt.«

So in etwa erging es mir. Nach dem Durcheinander der Ankunft (Koffer weg, später wiedergefunden) und der Panik auf zehnspurigen Freeways, in die man hinein- und aus denen man wieder hinausgewebt wird, habe ich zwei Tage lang das Haus nicht verlassen; das lag auch an diesem schweren feuchten Lappen aus lauer Wärme nach der schottischen Strenge des Wetters an der nördlichen Küste Neuenglands. Ich wohnte in Beverly Hills, und dort glaubt man allgemein an das Märchen, ohne einen Hund als Alibi könne man nicht einfach so zu Fuß gehen, und so blieb ich drin, allein mit den zweiundzwanzig Augen des Fernsehers und einem Draht für seine Bedienung, der zu meinem Bett führte, in der herbstlichen Zugluft der Klimaanlage, und huschte ab und zu mausgleich die Treppe hinunter, um mir etwas vom Nordpol der Gefrier- und Kühlschränke zu holen. Vielleicht war es ja auch Herbst, denn morgens hörte ich im Schlaf einen sehr leisen Gärtner harte, trockene, tropische Blätter zusammenharken, aber wenn ich hinausblickte, lag die Sonne schon wie ein Feuerball im Schwimmbecken, und die hohen Palmen und Eukalyptusbäume standen reglos im Licht.

Am dritten Tag wagte ich es. Ich ging zu Fuß los, und das war Unsinn, nicht weil es gefährlich gewesen wäre, sondern weil es sinnlos ist. In einer Stadt, in der es Straßen von mehr als fünfzig Kilometern Länge gibt, ist das Maß eines Fußes eine Absurdität, und damit auch sein Gebrauch.

Aber das wußte ich da noch nicht, und ich ging mit der Vorstellung zur Tür hinaus, zum Zentrum von Los Angeles zu wollen. Die Straße war kurvenreich, große Häuser standen auf beiden Seiten, jedes vom Schloßgraben seines eigenen Gartens umgeben. Vor den Häusern standen schweigende, sehr große Autos, die Straße mündete in eine gerade, breitere Straße mit größeren Häusern, größeren Gärten und größeren Autos, aber es war kein Mensch zu sehen.

Und still war es. Hin und wieder schlich so eine große Maschine vorbei, und darin saßen dann menschenähnliche Wesen, aber auf der Straße niemand, kein Milchmann, kein Tabakladen an der Ecke, nur ich und meine Schritte, und davon eine ganze Menge.

Ich weiß nicht, wie lange ich schon so gegangen bin, aber schließlich komme ich zu einem Schild mit der Aufschrift *Sunset Boulevard*, etwas, das Visionen von einem baufälligen Kino irgendwo in Hilversum und Schwarzweißfilmen mit Humphrey Bogart auslöst – aber wo ich stehe, liegt nur eine sehr breite Allee mit Rasen in der Mitte und kathedralenhohen Palmen an den Seiten. An der Bushaltestelle, die es dort merkwürdigerweise auch gibt, steht eine Negerin, in ein unergründliches Nichts versunken, der erste menschliche *Körper*, den ich sehe, seit ich draußen bin, denn bei denen in den Autos kann man nie ganz sicher sein. Zum Zentrum? Sie sieht mich an, als ob ich verrückt wäre, oder besser gesagt, sie sieht einen Verrückten vor sich. Zu Fuß? Und dann zeigt sie, und ich gehe weiter, glaube ich zumindest, in Richtung Zentrum von Los Angeles, denn ich will einfach noch in kein Fahrzeug einsteigen.

Ich lande im Zentrum von Beverly Hills. Banken, Juweliere, Hotels, Boutiquen stehen in den saubergebürsteten Straßen introvertiert beieinander. Noch immer hört man sich selbst gehen. Ein Neger im Cardin-Anzug putzt Schuhe unter einem abstrakten Kunstwerk und diskutiert über den europäischen Markt, ich glaube, mit diesem Bild ist alles gesagt. Auf diesen Schreck muß ich einen Hamburger essen. Das einzige weiße Mitglied des Personals sieht aus wie einer, der am Hof Philipps II. dafür zu sorgen hatte, daß alle königlichen Meßbücher am rechten Ort lagen, sonst ist hier jeder schwarz, auch der Manager, der mich mit dem Gang eines eingeölten Athleten zu meinem Platz walzt. Eine zerbrechliche Filmkönigin aus der Zeit des Stummfilms segelt schweigend mit einem dieser warm eingepackten Hündchen unter dem spindeldürren Arm zu ihrem wartenden Rolls-Royce. Ungerechtigkeit ist das Privileg des impressionistischen Schriftstellers: die Ungerechtigkeit, auf das eine mehr Gewicht als auf das andere zu legen, und für mich ist Beverly Hills dieser eine, vergangene Stern, diese eine alte Diva, die vor dem Hintergrund des Beverly Hills Hilton in ihrem Rolls-Royce versinkt – denn sobald sie saß, war nichts mehr von ihr zu sehen.

Plötzlich, auf dem Rückweg, kommt mir der Gedanke, daß in all diesen Häusern solche Menschen wohnen, die von ihrer Zelluloidvergangenheit zehren, und ich höre ein Glockenspiel von Eiswürfeln in unsichtbaren Martinigläsern und sehe einen japanischen Gärtner, der einen Pfingstrosenstrauch beschneidet, und so wate ich weiter durch die Wärme, die aus den tropischen Gärten zurückprallt.

Am nächsten Tag mache ich einen neuen Versuch. Ich wage noch immer nicht, ein Auto zu mieten, denn ich fürchte, von den zehnspurigen Freeways verschlungen zu werden. Ich habe eine Karte mit den Busnetzen gekauft und will vom Bus lernen, das Zentrum zu erobern – denn, was meine Freunde auch behaupten mögen: Ich bin nicht davon abzubringen, daß Los Angeles ein Zentrum besitzt. Sie nennen es *downtown*, sagen, das sei nichts, kein »echtes« Zentrum, und verstehen meine Zwangsvorstellung nicht so recht. Hinterher verstehe ich ihr Unverständnis: Die Essenz von Los Angeles ist gerade, daß es kaum ein Zentrum hat, es ist, sofern man das sagen kann, eine flüssige, auf jeden Fall eine »bewegende« und sich bewegende Stadt, nicht nur eine Stadt, die sich selbst fortbewegt, sich abbricht, wieder aufbaut, sich verlagert und umgruppiert, sondern auch eine Stadt, in der das Sich-Bewegen und die *Freiheit* der Bewegung Existenzbedingung sind. »Transport has been an obsession that grew into a way of life!«

Natürlich ist es nicht so, daß ich erst *nach* Los Angeles angefangen hätte, über Städte nachzudenken, aber bis dahin meinte ich, eine Stadt müsse eine Art Wohnzimmer sein, und damit fertig. So einfach ist es nicht. Amsterdam ist die Stadt, in der ich am liebsten bin, und Amsterdam ist ein Wohnzimmer. Es ist keine mediterrane, spanische oder arabische Stadt, in dem Sinne, daß es *einen* Treffpunkt gäbe, zu dem es jeden auf natürliche Weise zieht, eine Agora, ein Forum, einen Markt. Amsterdamer begegnen einander auf wohnzimmerhafte Weise, in Kneipen oder zwischen den dämmrigen Tapeten der Grachten, wo die Lampen hinter den Fenstern auch draußen dieses Wohnzimmergefühl vermitteln. Behaglichkeit, Geborgenheit sind die Essenz. Den großen, blitzerhellten Augenblick, in dem sich zum ersten Mal die Plaza Mayor in Salamanca oder die Piazza San Marco in Venedig vor einem auftut, die Glückseligkeit, die mir noch lebhaft gegenwärtig ist von jenem ersten Mal, als ich in die hin und her wogende Menge auf den Ramblas in Barcelona eintauchte, so etwas braucht man im Norden nicht zu suchen.

Los Angeles hat weder mit dem einen noch mit dem anderen etwas gemein, es ist völlig anders, und dieses andere ist, daß Los Angeles absolut nichts bedeutet, wenn man kein Auto hat. Das klingt gräßlich, aber ich habe es nicht so empfunden. Denn *mit* Auto kommen die Angelenos eben doch irgendwo an, sie legen unendlich viele Kilometer in einer Welt zurück, die immer Los Angeles bleibt, und das Auto bedeutet ihnen darin nicht Unfreiheit, sondern Freiheit – wo man schließlich mit dem Auto hinkommt, da sind Häuser, reiche Häuser, arme Häuser, große, kleine, tropische Wracks, modernistische Neuheiten, wirklich große Architektur und lächerliche Paläste, mehr dem kühlen Wind der See oder mehr dem trockenen Atem der Wüste zugewandt, aber fast immer einzelnstehend, in die Weite hineingebaut und nicht aufeinandergestapelt wie in New York oder Chicago.

Banham geht so weit, diese Welt »Autopia« zu nennen, ein Gedanke, der heftig dem Geist der Zeit widerspricht, aber nach einer Woche verstand ich allmählich, was er meint, und jetzt, da ich schon längst wieder in mein geliebtes Wohnzimmer an der Nordsee zurückgekehrt bin, sehe ich sie manchmal wieder vor mir, gemischte Bilder von Vulgarität und Vitalität, eine Welt, die das Gefühl vermittelt, daß sie sich auf allen Seiten um einen herum ausbreitet, aber nie auf einen herabsieht oder einen niederdrückt, eine »offene« Welt, die, so formlos sie auch aussieht, doch eine Form hat und, so bröckelig sie auch erscheinen will, doch als Einheit zu empfinden ist – wenigstens ging es mir so. Das Schwierige ist, daß Los Angeles mit nichts zu vergleichen ist. Um das zu erklären, gebraucht Reyner Banham ein Bild, das noch durch meine Erinnerung spukt: »Diese Stadt wird niemals ganz von Menschen verstanden werden, die sich nicht ›fließend‹ durch ihr diffuses Gewebe bewegen können, und darum habe ich, so wie früher englische Intellektuelle Italienisch lernten, um Dante im Original lesen zu können, Auto fahren gelernt, um Los Angeles im Original zu lesen.«

Aber wie dem auch sei, ich sitze immer noch im Bus und bin auf dem Weg zum Zentrum. Ich fahre über den Sunset Boulevard, komme durch Hollywood, mein Herz schlägt schneller, aber Hollywood, das sind nur Straßen und Häuser und Bushaltestellen. Dean Martin steigt nicht ein, Doris Day steigt nicht ein, nur Menschen mit müden Großstadtgesichtern, Neger, Chicanos, alte Frauen, die viele Katastrophen überlebt haben. Der Busfahrer ist ein junger Neger mit Lumumbabärtchen. Er wird geschult. Das System von Karten und Zonen und das Bezahlen mit abgezähltem Geld macht einen ziemlich komplizierten Eindruck, und jedesmal, wenn er etwas falsch macht, klopft ihm sein italienischer Chef, der hinter ihm sitzt, auf die Finger, die ganze Fahrt über.
Sie haben versprochen, mir Bescheid zu sagen, wenn wir im Zentrum sind, ich starre auf die Karte und zeichne Pfeile und Kreuze ein, damit ich mich orientieren kann, wenn ich selbst fahre. Ab und zu steigt die Straße an, und dann sehe ich die Abzweigungen im fernen Smog verschwinden, ohne daß ein Ende zu erkennen wäre, sie lösen sich einfach in einer unmöglichen Weite auf, rechts und links hin und wieder eine Gruppe von hohen Gebäuden wie eine weit entfernte und uneinnehmbare Kasbah über allem anderen.

Eine halbe Stunde später stehe ich auf dem Platz, der das Music Center umgibt. Es ist kein Gebäude *in* der Stadt, es ist über die Straßen und Freeways erhaben, ein Monument des Höheren, das Menschen unter sich duldet. So vertreibt man Menschen mit *Kunst*. Eine Art Droschkenkutscher schreitet wie ein Höllenwächter einher, und auch sonst gibt es nichts, das zum Eintreten einladen würde.

Dick und ölig strömt der Verkehr über den Pasadena und den Hollywood Freeway; die sechs- bis achtleibige Schlange, die sich nach Westen windet, hat die Sonne auf den Frontscheiben, Kupfer auf den Schuppen. Ich fühle mich losgelöst von allem, es fällt mir schwer zu glauben, daß dieser gewaltige Zug dort unten das Werk von Menschen ist, deren Dasein auch nur eine Anekdote ist, ein Dasein so zerbrechlich wie meins, denn das verflüchtigt sich in diesem Augenblick. Obwohl ich doch zweifellos hier stehe, bereitet es mir Mühe, an meine Anwesenheit zu glauben, und eigentlich spüre ich vor allem ein starkes Verlangen, ganz zu verschwinden, zu verfliegen und dann als Gas durch das Universum zu fallen, oder einfach als gar nichts, also nicht mehr zu sein – und es stört mich, daß ich selbst so noch Spuren hinterlassen würde.

Diese Ekstase geht schnell vorüber, ich tarne mich als Tourist und gehe nach Chinatown, Japantown und zur Enklave der Mexikaner, Scherben eines japanischen, eines chinesischen, eines mexikanischen Kosmos – sie gehören zu den seltenen Orten, an denen Amerikaner sehen können, daß es noch andere Welten gibt, wo sie wenigstens eine unbestimmte Ahnung davon befallen kann. Es wird dunkel, und die Dämmerung nimmt dem Tourismus seine ordinärsten Seiten, ich sitze neben einem alten Chinesen auf einer Bank, kaufe eine Zeitung, die ich nicht lesen kann *(The*

Young China), studiere das Muster der Suzie-Wong-Gesichter[1] halb entblößter Mädchen mit festen kleinen Körpern (»Asian Beauty«), sehe in einem gelblichen Zimmer eine Versammlung von Männern um einen wackligen Tisch mit der amerikanischen Fahne und der Fahne Taiwans, darüber schwebt wie ein Ahnengeist der vergilbte Generalissimus. Ich irre zwischen ungeheuren Mengen von Bambusstäbchen, bemalten Eiern, Jadepüppchen, Fächern und anderem Mist umher, gerate auf die Fotos von mindestens hundert amerikanischen Touristen (»Was ist das für ein komischer Erdnußchinese?«) und frage unter dem Drachentor einen Konfuzius, wie er Amerika findet. »Sie keine Geschichte«, sagt er, meditiert kurz weiter und korrigiert sich dann: »Sie schon Geschichte, aber nicht alt.«

Als ich mit dem Bus wieder zurückfahre, ist alles viel schöner. Eine Brise aus Hawaii hat den Smog verjagt, sogar mitten in der Stadt riecht es nach Süßholz, und die Welt liegt wie ein Lackkästchen um uns herum. Der schwarze Fahrer macht die Fahrt zu einem Erlebnis. Jeder, der einsteigt, kennt ihn, wenn ich in Holland nicht soviel ferngesehen hätte, würde ich fast sagen, daß es eine Beziehung zwischen diesem Mann und seinen Fahrgästen gibt.

»Das liegt daran, daß Leute, die in Los Angeles mit dem Bus fahren, auch alle Habenichtse sind«, sagt mein Freund, der Soziologe.

»Ja, aber ich habe früher immer gehört, gerade die *poor whites* und die anderen benachteiligten Rassen würden die Neger hassen!«

»So einfach ist die Sache nicht: Du siehst nicht, was du siehst. Die Angelenos sind von Natur aus tolerant, der Rassismus wuchert hier nicht so schlimm. Wir haben eben nur eine ganz indiskutable Wirtschaftspolitik, die zu Arbeitslosigkeit führt, zu Ghettobildung, Verzweiflung und den Gewaltausbrüchen, die dazugehören, wie den Unruhen in Watts, oder besser gesagt dem Aufstand, 1965. Jetzt ist es da ruhig, und es sieht auch nicht so aus, als ob bald wieder was passieren würde. Aber die Ursachen des Aufstands sind immer noch nicht beseitigt, trotz schöner Worte und vieler Versprechungen. Keine Chancengleichheit, ökonomische Diskriminierung und die Ausbeutung der Neger, durch einen neuen, diesmal schwarzen Kapitalismus, das wuchert weiter, und ein Ende ist unter dieser Regierung nicht in Sicht.«

Es stimmt alles, all das fährt in einem dunklen Winkel dieses Busses mit, in einem Winkel in den Seelen dieser Fahrgäste, da, wo sie verletzt sind, ich kann es nur gerade *jetzt* nicht sehen. Der Fahrer erörtert ein Papayarezept mit einer Dame aus fernen Ländern, und ich sehe über ihrem Kopf einen Ballon aus Träumerei aufsteigen: Am liebsten würde sie den Bus entführen und den Fahrer kidnappen, um mit seinem runden Leib im Bett ein Feuerchen zu machen, aber jetzt ist er schon mitten in einer Diskussion über Baseball, dann in einem Streit über Gewerkschaften, dann in einem Flirt mit einem Mädchen, das, wenn es nicht stricken würde, wie eine griechische Tragödin aussähe, und so gleiten wir weiter durch einen ruhigen See aus lautlosen Limousinen, bis wir in Hollywood sind.

Alle paar Meter ein Stern! Herabgestürzt, mit goldenen Umrissen in die Gehsteige gemauert: Benjamino Gigli, Rudolph Valentino, Marlene Dietrich, eine ganze Basilika voller Lebender und Toter, unter den Steinen begraben, manche so tot, daß ich nicht einmal mehr ihre Namen kenne. Wer war Mary Miles Minter und wer John Miljan?

Ich höre schon jemanden lachen, der sich über soviel Dummheit nur wundern kann. Als mein Nacken vom Hinabblicken zu schmerzen anfängt, sehe ich den Rest der Welt und meine eigenen Füße tun, was die Zeit tut – sie schleifen den Ruhm dort unten weiter ab. Irgendwann, später, viel später, wird sich jemand fragen, was die helle Goldfarbe in diesen Steinen in der Wüste zu bedeuten hat.

Es herrscht Hochbetrieb auf dem Hollywood Boulevard. Kurzgeschorene, militärisch aussehende Jünglinge bieten sich feil, aber für Leute mit anderem Geschmack stehen auch bemalte Jungen in Kleidern und mit flauschigen Pelzstolen bereit. Ab und zu hält einer dieser großen Bettenwagen an, ein kurzes Gespräch, und der Deal ist klar. Ich habe mal jemanden über die Menge an Fleisch sinnieren hören, die in einer Großstadt gegessen wird: Wie viele Rinder, Schweine, Hühner, und wie viele Weiden voll das wären, und daß es doch ein wahres Wunder sei, daß das immer wieder auf dem Tisch stehe, wenn es einen danach gelüste – aber was ist mit all den Millionen Körpern, die auch etwas wollen, mit einem anderen verschlungen werden wollen, berührt, gestreichelt, befreit, geschlagen, geliebt?

The Nudest Show in Town, und als ich eintrete, sitzt an einem langen Tisch, der eher wie eine Bahre aussieht, eine Gruppe von ungefähr elf Männern in violettem Totenlicht. Ich setze mich dazu. Zwischen uns, auf dem Tisch, bewegt ein unterernährtes Mädchen seinen nackten Körper mit unaussprechlichem Widerwillen gegen den Rhythmus von Slade. Das violette Licht vergiftet den Whiskey. Ich spüre eine Traurigkeit, die nicht der Moral entspringt. Bin ich mir da sicher? Ja.

Draußen nimmt der Betrieb immer weiter zu, Menschen verkaufen Bücher, Filmstars aus Messing, sadistische Poster, sich selbst, laden zu mystischen Versammlungen ein, erklären das Universum auf vervielfältigten Schreibmaschinenseiten, ich sehe einen schlanken, nein dünnen, unwirklich schönen Hell's Angel, in Leder gehüllt wie eine schwarze Schlange, neben seinem Sexprotz von Motorrad, aber als er sich umdreht, ist er über siebzig, mit einem Grinsen bösartigen Greisentums unter seiner schwarzen Wehrmachtsmütze, und hinter ihm erscheint, als wäre es von einem boshaften Genie so inszeniert worden, ein wirkliches Monster. Es muß eine Frau sein. Sie sitzt in einem Wägelchen, das sie mit astdicken Getriebearmen fortbewegt, an denen kleine, spärlich befingerte Klauen sitzen. Von der Ansammlung von Organen, die ihr Körper ist, ist wenig übrig, eine Art herausgeputzter schiefer Karton, darauf, wiederum schief, der halbe Kopf, mit einer Baskenmütze zugedeckt.

Das Kind neben mir blickt von seinen an die Wand geklebten Comics auf, stößt vor Angst einen Todesschrei aus und springt zur Seite. Ich, älter und viel verdorbener, bleibe stehen, mit den Füßen festgewachsen, bis das Phantom vorbei ist und ich weiß, daß ich niemals etwas Schlimmeres gesehen habe.

Der Abend bekommt einen bitteren Geschmack. Wie? Das soll Hollywood sein? Wo sind die Cowboys und die Prärien, wo sind die Heerscharen Cecil B. De Milles, wo der Rolls Royce der Marquise de la Falaise de Coudray, alias Gloria Swanson, und der Gräfin Dombski, alias Pola Negri? Und wo ist das liebe, so anbetungswürdige Gesicht von Frankensteins Monster – wo ist der *Schein*?

Jetzt wage ich es. Ich habe dieses eigenartige Ding, die eng-maschige Karte von Los Angeles, vor mir auf dem Tisch aus-gebreitet und eine Fahrtroute festgelegt, von Beverly Hills nach Hollywood, von Hollywood nach Downtown LA, von dort nach Watts, von Watts nach Venice, von Venice nach Santa Monica, von Santa Monica zurück nach Beverly Hills. Fehler dürfen nicht vorkommen. Wenn man an einer Stelle, wo sich der Highway in sechs Ausfahrten auffächert, die fal-sche erwischt, kommt man nicht mehr zurück – anhalten und auf die Karte sehen geht auch nicht, deshalb habe ich mir einen Zettel an die Frontscheibe geklebt, auf dem auch die Himmelsrichtung vermerkt ist, an die ich mich bei je-dem Schnittpunkt halten muß.

Und dann ist man auf einmal mitten in diesem Strom, man treibt mit, rinnt hinaus, fließt wieder hinein, muß manch-mal über zehn Spuren vagabundieren, um rauszukommen, aber es klappte alles. Zu Hause hätte es nie geklappt. Ame-rikaner lassen offenbar ihre Aggressionen woanders, denn das zwanglos-»natürliche« Einfädeln wird auch tatsächlich als natürlich empfunden und führt nicht, wie bei uns, zu Vo-gelzeigen, Beleidigtsein und entsprechend aggressivem Fah-ren. Man hält sich strikt an die Geschwindigkeitsbegren-zungen – sogar auf den größeren, sehr breiten Abschnitten gleiten all diese großen Wagen in äußerst gemächlichem Tempo, und niemand kommt einem in die Quere, wenn man in Panik auf einmal das Schild *Exit NOW Exit NOW* auf sich zukommen sieht.

Nach einiger Zeit sehe ich allmählich auch, was um mich herum ist, und hier versage ich als Beschreibender, denn für mich ist es Film, *L'Amérique insolite*, *Zabriskie Point*, *Play It As It Lays*, Reichenbach, Antonioni, Perry, Godard und so weiter – und ich meine nicht Film als Bewegung, sondern Film als Sprache, denn es sind Wörter, Wörter und wieder Wörter, die einem von zwei Seiten entgegengeschleudert werden, Hamburgerrestaurants, Tankstellen, Hotels, Verkehrshinweise, Kirchen, die Gott anpreisen, Wörter und Namen, Namen und Wörter. Und Zeichen. Und Embleme.

Das fängt an, sobald man die Freeways verläßt und über den Sunset oder Wilshire oder Santa Monica Boulevard fährt – es ist, als wäre ich aus nassem Zeitungspapier gemacht, auf das all diese Buchstaben gedruckt werden sollen, mit ihren schreienden Farben und ihren rudimentären Botschaften: *Tanke! Iß! Schlaf! Bete! Trink! Halt an!*

Es wird wohl etwas sein, das vorbeigeht, wenn man länger hier ist, aber an manchen Straßenecken, zu manchen Stunden, bei manchen *settings* kann ich mich des Gefühls nicht erwehren, daß ich in einem Film mitspiele, zwischen Kulissen auftrete, die anderswo eine ganz andere Bedeutung haben. Das könnte natürlich eine ganz persönliche Eigenheit von mir sein, aber in Frankreich oder Italien habe ich so was nie. Nie Maigret, wenn ich einen *tabac* betrete, nie Fellini, wenn sich in einem römischen Nachtklub ein weißgetünchter Transvestit an mir vorbeischiebt.

Die neue Generation, die für fünfhundert Gulden nach New York fliegt, wird mit dieser Art von Gefühlen kurzen Prozeß machen, aber für mich hat Amerika offenbar noch dieses Übergroße, Abschreckende und Verführerische, das zum gerade noch nicht ganz Wirklichen gehört, etwas, das allem einen anderen Sinn als den vordergründigen verleiht, und worin man selbst, während man langsam auf einen von Mexikanern betriebenen Hamburgerstand am Rand eines Negerviertels zugeht, etwas anderes sein könnte als das, was man ist: ein Tourist, der in der Hitze aussteigt, um im Benzin- und Fettdunst ein Sandwich zu essen, während eine Coca-Cola-Leuchtreklame im hellen Tageslicht sinnlos an- und ausgeht. Ich spüre um mich herum eine direkt unter der sichtbaren Wirklichkeit liegende Schicht von »etwas anderem«, das wohl Film sein dürfte. Was es auch sei, unangenehm ist es nicht, und ich gehe wahrscheinlich auch »anders«, vielleicht bewege ich mich knapp über den Untertiteln.

Diesen ganzen Tag verbringe ich mit Fahren. Im Auto ist es kühl, man darf ohnehin nicht schnell fahren, und das Labyrinth ist unendlich. Das Radio läuft, ein Bezirk folgt auf den anderen, es geht abwärts und wieder nach oben, ich sehe das Meer bis Japan und dann wieder überhaupt nicht, sonntäglich gekleidete Neger kommen aus kleinen Kirchen, irgendwo steht eine ganze Herde Autos, in denen Menschen sitzen und essen, durchs Seitenfenster von Mädchen mit weißen Schürzen bedient. Nirgendwo bin ich allein, immer umgibt mich eine Flut von anderen Autos, deren Geschwindigkeit im Rhythmus der unsagbar langsam umspringenden Ampeln ab- und zunimmt.

In Watts ist es ruhiger. Vielleicht, weil Sonntag ist, vielleicht wegen der penetranten Mittagshitze, jedenfalls fahre ich durch schmale, afrikanische Straßen, in denen niemand zu sehen ist. Die niedrigen kleinen Holzhäuser haben alle Veranden und winzige Gärten mit großen grellfarbenen Blumen.

Erst später komme ich in Straßen mit klotzigen, schäbigen, bösen Mietskasernen, die Eingänge verwahrlost, die Fassaden voll wütender Graffiti. Von großangelegter Sanierung ist noch nicht viel zu merken. Es ist das schamlose Gesicht der unverhüllten Armut, das »andere Amerika«. Sechs Monate später lese ich, daß Nixon nach seinem triumphalen Sieg in Vietnam beschlossen hat, die Mittel für die nationalen Hilfsprogramme, auf die natürlich gerade ein Bezirk wie Watts angewiesen ist, drastisch zu beschneiden.

Eine Gruppe schwarzer Jungen in karamelfarbenen Kleidern mit weißen Beffchen kommt aus der Bright Star Church of God in Christ, das Radio sagt, daß wir 96 Grad haben, Haus Nummer 10766 in der 107. Straße ist mit einem *Harris Steel Fence* gesichert, auf einem leeren, schmutzigen Feld steht ein farbloses Gebäude, auf dem der Schriftzug »House of Uhuru« zu lesen ist, und von einer afrikanischen Veranda schallt die griechische Musik von Jim Papadapis. »Who is it?« ruft eine Wand. »The Black Egyptians«, antwortet dieselbe Wand, und dann, auf einmal, erheben sich aus dem sandbedeckten heißen Nichts zu beiden Seiten eines toten Bahngleises seltsame, schlanke, hohe, offene Türme: die Watts Towers. Andere bemühen sich eigens hierhin, mir fällt das Erlebnis einfach in den Schoß – ein Gebäude ohne Funktion, ein bizarrer Einfall aus Stein, Glasscherben, Stahl und Muscheln, Flaschenböden und Kieseln, eins von diesen Wundergebilden, die den Hirngespinsten eines einzigen Mannes entspringen. Dreiunddreißig Jahre arbeitete der italienische Immigrant Simon Rodia allein und nur mit seinen Händen an diesen Türmen. Als alles fertig und er siebenundsiebzig war, vermachte er seinen Palast einem Nachbarn und verschwand. Seine Theorie? »Man muß gut gut oder schlecht schlecht sein, um nicht vergessen zu werden«, und nun steht hier mitten im tristen Watts eine Kathedrale aus Spitzen und Zement, unter der die Menschen Zwerge sind, und gedenkt des Schattens ihres Schöpfers.

Zwei Stunden später am selben Tag, als schon ein wenig vom Dunkel des nahenden Abends am Himmel ist, stehe ich in derselben Stadt am Grab eines anderen Schattens. Das Grab ist eine Schachtel, eine steinerne Schublade in der Wand, zwischen anderen, ebensolchen Schubladen, in denen Tote in Schachteln liegen, die nie mehr geöffnet werden.

Marilyn Monroe 1926-1962, mehr steht nicht darauf, aber am Fuß der Wand stehen Rosen und andere Blumen, die den Namen eines anderen, ebenso toten Toten verdecken, liegen Briefe und allerlei Gegenstände, Scherben Sehnsucht und Körnchen Ruhm. »Hello! I dreamt with you last night. Give my love to Venus if it's still real, JEFF.« Ein anderer, zittrig beschriebener Zettel: »You are still as close as always.« Jemand hat ein Vaterunser aus Porzellan aufgehängt, und daneben steckt ein Kärtchen mit der Botschaft »every day in every way«.

Ich stehe ein Weilchen zwischen den anderen Schnüfflern und Dackeln, kann einen nekrophilen Gedanken an Unterwäsche nicht unterdrücken, lausche dem Schlüsselrasseln des Pförtners am Gitter und dem rachsüchtigen Flüstern der Überlebenden, betrete ein rundes Mausoleum, in dem der Staub der Toten in messingfarbenen, buchförmigen Urnen aufbewahrt wird, so sind sie für Gott leichter durchzunehmen. Da liegt nun James P. Beresford – ein amerikanisches Fähnchen aus Papier guckt aus dem Umschlag und stimmt postum für Nixon. Daneben eine zweibändige Ausgabe, die der Schriftsteller noch nicht fertig hat: *Peter I. Merenblum 1890-1966* und *Zinaida Abaza Merenblum 1892- . . . .*, vom GROSSEN AUTOR noch zu ergänzen, aber der Dummy steht schon mal da. Von soviel Vergänglichkeit bedrückt, verlasse ich die Schädelstätte und fahre durch das Hollywood von Scott Fitzgerald, Gary Cooper, Budd Schulberg und Marilyn nach Hause, durch eine Atmosphäre wie von Spinnweben und verblaßtem Zelluloid.

Juni 1973

1 Anspielung auf den Roman *The World of Suzie Wong* von Richard Mason (geb. 1919), der 1960 von Richard Quine verfilmt wurde.

Für einen Satelliten bin ich bestimmt zu erkennen: ein Mann in einem roten Ford auf der Interstate 93 im Staat Montana. Rechts von mir, in der klaren Herbstluft, die zerklüfteten Formen der Bitterroot Mountains, links der Bitterroot River. Gleich überquere ich die unsichtbare Staatsgrenze und bin dann in Idaho. Fahrtziel des Tages: Salmon. Die Straße ist leer, hier leben nicht viele Menschen. Ich habe meinen Kurs abgesteckt. In Salmon werde ich schlafen, aufstehen, und wenn ich nicht für immer dortbleibe, fahre ich auf der Interstate 93 weiter nach Süden. Bei der ersten großen Abzweigung inmitten der Leere (rechts sehe ich den Bald Mountain) halte ich mich rechts und durchquere die Sawtooth National Recreation Area, verlasse sie bei Sun Valley wieder, um von dort aus in südlicher Richtung abwärts bis Twin Falls zu fahren. Dann bin ich in Nevada und erreiche bei Wells die 80, auf dieser Karte ein dicker grüner Streifen, der von Salt Lake City nach San Francisco führt. Salmon. 2000 Einwohner. Ich reite mein Pferd bis zum Büro des Motels, bezahle, bekomme einen Schlüssel, führe das Tier im Schritt bis zu meiner Tür, binde es an, trete ein. Motels sind Symbole des Daseins als Durchreise, es ist fast schon ein Wunder, daß man sein Zimmer durch dieselbe Tür wieder verlassen darf, im Grunde begegnet man schon auf der Schwelle wieder sich selbst auf dem Weg zum nächsten Bett. Niemand hat hier jemals auch nur den kleinsten Fetzen seiner Seele hängenlassen, der Spiegel weigert sich, ein Gesicht zu spiegeln, vergäße man hier ein Kleidungsstück, es würde innerhalb weniger Stunden die Farbe der

Tapete angenommen haben. Und oft können sich die Menschen, die zeitweilig diese Räume bewohnen, morgens nicht erinnern, wer sie sind.

Abend in Salmon. Durch alle Straßen weht der Wind herein. Er kommt von den Bergen und ist blau getönt. Auf irgendeine Weise (dank der langen Fahrt, die ich hinter mir, oder der langen Fahrt, die ich vor mir habe) ist es mir gelungen, betrunken zu werden. Das ist an und für sich nicht so schlimm, aber am nächsten Morgen finde ich mich im Motel mit einem knallgelben T-Shirt in zu kleiner Größe, das darauf hindeutet, daß ich Mitglied von irgend etwas geworden bin. Ansonsten habe ich in einer Schrift, die immer unleserlicher wird, gewissenhaft Aufzeichnungen gemacht, unter denen mich die Worte »visit the river of no return« besonders ansprechen. Außerdem habe ich eine Frau gesehen, die dem Papst ähnelte, und James Joyce saß an der Bar und nahm seinen Hut ab. Der Sohn des Papstes trinkt, seine rechte Hand stützt die trinkende Linke. Danach wird alles zu einem Tintenfleck.

In Europa stehen Denkmäler, die die Vergangenheit heraufbeschwören. In den Regionen, in denen ich mich jetzt aufhalte, stehen Schilder, die demselben Zweck dienen sollen. Die Art von Geschichte, die hier üblich war, gehörte nicht zu der Art, die *Dinge* hinterläßt. Was zählte, war das Ereignis, und dazu brauchte es nichts als Menschen und die Landschaft. Die Menschen sind verschwunden, die Landschaft liegt noch da, aber sie sieht aus wie jede andere in der Gegend, deshalb müssen Schilder her. An einer Kurve der Straße steht so eins: »SALMON RIVER – rising as a small stream in the valley to the south, the Salmon River winds 420 miles across Idaho before flowing into the Snake River. Discovered 1805 by Lewis and Clark.«

So schlicht ist das ausgedrückt, dabei war die Expedition von Meriwether Lewis und William Clark ein Höhepunkt der amerikanischen Geschichte. Seltsamer Gedanke: Hätte ein ungeheuer großes amerikanisches Gebiet nicht immer wieder den Besitzer gewechselt, weil europäische Großmächte es zwischen sich hin und her schoben, dann hätte Amerika durchaus in zwei Teile zerfallen können. Louisiana – heute trägt nur ein Staat im Süden den Namen – war zunächst spanischer Besitz und reichte schließlich bis Montana im Nordwesten, fiel an Frankreich (ein großer Teil Amerikas war einmal französisch), dann wieder an Spanien. 1800 mußten es die Spanier Napoleon überlassen, der es 1803 wiederum den Vereinigten Staaten verkaufte *(The Louisiana Purchase)*. Das tat er, weil er wußte, daß ihm die Engländer, wenn er sie in Europa angriff, das große amerikanische Gebiet einfach wegnehmen würden. Die Amerikaner betrachtete er – damals – als natürliche Feinde der Engländer, deshalb verkaufte er lieber. Jefferson erkannte als erster, welch gewaltige politische Bedeutung dies haben sollte. Jetzt war vom Westen her der freie Durchgang über den Mississippi gesichert, und das würde die westlichen Staaten davon abhalten, sich von den östlichen zu lösen – eine damals ganz reale Gefahr. Außerdem konnte man nun auch den sagenumwobenen nordwestlichen Durchlaß zum Stillen Ozean suchen. Zweck des Unternehmens war, die Regionen westlich und östlich der Wasserscheide zu verbinden und zugleich soviel wie möglich über das in jener Zeit noch vollkommen unerforschte Gebiet zu erfahren. Die Expedition dauerte von Mai 1804 bis September 1806. Der Bericht *(The Journals)* von Lewis und Clark ist eines der schönsten Abenteuerbücher aller Zeiten, voll schrecklicher Geschichten von Grizzlies, feindlich gesinnten Indianern und bitteren Enttäuschungen. Monatelang zogen sie in die falsche Richtung, obwohl sie dem »Gate of the Mountains« schon ganz nah waren. Die Gruppe bestand aus achtundzwanzig Männern und einer Shoshone-Indianerin mit ihrem »unverwüstlichen« Kind, das während der Expedition geboren wurde. Nicht alle überlebten, aber im September 1805, nach mehr als einem Jahr, hatten sie die andere Seite der Berge erreicht. Sie überwinterten an der Pazifikküste in einer Gegend, die jetzt zum Staat Washington gehört. Insgesamt zogen sie in den gut zwei Jahren – ohne jeden Kontakt mit der Basis in Washington D. C. – durch ein Gebiet, das heute zehn der Vereinigten Staaten umfaßt.

Ich habe mein Auto irgendwo am Rand der Straße abgestellt, stehe an einem hochgelegenen Punkt in der hereinbrechenden Winterkälte und blicke über das Land. Unglaublich, daß es noch keine zweihundert Jahre her ist. Die Ebene, leer und flach, sieht ziemlich freundlich aus, der Fluß kalligraphiert sich als gewundene Linie hindurch, aber in der Ferne erheben sich, dunstig und blau, hohe Berge wie ein grauenhaftes, bösartiges Gebiß. In großer Höhe ein Flugzeug, ein von allem losgelöstes, von niemandem gelenktes Stück Silber. Zwei Seelen kämpfen, wie gewöhnlich, in meiner Brust. Aber es ist ein müder Kampf, sie kennen ihre Argumente. Die eine empfindet Bewunderung für die Expedition. Sie hat die *Journals* gelesen, und was darin von wilden Tieren, Wasserfällen, Fehlschlägen und Gefahren berichtet wird, von den vielen Krankheiten, den primitiven Operationen und Medikamenten, hat sie fasziniert, und das gilt auch und vor allem für die Dauer des Unternehmens. Die andere hat die Berichte ebenfalls gelesen. Zwei Sätze haben sie sehr beeindruckt, sie hat eine poetische Ader. Clark zeichnet wieder einmal ein Gespräch mit ein paar Indianerhäuptlingen auf und schreibt: »The Indians came out and sat by me and smoked. They said, we came from the clouds, &c.&c., and were not men &c.&c.« Das stimmt meine zweite Seele melancholisch. Die Expedition hätte scheitern sollen, dieser eine, wilde Flecken Erde hätte für immer verschlossen bleiben müssen, bewahrt vor der Zerstörung und dem Tod, die der Fortschritt brachte. Meine erste Seele kann ihr das nachempfinden, sagt aber, daß die Geschichte ein Motor sei, den niemand abschalten könne, und so steigen sie, miteinander hadernd und vor sich hin brummelnd, hinten ins Auto und fahren mit mir weiter.

Wer allein fährt, den befällt eine Art Betäubung, vor allem in einsamen Gegenden. Das Auge registriert Schriftzüge und Landschaften, sieht, wie die Berge schwinden, wie die Vegetation trockener wird, bis nichts mehr übrig ist als harte, dürre Pflanzen in steinigem Boden, die einem bestimmt weh tun, wenn man sie berührt. Die erlaubte Geschwindigkeit ist niedrig, das Auto weitgehend geräuschlos, das Getriebe automatisch, die Nachrichten der örtlichen Radiosender so banal wie das Leben selbst, die Ebene eintönig, Ortschaften werden immer seltener. Dann mündet meine Straße in die große Verbindungsstraße zwischen Ost und West, mehr Raststätten, mehr Motels, mehr Restaurants, das Dunkel kommt geschlichen, erleuchtete Zeichen aus fauchendem Rot und eiskaltem Purpur rotieren, laufen, winken, rufen, offerieren Ruhe, Kühle, Essen, Gesellschaft, Gewinn. Ich bin in Nevada, wo die Spielautomaten wie Menschen aussehen und die Menschen wie Sklaven dieser Menschenmaschinen wirken. Wo ich auch anhalte, überall höre ich Geblubber, alchimistisches Schlürfen und Gurgeln, in jedem erleuchteten oder verdunkelten Winkel scheint jemand damit beschäftigt zu sein, aus Plastikspielmarken Gold zu machen, ein Vermögen.

Wiederholung des vergangenen, des nächsten Tages: Ich bin in einem Motel in Elko, Nevada, abgestiegen, habe Reagan gesehen und eine Katastrophe in Algerien; aber weil mich das Fahren ermüdet hat, möchte ich ein paar Schritte laufen. Nur wo? Der Ort besteht offensichtlich aus nichts anderem als den beiden Seiten der Hauptstraße, und entlang dieser Hauptstraße gibt es keine Gehwege. Hier läuft man mit dem Auto. Es ist jetzt Nacht, eine kühle Form bewegten Neonlichts. Irgendwo esse ich einen toten Lachs und sehe vom Restaurant aus, wie die beiden blonden, braunen Menschen, die eben noch neben mir saßen, plötzlich von einem tödlichen gasfarbenen Licht versengt werden, mit dem einer der Spielautomaten die Halle flutet. Die Maschine, ein Roboter, bewegt sich, summt, läßt Anzeichen höchster Wollust erkennen, gibt widerlich hohe, elektronische Laute von sich, maschinenmäßige Lustschreie, zwischen denen das Gemurmel der beiden echten Menschen auf einmal wie eine Neandertalsprache wirkt. In der Todesfarbe, die der Automat um sich verbreitet, sind ihre Gesichter erstarrt, ihre Augen beschwören den Spalt, aus dem das lebendige Geld hervorspritzen soll, und dann passiert es, der Automat kommt, ejakuliert, klingelt und bricht in brüllendes Gelächter aus, und auf den beiden versengten, angespannten Menschenmasken bricht vorübergehend ein orgiastisches Grinsen durch, ein anderer Spannungszustand. Sie haben mit Nichtstun Geld verdient, sie haben *gewonnen*.

In einer anderen Vorhölle spielen drei ältere, alkoholgehärtete junge Männer mit verwüsteten Gesichtern etwas, das sie selbst *Desert Rock* nennen, die Kellnerin hat große Brüste in einem engen gelben T-Shirt mit der Aufschrift *Climb the rocks*, die Männer im Saal tragen Hüte, die sie einen halben Meter größer machen, bei den Toiletten, die wenigstens noch einfach nach Pisse stinken, hängt ein Automat mit Kondomen, mit denen Mann in *ihr* die *animalische Leidenschaft* wecken kann: »Arouse her animal passion with Savage Bliss textured condoms with raised edges for maximal stimulus.« Ich lasse mich langsam mit Bourbon vollaufen und versuche an irgend etwas zu denken, aber es gelingt mir nicht. Ich denke an nichts.

Eine Stunde später, als ich in den Wüstenwind hinausgehe, meine ich zuerst, das sonderbare Geräusch, das ich jetzt höre, sei die Stille, aber das stimmt nicht. Es ist ein näher kommendes und sich dann wieder entfernendes hohes und schwaches Heulen. Auf der Hauptstraße kann ich es, wenn gerade einmal keine Autos vorbeikommen, besser hören, ein pulsierendes Geräusch, lockend und tierhaft. Es kommt näher, der Menschenwelt zu nahe, als daß es von Kojoten stammen könnte, zu unregelmäßig für eine Sirene. Schwach ist es jetzt schon längst nicht mehr, im Näherkommen ist es wild und zügellos geworden, und als ich endlich sehen kann, was es ist, weiß ich auch, warum. Es sind Mädchen, Autos und kleine Lastwagen voller Mädchen. Sie hängen lebensgefährlich weit aus den Fenstern, viel zu viele in einem Auto, ihre Leiber zu einer Masse zusammengepreßt, und sie schreien in den höchsten Tönen, über die sie verfügen. Dies ist der Klang, den die Sirenen hervorgebracht haben müssen, als sie Odysseus und seine Gefährten anlockten, es ist das Winseln und Heulen der Bacchantinnen bei ihren rasenden Tänzen, und es geht einem, wie sich das gehört, durch Mark und Bein. Im Abendwind umwogen ihre Haare die Gesichter, zusammen sind sie eine einzige phantastische, gefährliche Frau, wollüstig umkreisen die Autos einander und verschwinden dann wieder, nehmen den Irrsinnsklang mit, bis er wieder fern und schwach und ätherisch ist, aber das hält nicht lange an, ich sehe ihre Autolampen jetzt einen großen Kreis um den Ort herum beschreiben, dann verliere ich sie aus den Augen, und die Autos kommen zurück, das wilde, lüsterne Gekreisch prallt und wogt an die Gebäude, sie brüllen sich und dem einsamen Fußgänger Unverständliches zu, ein ganzes Jahr Wut und unerfüllte Sehnsüchte schreien sie heraus. *Life in Elko*: Dieses Geräusch können auch tausend Spielautomaten nicht dämpfen.

Mein Auto hat den Befehl übernommen. Ich sickere in Kalifornien ein, die Landschaft wird immer anmutiger, immer üppiger, wollüstiger. Ich spüre die Nähe des Meeres, ich habe einen Kontinent aus Eisenbahnstrecken, Straßen und Ebenen hinter mir gelassen, und als würde der Weg sich selbst weisen, werde ich mit dem ganzen plötzlich verdichteten Verkehr auf die Golden Gate Bridge gesaugt, nach San Francisco hinein. Das ist der Schlußsatz der langen Suite, die begonnen hatte, als ich in New York meinen Fuß auf das hohe Trittbrett des Amtrak-Zugs setzte. Oft war ich allein, jetzt ist es, als wäre diese sechsfache Reihe von Autos mit mir aus dem fernen Osten gekommen: der Zielort als einziger Stau. Ich gebe meinen Wagen ab, finde ein Hotel, gehöre wieder einer Stadt wie ein Knecht seinem Herrn.

Hundertmal habe ich diese Bilder gesehen, meistens bei Verfolgungsszenen: die steilen Straßen, die Straßenbahn. So ist das alles normal für mich, ich kannte es ja schon. Aus unerklärlichen Gründen habe ich immer gewußt, daß San Francisco nichts für mich sein würde. Ich mochte Los Angeles, diese große, weite Welt voller Sinnlosigkeit, wo die Schönheit sich das Gesicht verbrannt hat. Hier ist alles zu freundlich, zu malerisch, zu schön, zu europäisch. Ein anderer Menschenschlag lebt hier: Anrainer des Pazifiks. So blond sie auch sind, gehören sie vielleicht noch eher zu den anderen Küsten desselben Ozeans als zu dem puritanischen Volk, das in den Großen Ebenen jenseits der Rocky Mountains lebt, oder zu den gegerbten und verhärteten Städtern Chicagos und New Yorks. Die Sucht nach dem Westen hat mich noch nicht verlassen, jetzt locken die fernen Inseln im Ozean, und ich spüre die sanfte, aber unwiderstehliche Anziehungskraft meines nächsten Zieles, Japan.

Cheap Thrills, Ice Cream, House of Ecstasy, Talk to a totally naked girl for $ 1.–, Here started topless dancing June 19th 1964 and bottomless dancing Sept. 3rd 1969, starring Miss Carol Doda, ich lasse Sinn und Unsinn der Stadt an mich herankommen und von mir abfallen, manchmal hat man eine Vision von dieser Brücke in der Ferne, tanzend und zurückweichend, abends sieht man einen Sternenhimmel von Lichtern in der verborgenen Form der Hügel. Ich kaufe eine bibliophile Plutarch-Ausgabe, die ich mir nach Amsterdam schicken lasse, blättere in *Mijn Aquarium* von A. F. J. Portielje, das fremd und sinnlos holländisch zwischen all den anderen Büchern liegt, lausche der Geheimsprache des Baseball, sehe einen Mann aus unbeschreiblicher Höhe für Geld in ein viel zu kleines und seichtes Becken springen und halte dabei wie die Neger, die Kinder, die Japaner und die Matrosen den Atem an, blicke über das sonnenbeschienene Wasser zur uneinnehmbaren Festung von Alcatraz, wo die Mörder sitzen, sehe einen Chinesen einen ganz kleinen Fisch fangen, folge mit dem Blick den einflügeligen Schmetterlingen der Segelboote in der Bucht und warte auf meine Abreise.

»To the right you can see Pearl Harbor«, sagt die japanische Stewardeß zu den amerikanischen Passagieren. Ich sitze auf der linken Seite, kann folglich nichts sehen, brauche aber auch nichts zu sehen – wenn ich die Augen schließe, projiziert jemand auf meine Netzhaut einen Schwarzweißfilm, dem der Glanz des hellen Sonnenlichts draußen fehlt. Es ist eher dunkel in diesem Film, früher Morgen, und die Botschaft des Films ist Vernichtung und Tod. Schlachtschiffe zerbrechen in zwei Teile, Flugzeuge stürzen brennend ins graue Meer, schwarze Rauchwolken steigen schräg in den Himmel, der Vulkan der Geschichte ist ausgebrochen, Japan im Krieg mit Amerika, England, den Niederlanden – was dann kommt, ist eine Zeit der Schlachtfelder, der Grausamkeit, der Lager, eine Geschichte, die erst mit jener letzten, endgültigen, höher und höher steigenden Wolke über Hiroshima enden wird. Meine Mitreisenden scheint das nicht zu beschäftigen. Kein historisches Bewußtsein, oder man will sich einfach die gute Laune nicht verderben lassen, so ähnlich wird es sein.

Wind streift die Palmen, Hitze lastet auf dem Flugplatz, den Paß brauche ich nicht vorzuzeigen, ich bin immer noch in Amerika. In *Hawaii on $ 25 a Day* habe ich ein Hotel für weniger als das gefunden. Es wird von Familie Fong geführt und liegt an der Uluniu Avenue, gleich hinter Waikiki Beach. Klein und verloren hängt es zwischen den Giganten, in denen die großen Herden auf ihrer Rundreise rasten. Palmen und tropische Gewächse im Innenhof, eine eigene kleine Küche mit Kühlschrank, ein Fernseher, der die Bilder vom Festland, aus fast viertausend Kilometer Entfernung, beschädigt und in entarteten Farben heranholt. Draußen wütet der Tourismus, Japaner, Amerikaner, Deutsche.

Ich beschließe, mich an nichts zu stören, der Ozean ist größer als die Wolkenkratzer. Eine Schilfmatte kostet einen Dollar, ich entrolle sie auf dem weißen Sand und ergebe mich nichts Besonderem. Die Schlachtordnung der Gebäude steht hinter mir, unsichtbar, außer wenn ich mich umdrehe, vor mir liegt in irrsinnigem Sonnenglanz die große Bewegung des Wassers. Surfer, blonde und braune Götter und Göttinnen, besuchen die hohen Wellen der Brandung weit draußen, und dann kommen sie zurück, auf ihren flachen Brettern stehend, zart im grellen Licht, bis sie fallen und als Menschen im Wasser verschwinden. Stundenlang könnte ich ihnen zusehen. Das Wort Götter ist keine Übertreibung, das Bild hat etwas Mythisches: Die Bretter haben die Form eines großen Tintenfischleibs, die menschlichen Gestalten schwimmen in der Ferne, klein vor der gewaltigen Brandung, und genau dort, wo sich die Wellen zu einer schwellenden, rasenden Wand auftürmen, stehen sie dann plötzlich auf dem Wasser, und so, das Licht und die Gewalt des Ozeans im Rücken, kommen sie in schneller Fahrt über den rollenden Horizont heran, bis sie wieder dem seichten Wasser gehören. Vor allem die kleinen hawaiianischen Jungen sind großartig, eine Spezies, die auf dem Land und in den Wellen zu Hause ist, Amphibien.

Glückselige Inseln. Vor ungefähr tausend Jahren trafen von Tahiti aus die ersten Menschen hier ein. Vorher scheint der Archipel unbewohnt gewesen zu sein. Seltsamer Gedanke – diese Stelle im weißen Sand, hier, wo ich liege, von niemandem gesehen, das Paradies für den Menschen, wollüstig, in sich eingeschlossen, sich wiegend im weiten Ozean. Die Passatwinde ziehen darüber hinweg, streifen die Palmen. Was ist an der Vorstellung eines Fleckens Erde ohne Menschen so geheimnisvoll? Ich stelle mir diese Reise vor:

Tausende Kilometer von Tahiti, die schmalen, hölzernen Boote, modernen Katamaranen ähnlich, mit Segeln aus Kokosfasern, die Stille der Nacht, die alles mit ihrem Sternenzelt überwölbt, die Stimmen von Männern und Frauen, den Hunger, den Durst und das erbarmungslose Schicksal derer, die kein Land fanden und auf der unendlichen Wasserfläche forttrieben wie ein Raumfahrzeug, das vom Kurs abgekommen ist und nie mehr zurückkehren kann.

Das Ende von Paradiesgeschichten ist immer gleich. Cortés bei den Azteken, Cook auf Kauai. Am 18. Januar 1778 erblickt er, auf dem Weg von Tahiti zur Nordwestküste Amerikas, die Umrisse von Oahu – wo jetzt Honolulu liegt – und Kauai. »Bald schon kamen einige Kanus mit Eingeborenen zum Schiff. Sie staunten über diese ›schwimmenden Inseln‹ und knüpften sofort Handelsbeziehungen mit uns an. Wir gaben ihnen Nägel, die sie mehr interessierten als jede andere Ware, und bekamen dafür Fisch und süße Kartoffeln.« Aber seine Seeleute hinterließen noch ein besonderes Geschenk, Geschlechtskrankheiten, der erste Zoll, der für das Wunder bezahlt werden mußte. Der Rest der Geschichte ist banal. Weiße Krankheiten, Alkoholmißbrauch, Verfall alter Werte, Degeneration, gute Absichten und fatale Mißverständnisse von Missionaren, Nachäffen fremder Bräuche, moralischer Niedergang, Identitätsverlust, schließlich vollständige Übernahme des Inselreichs, gefolgt von Annexion, dann noch Tourismus und jetzt natürlich wieder Kampf um die letzten Reste des Eigenen, die es aufzuspüren und zu bewahren gilt.

Ein Tourist braucht von alldem nichts zu sehen, denn es ist Vergangenheit. Er bekommt Blütenkränze umgehängt, alle rufen Aloha, das Land sieht nach Wohlstand aus, man spricht Englisch, und die Bevölkerung ist bunt gemischt.

Umkehrung aller Werte: Weiße kalifornische Riesen fahren einen abends mit einer Riksha herum, wer echt hawaiianisches Essen will, muß sich auf die aussichtslose Suche nach einem Wohnzimmerrestaurant in irgendeiner Vorstadt begeben, die heimische Sprache hört man nur noch, wenn jemand singt, und das wird dann bei mir gleich von der Erinnerung an die Kilima Hawaiians überschwemmt. Wieder muß ich die Augen schließen, damit ich sie in irgendeinem verborgenen Winkel meiner Jugend aufstöbern kann: blonde Niederländer, die fremdartig süße Lieder sangen, begleitet von den jodelnden Klängen elektrischer Gitarren. Wann ist das bloß gewesen? Ob es den Klängen hier ähnlich war, kann ich nicht mehr sagen, die Musik, die ich hier höre, ist, wenn man sie überhaupt mit etwas vergleichen kann, eine Art umgekehrtes Jodeln, und zwar in langsamem Tempo. Das soll kein Spott sein – wenn man sie einige Zeit hört, geht eine eigenartige, betörende Wirkung von ihr aus.

In der Woche, in der ich hier bin, stirbt Charles Philip »Gabby« Pahinui. Im *Honolulu Star-Bulletin* ist das der Aufmacher. Seine Lebensgeschichte – Müllmann, städtischer Arbeiter, *slack-guitarist*, Gitarrenlehrer beim Department of Parks and Recreation, Alkohol, Profil im *Rolling Stone*, Staatspreis für die »Erhaltung von Liedern, die sonst verschwunden wären«, schließlich Tod auf dem Golfplatz – diese Lebensgeschichte spiegelt die Entwicklung, die Hawaii nach dem Krieg durchgemacht hat, vom verarmten Protektorat zum fünfzigsten Staat, der sich, angefressen vom Wohlstand und Verfall, die der Tourismus bringt, zu spät des Verlorenen bewußt wird. Abends sehe ich ihn in meinem kleinen Fernseher als wackliges Bild, dunkel, melancholisch, mit einer Stimme, in der Tabak und Alkohol ihre Spuren hinterlassen haben, doch auch dies harmoniert mit den eigenartigen Schlenkern vom Falsett zu tiefen und dunklen, *schwarzen* Tönen. Was er singt, verstehe ich nicht – und verstehe es doch. Nicht gerade fröhliche Lieder, die von Kummer und Abschied handeln. Das Rätselhafte ist, daß der Ton zugleich etwas Leichtes hat, als brauchte man in diesem Klima alles nicht so schwerzunehmen, weil der Wind auch die Wehmut wieder verweht.

Was habe ich auf Hawaii gemacht? Nichts habe ich auf Hawaii gemacht. Keine Museen besucht, mit niemandem gesprochen, außer beim Tausch von Dienstleistungen gegen Geld. Und natürlich habe ich doch etwas gemacht: Ich bin herumgeschlendert, habe mich vom Meer tragen lassen, habe Menschen beobachtet. Pläne, zu den anderen Inseln überzusetzen, habe ich buchstäblich fahrenlassen. Nach der Reise quer durch den amerikanischen Kontinent überkommt mich die den Inseln selbst eigene Trägheit, und der Massenbetrieb stört mich nicht, für die Vulgarität großer Menschenansammlungen wird man oft durch die Gesichter der Menge entschädigt.

Erst am letzten Tag miete ich für elf Dollar einen Datsun und mache eine Rundfahrt um die Insel. Es ist noch früh, aber in der Ferne lodert schon heftig ein orangenes Feuer. Bei Diamond Head steige ich aus, und mit der nackten, kalten Haut des Kraters im Rücken blicke ich über den Ozean. Weit weg zieht die Nachbarinsel wie ein Schemen übers Wasser. Dann geschieht es: Wie eine Faust aus Licht durchstößt plötzlich die aufgehende Sonne das graue, verschwommene Niemandsland an der Grenze von Luft und Wasser, die bewegte Fläche fängt das feuerfarbene Licht auf, und dann auf einmal sehe ich das schmale Boot mit Ruderern auf dem Weg ins Nirgendwo. So sind sie gekommen, überlege ich und frage mich wie schon so oft, wie das wohl sein

mag, allein oder mit ein paar anderen in der alles verschlin-
genden Leere, die bis Asien reicht.

Nur die Küste hat dieses Leichtlebige, dahinter erheben sich
die bewachsenen Hänge der Koolau Mountains, bleiern, un-
empfindlich, einer anderen Zeit angehörig. Wie Mauern
von Kathedralen stehen sie auf dem Land, fast senkrecht.
Tiefe Furchen sind in sie eingeschliffen, sie wirken unüber-
windlich. Ich fahre weiter an der Küste entlang und halte an
einer kleinen Bucht zwischen Felsen und schwarzer Lava.
Mit einiger Mühe klettere ich hinab und entrolle meine ge-
flochtene Matte. In einem anderen Winkel des Strandes liegen drei Mädchen, sonst ist hier niemand. Das Meer greift
an und zieht sich zurück, die Wellen schlagen die Felsen mit
Peitschen aus weißem Gischt, man hört das Geräusch von
Salutschüssen, dumpfes Krachen, das von weither noch einmal zurückrollt. Die Mädchen beobachten das gleiche wie
ich: wie der Ozean immer aufs neue die Felsen zu umarmen
oder zu verschlingen sucht, als könnte er es nicht ertragen,
auf seinem langen Weg auf Hindernisse zu stoßen.

Später am Tag, als die Mittagshitze ihren Höhepunkt erreicht hat, bekomme ich selbst die Kraft des Wassers zu spüren. An einer Stelle, an der die Straße an den Strand stößt,
stehen einsam und verlassen ein paar alte Autos. Die Besitzer
treiben sich auf dem Wasser und an seinem Rand herum. Ich
sehe, wie weit sie sich hinauswagen, und empfinde Neid.
Die Wellen sind hier höher als überall sonst, sie stürzen sich
in die Tiefe, und die schmalen Menschengestalten, die auf
ihnen reiten, tanzen, halten sich einen kurzen Augenblick
in unmöglichem Gleichgewicht. Als ich selbst ins Meer gehe, spüre ich, wie vollkommen bedeutungslos ich für diese
Masse bin. Innerhalb einer Sekunde werde ich umgerissen,
ein Stück hinausgetragen wie in den Armen einer sehr gro-

ßen Mutter und dann verstoßen und zurückgeschleudert und in einer wütenden, unkontrollierbaren Bewegung blitzschnell über einen Boden aus runden Kieseln auf den Strand geworfen. Halb wieder aufgerichtet, werde ich zum zweiten Mal niedergemäht. Meer füllt mein Inneres aus, der Schlag dröhnt noch in meinem Schädel. Dann liege ich im goldenen Sand, die Sonne trocknet das Wasser auf meiner Haut zu Salzkristallen, der Wind weht mich trocken, ich fühle mich besiegt, pazifisch und glücklich.

April-Juli 1981

Die Reise des Toten Mannes

Ein Land entdecken, geht das überhaupt? Nur, wenn es schon da war. Das heißt, derjenige, der Geschichte macht, wußte noch nicht, daß es da war, oder wie es war. Wenn er es erreicht, gibt er ihm einen Namen, obwohl es, in der Sprache, die dort gesprochen wird, längst einen Namen hat. Aber diese Sprache versteht der Eroberer nicht, wenn er kann, zwingt er dem Land seine Sprache auf, und in ihr gibt er die Namen. Die Arroganz der *geschriebenen* Geschichte bestimmt, daß die bekannte Vorgeschichte New Mexicos von ungefähr 12 000 vor Christus (der seinen Schatten in der Zeit bekanntlich auch *zurück*wirft) bis zum Jahr 1540 nach ihm dauert, als die ersten vier Spanier die Indianer New Mexicos in ihren Pueblos vorfanden. Aber Pueblos hießen da noch nicht Pueblos, New Mexico war einfach nur trockene Erde, von großen Flüssen durchschnittenes Land, bewohnt von umherziehenden und ackerbautreibenden Indianervölkern, die sich alle selbst einen Namen gegeben hatten. Es bleibt eine absurde Vorstellung, die Geschichte einer solchen Region hätte erst begonnen, als vier Männer, die einen Schiffbruch bei Texas überlebt hatten und nach fünf Jahren aus indianischer Gefangenschaft entkommen waren, auf ihrer Wanderung nach Mexiko durch die Wüste zogen und später am Hof des Vizekönigs Lügengeschichten von dort vorhandenen Reichtümern erzählten. Aber so hat es sich zugetragen. Acht Jahre nach ihrem verhängnisvollen Schiffbruch kommen Álvar Núñez Cabeza de Vaca (Kuhkopf), Alonzo del Castillo Maldonado, Andrés Dorantes und ihr maurischer Sklave Estéban an den Hof des Vizekönigs Antonio de Mendoza. Sie haben Tausende von Kilometern zu Fuß zurückgelegt und unterwegs Berichte über die »Sieben Städte von Cibola« gehört, die angeblich von Schätzen überquellen und von einem hochkultivierten Geizhals regiert werden. Der Vizekönig entsendet eine Expedition unter dem Befehl des Franziskaners Marcos de Niza, mit dem Sklaven Estéban als Führer. Statt goldener Städte finden sie die Lehmdörfer der Zuni-Indianer. Estéban wird getötet, der Franziskaner flieht, erfindet aber, um der Schande der Niederlage zu entgehen, noch tollere Geschichten über die Reichtümer, die dort im fernen Norden zu finden sein sollen. Nun wird der Gouverneur von Neugalizien losgeschickt (immer ist alles *neu* in der kolonialen Welt), Francisco Vásques de Coronado. Er hat dreihundert Soldaten und achthundert Indianer bei sich, freut sich auf den Glanz des Goldes und genießt im voraus den Anblick seines Namens in den Geschichtsbüchern (das hat geklappt, gerade eben war hier sein Name zu lesen) und findet die Lehmdörfer der Zuni, die sich heftig zur Wehr setzen, einige Soldaten töten und Coronado selbst verwunden.

Als er zwei Jahre später in die Hauptstadt zurückkehrt, ist er zwar bis Kansas vorgedrungen, aber in diesem sagenumwobenen Norden war das Stroh der Hütten das einzige Gold, das er zu Gesicht bekommen hat. Er hat einen Franziskaner, Juan de Padilla, und zwei Laienbrüder zurückgelassen, die später von den Indianern getötet werden. Erst vierzig Jahre später unternimmt man einen weiteren Versuch. Das »leere« Land, das nicht leer war, saugt die Siedler, Eroberer, Händler, Abenteurer an, bis es voll ist, abgegrenzt, benannt, aufgeteilt, regiert. Aber es sollte Jahrhunderte dauern, bis die »entdeckten« Bewohner des Landes, Hopi, Navajo, Apachen, Comanchen, sich mit dem – wie man zu sagen pflegt – unaufhaltsamen Lauf der Geschichte abfanden. Es blieb ihnen auch nichts anderes mehr übrig, weil sie dann schon zum größten Teil tot waren.

Zwei Hauptwege sind es, die New Mexicos Geschichte in den folgenden Jahrhunderten prägen werden: der Camino Real (königlicher Weg) von Süden nach Norden und später, in der ersten Hälfte des vergangenen Jahrhunderts, der Santa Fe Trail, von Osten nach Westen, wichtiges Zwischenstück auf dem großen Treck nach Kalifornien.

In dieser Landschaft kann sich nichts verändert haben. Es ist jetzt vierhundert Jahre her, daß Capitán Francisco Sánchez Chamuscado an einer Stelle, die jetzt El Paso heißt, den Rio Grande durchquerte. Er zog in östlicher Richtung um die San Cristobal Mountains herum – eine Wanderung, die immer noch Reise des Toten Mannes genannt wird (*Jornada del Muerto*) –, fand bei Socorro (Hilfe) wieder zum Rio Grande zurück und zog weiter über einen weglosen Weg, der zum Camino Real werden sollte, bis dahin, wo jetzt Albuquerque, Santa Fe (Heiliger Glaube) und Taos liegen. Siedler, Truppen, Karawanen sollten folgen. Vierzig Jahre zuvor hatte Coronado, nachdem er bei den Zuni gestrandet war, drei Expeditionen auf den Weg geschickt, die den nicht existierenden Goldschatz doch noch finden sollten. García López de Cardeña entdeckte den Grand Canyon, Pedro de Tovar fand die sieben Dörfer der Hopi, die heftigen Widerstand leisteten, und Hernando de Alvarado betrat als erster Weißer die Himmelsstadt Acoma.

Im Sommer, bevor ich nach New Mexico aufbrach, habe ich eine Reise durch Estremadura unternommen, die spanische Provinz, aus der so viele der Konquistadoren stammten. Es ist eine dünnbesiedelte, vergessene Region, trocken, unwirtlich, die Städte Trujillo, Cáceres, Medellín liegen darin wie verfallene Paläste, vor langer Zeit von dem Gold erbaut, das die Eroberer aus der Neuen Welt holten, und die muß ihnen wie ein vergrößernder Spiegel ihrer eigenen Welt vorgekommen sein. Die Leere vertrieb sie, und diejenigen von ihnen, die bei den Inkas, Mayas und Azteken landeten, fanden dort vielleicht etwas, das der Erfüllung eines Traumes glich, aber die anderen, die das unberechenbare Schicksal in den Norden Mexikos, nach New Mexico, Arizona und ins östliche Kalifornien verschlug, fanden sich in einen jetzt noch schlimmeren Alptraum zurückversetzt: öde Landschaften voller Gefahren, keine Schätze, also auch keine Belohnung, feindlich gesinnte Einwohner. Nur die Weite war noch fürchterlicher. Meine Karte zeigt viel Weiß in diesen Regionen, dreißig Meilen hinter Rincón wird die Straße zu einem Pfad, der in grünen, verschwommenen Punkten endet: Lava Flow. Die Hauptstraße westlich davon folgt dem Lauf des Rio Grande, man kann die Namen herunterbeten wie einen Rosenkranz: Las Cruces, Doña Ana, Angostura, Las Palomas, Truth or Consequences (würde mich schon reizen, da zu leben), Cuchillo, San Antonio, Socorro, San Acacia, Belen, Las Lunas, Albuquerque, Santa Fe; und während man durch die Stille fährt, tut man das auch. Die Wörter, die man halblaut spricht, verfliegen in der Luft um einen herum, und plötzlich muß man an all die anderen Wörter denken, die in diesen unerbittlichen Weiten gesprochen worden sind.

Kleine Gruppen von Spaniern, die einander ihre hier nie zuvor gehörte Sprache verabreichten. Weil ich Spanisch spreche, kann ich mir vorstellen, wie das geklungen hat, vor allem damals, als Cabeza de Vaca mit seinen drei Schicksalsgefährten durch die Wildnis zog, jahrelang. Einsame Sätze, gefährdete Fragen, für einen Augenblick hingen sie in einer

Luft, die das Herrschaftsgebiet ganz anderer Sprachen war – Sprachen, die niemals geschrieben worden waren, die aber ebensogut die Sonne, die Steine, das Wasser benannten, andere Laute für die gleichen Dinge. Was für eine Geschichte liegt hinter einem Wort, das die Sonne oder den Sturm als Sonne oder Sturm bezeichnet? Warum, in der Sprache der Zuñi oder der Hopi, dieses eine, nicht austauschbare Wort und nicht ein anderes? Sehnsucht nach den niemals schriftlich festgehaltenen, verschwundenen Sprachen der Welt überkommt mich: Von verschwundenen Tieren, den kleinsten und den größten, sind wenigstens noch Knochen oder versteinerte Abdrücke geblieben, Fossilien, aber eine verschwundene, nie mehr gehörte, nie geschriebene Sprache ist Luft wie die Luft selbst.

Ich fahre von Taos durch den Rio Grande State Park nach Abiquiu. Alles hier hat einen viel zu großen Maßstab. Es muß noch andere Menschen geben – schließlich gibt es eine Straße, und ich habe ein Auto –, aber sie sind weg, nicht ein einziger ist zu sehen. Ein Greifvogel wirft in immer niedrigeren Kreisen seinen Schatten auf den flimmernden Asphalt. Um mich herum liegt, als wäre die Welt wirklich rund und ich in der Mitte, eine Klammer aus Bergen. Die Luft ist dünn, trocken, wenn ich ein Geräusch mache, bricht es auf dem Boden in Scherben. Ich laufe ein Stück ins Land hinein, zwischen den harten, gemeinen Sträuchern hindurch, die man *sagebrush* nennt. Sie sind überall, halten alles aus, sie sind fransig, hart, staubig. Nicht grau, nicht grün, ihre Farbe ist die von Schutt. Nichts grast hier, diese Landschaft ist etwas für Schlangen, für gepanzerte Tiere. Die Stille ist vollkommen. Tote Bierflaschen, irgendwann aus einem Auto geworfen. Plötzlich kommt mein eigenes Auto mir lächerlich vor, zu groß, zu glänzend. Ich lese sein Nummernschild, BTS 993 Oregon, aber das macht es nur noch absurder. Besser, ich steige wieder ein. Aber das nützt auch nichts: Das Auge sieht immer nur das gleiche – die Straße, die Straße, die Straße, die Sträucher, die einem (aber wenn ich auch noch verschwinde, gibt es hier keinen) bis zu den Hüften reichen, die Berge.

Und dann auf einmal, wenn die Monotonie einen ganz ausfüllt, bis hinunter zum Fuß, der am Gaspedal angelötet ist: der negative Berg, die Öffnung im Boden, der Canyon. Ich gehe bis an den Rand und sehe, wie sich in der Tiefe das Wasser an den großen runden Steinen vorbeikämpft. Braun spritzt es hoch, als würde es dort unten zusammen mit der Erde zerplatzen. Dann gesellt sich jemand zu mir. Er ist sehr klein, vielleicht so groß wie eine Hand, und er lacht mich aus, das ist deutlich zu sehen. Er verschwindet kurz hinter einem Strauch und äugt dann dahinter hervor, betrachtet mich, lachend. Haha. Er reibt sich die Händchen. Ich mache einen kleinen Schritt auf ihn zu. Will ich ihn vielleicht fangen? Er weiß ganz genau, daß ich das nicht will, und bleibt sitzen. Hier wohnt er, das alles gehört ihm, er ist keine Ratte, kein Eichhörnchen, aber doch etwas, das aufrecht sitzen und seinen Schwanz aufrichten kann. Wahrscheinlich kann er schreiben, aber er hat kein Notizheft dabei. Im Blick seiner glänzenden Miniaturaugen liegt etwas wie »ja mein Lieber, so ist das nun mal«, und er hat recht, es ist nun mal so, wir beide sind hier, und ansonsten gibt es da unten, und das schon seit Jahrhunderten, das Schleifgeräusch des Wassers, und während wir lauschen, wird der Canyon wieder ein unmeßbares bißchen tiefer.

Wie sieht all das auf der Karte aus? Wir beide sind darauf nicht zu sehen, dafür hat wieder mal das Papier nicht gereicht. Dieses Rosafarbene, eben *nicht* Grüne, das muß der trockene Boden sein, auf dem ich stehe, der braune, dünne Strich die Straße, die sich gleich gabeln wird. Dann steige ich über den Canyon, folge dem Rio Grande ein Stück nach Norden und biege dann nach Westen ab. Zwischen der Stelle, an der ich jetzt bin, und Ojo Caliente steht nur ein einziges Wort, Carson. Punkte führen zu einem Berg, der Drei Ohren heißt *(Tres Orejas)*, und verschwinden dahinter im Nichts. Kurze Zeit später bin ich in Carson. Jetzt ist das Wort in einen Ort übersetzt, aber hier gibt es gar keinen Ort. Das Wort ist in das Nichtvorhandensein eines Ortes übersetzt. Wahrscheinlich ist das alles hier Carson, aber das einzige, was davon zu sehen ist, ist eine Art fensterloser Schuppen. CARSON, UNITED STATES POST OFFICE. Der Schuppen steht im Sand, die Stiefel des Mannes, der darauf zugeht, wirbeln kleine Wolken gelblichen Staubs auf. Nichts. Aber was ist nichts? Ein Telegrafenmast mit drei Drähten, die hinter dem Horizont verschwinden und Stimmen von Menschen durchlassen, die in der Luft über Carson, New Mexico, USA, lautlos sprechen. Ein Fahnenmast mit der berühmten Flagge. Der Staub hier verleiht den bekannten Farben etwas Tropisches. Ein Lastwagen aus einer anderen Epoche, mit ovalem Kühler und hohen gewölbten Kotflügeln, eine ausgestorbene Tierart. Ein paar Meter vor dem Postverschlag steht ein Brett, auf dem man Mitteilungen anheften kann. *Ojo Caliente, district no. 5, to whom it may concern, from Mr. Robert Trujillo*, dem Vorsitzenden eines Schulvereins. Er beruft eine Sondersitzung ein, und aus dem Staub werden sie kommen, um über die nicht existierende Schule und die nicht existierenden Schüler zu reden. Aber ich muß mich irren, wo ich bis zu den weißen Gipfeln, die vom Horizont über die Ebene spähen, nichts sehe, stehen in Wirklichkeit Schulen, Häuser, Kirchen. Ich sehe sie bloß nicht. Außerdem ist noch ein *trailer* für fünfzig Dollar *(firm)* zu verkaufen, und sonst gibt es in Carson nichts mitzuteilen. Der Mann mit den Stiefeln kommt wieder heraus und bleibt neben dem alten Pickup stehen. »Do you like it here in the desert?« Ich frage ihn, wie das Tierchen heißt, das ich am Canyon gesehen habe. Es ist ein Präriehund. Sonst gibt es nicht viel zu erzählen. Er ist, sagt er von sich, ein *Jack of all trades*, und er bleibt hier hängen, weil er sich hier wohl fühlt. Dies ist sein täglicher Ausflug, die paar staubigen Meilen zum Postamt. »Our social gathering«, spottet er, aber außer dem Postangestellten ist hier niemand.

»Nice seein'ya all«, sagt er noch, »God bless«, und als zwei Staubwolken rollen wir weiter, er nach Adresse unbekannt und ich zu Susie's Café in Taos Junction. Man kennt es aus Filmen von Michelangelo Antonioni oder François Reichenbach, es ist nicht einfach nur ein rosa verputzter Steinkasten mit 7-UP-Reklame, sondern ein Kunstobjekt, effekthascherisch in der verlassenen Ebene aufgestellt. Susie ist alt und weißhaarig und hat die Heidelbeertorte, die sie mir serviert, selbst gebacken. Sie lebt allein hier und hat nachts Angst. Deshalb besitzt sie ein Gewehr, kann aber eigentlich nicht damit umgehen, weshalb sie in lächerlichen Buchstaben *Dogs Beware* auf ihren Schuppen geschrieben hat, obwohl es natürlich nicht die unsichtbaren Hunde sind, die sich in acht nehmen sollen, sondern die Menschen. *In God we trust*, steht auf ihrer Bar, *all others cash only*. Auf dem mit gelbkariertem Plastik gedeckten Tisch liegen die Nachrichten aus aller Welt, *The Rio Grande Sun, News From the Heart of Pueblo Country*. Aber auf der Welt hat sich nichts ereignet, oder die *Sun* ist nicht dahintergekommen. Oder die Welt ist untergegangen, das ist eine weitere Möglichkeit. Als ich weiterfahre, sehe ich eine große grüne Schlange, mitten auf der Straße plattgefahren. Dieses Grün ist die Farbe der Wut.

Die ganze Zeit bin ich auf dem Weg zu einem Kloster, Christ in the Desert. Es muß irgendwo am Ende des Canyons liegen, durch den der Rio Chama fließt. In einer Buchhandlung in Santa Fe habe ich Fotos davon gesehen, ein Benediktinerkloster in vollkommener Einsamkeit. In Abiquiu habe ich nach dem Weg gefragt und weiß, daß ich nach Norden fahren muß, in die Tierra Amarilla, und wenn ich auf der rechten Seite die Ghost Ranch sehe, muß ich aufpassen, denn dann kommt wenig später links eine Wagenspur, ein Karrenweg, und dem muß ich folgen. Der Weg endet am Kloster, und es ist weit bis ans Ende der Welt. Amerikanische Autos sind nicht für diese Art Wege gebaut, manchmal fährt man durch losen Sand, dann wieder ragen viele spitze Steine aus dem Boden, die große Kiste mit ihrer weichen Federung geht tief in die Knie, und ich frage mich, wie die Mönche sich hier fortbewegen, wenn sie es überhaupt tun. Endlos kommt er mir vor, dieser Weg, er folgt dem schmutzigbraunen Fluß – aber das Wasser hat dem Rest der Welt nichts von seiner Liebe eingeflößt, die Erde hat hier sehr schlechte Laune, stachlige Gewächse, Bäume ohne Vögel, staubige Sträucher, und am Ende des Sichtbaren, rechts, eine hohe Felswand ohne Türen. Nach zwanzig Kilometern erkenne ich hoch oben auf diesen Felsen ein paar Kreuze, und wenig später sehe ich einen jungen, traurig dreinblickenden Mann in Zivil mit einer *Holy Bible* unter dem Arm. Dann ein niedriges sandfarbenes Gebäude, *Do Not Enter*, und ein Stück dahinter eine kleine Kirche mit einem weiteren niedrigen Gebäude daneben, vor dem ein nicht sehr einladendes Schild steht. Man darf klingeln, wenn man einen Wunsch hat oder etwas braucht, *aber wenn es nicht sein muß, lieber nicht.* Hier gibt es das eine oder andere zu kaufen, *hinterlassen Sie bitte einfach das Geld.* Auf einer Bank vor dem Häuschen sitzt eine schwarzhaarige junge Frau mit zwei Kindern. Sie gehören zu dem Mann mit der Bibel und kommen jedes Jahr her, zu Exerzitien, das gefällt ihnen sehr. Ich frage, ob man dem Chorgebet beiwohnen kann. Sie sieht auf die Uhr. Um drei sind die Nonen. Nur wenige Mönche leben hier, erzählt sie, und etwas weiter weg im Canyon wohnt noch ein Einsiedler, der kommt auch manchmal, und dort – aber wo sie hinzeigt, kann ich nichts erkennen – eine Einsiedlerin *(hermitess),* die hat sich hierhin zurückgezogen. Sie hat zehn Kinder, aber als das jüngste fünfzehn war, ist sie mit ihrem Einverständnis hier hingezogen. Ein- oder zweimal in der Woche kommt sie zum Kloster, sonst sieht sie niemanden. Ich spüre eine üble Gereiztheit in mir aufsteigen. Immer kann alles noch schlimmer kommen. In dem kleinen Laden hängt ein Schild: *Crafts speak of an age when dignity lay in silence and beauty in subtlety.* Handgewebtes, anderes *artisanat,* Lesezeichen mit frommen Sprüchen, das Leben des heiligen Ambrosius, Bücher von Thomas Merton und Anselm von Canterbury, Honig. Ich gehe wieder raus. Hoch und schroff erhebt sich die Felswand über das alles hier, ist aber sicher auch ein Schutz. Ein paar schrill rufende Vögel, Wind in den dürren Sträuchern, am Fluß einige Bäume. Die Botschaft ist klar. Stille, und damit Ende. Genau um zehn vor drei beginnt eine kleine Glocke zu läuten, und aus dem so vollendet scheinenden *Nichts* kommen menschliche Wesen zum Vorschein, die sich bis dahin unter dem Erdboden oder hinter den Sträuchern versteckt hatten. Menschen, die sich bewußt zur Ausnahme machen, sind oft kein sehr erfreulicher Anblick. Ihr Äußeres will das Besondere, das sich in ihrem Inneren

78

so deutlich bemerkbar macht, zum Ausdruck bringen, aber das menschliche Ausdrucksvermögen ist nun mal begrenzt, Frömmigkeit, die in Schichten das Gesicht bedeckt, ist abstoßend. Sie können nichts daran ändern, und ich möchte es eigentlich lieber nicht sehen, kann aber jetzt auch nicht mehr zurück, meine Klaustrophobie kommt zu spät (oder gerade genau richtig), ich bin schon drin.

Ein kleiner, recht hoher, achteckiger Raum. Schemel sind im Kreis aufgestellt. Durch die Fenster kann man die hohe Felswand sehen. Das Predigtpult ist ein Baumstumpf, der einzige Kerzenleuchter ein gemarterter, toter Baum. Über dem Kreuz hängt, wie ein um Schultern gelegtes Kleidungsstück, ein weißes Laken. Neben einem der Schemel eine Gitarre. Nein, denke ich, nein, nein, und betrachte die bleichen Gesichter zweier in eine Art Nonnengewand gekleideter Frauen. Die Gesichter drücken aus, daß sie nicht hier sind. Wo sie auch sein mögen, hier jedenfalls nicht. Blinde Augen, abwesende Körper. Eine dritte Frau trägt ein weißes Kleid. Unter ihrem Schemel liegt ein Brief für sie, den sie nicht ansieht, sondern in ihren Ärmel steckt. Ein langer, tuntenhafter Mann, der scheu zu Boden sieht. Er stellt sein italienisches Täschchen neben seinen Schemel und dann wieder auf seinen Schoß. Punkt drei Uhr treten die Mönche ein. Es sind nur wenige, die meisten jung. Sie setzen sich auf Schemel zwischen uns. Jeans, Cowboystiefel, Kapuzen aus blauem Denim. Benediktiner. Einen Augenblick habe ich eine Vision aus meiner Jugend. Ich darf an der Mahlzeit im Refektorium der Abtei von Oosterhout teilnehmen. Tische mit großen Stücken Brot, Käse, Zinnkrüge mit Wasser. Eine hohe Stimme, die vorliest. Die Mönche in schwarzen Kutten. Latein. Unter ihnen ein sehr alter Mann, Pieter van der Meer de Walcheren. Hoher Raum aus Backstein. *Rerum*

Deus Tenax Vigor höre ich, wo ich jetzt bin, aber nach der lateinischen Antiphon des Ambrosius stimmt die Gitarre die Akkorde für die englischen Psalmworte an … »O strength of all Creation Lord, you guide the day throughout its course, *tedum tedum* you keep us all, throughout the changing light of day.« Die hohen, vegetarischen Stimmen der Frauen übertönen die der wenigen Männer, ich höre meine eigene Stimme, als flüsterte ich mir selbst etwas zu, und denke an dieses Leben, das nachher, wenn ich wieder weggefahren bin, ganz genauso weitergehen wird, Matutine, Laudes, Nonen, Vespern, jeden Tag zur gleichen Stunde, wie eine unendliche Schnur, auf der die Jahre aufgereiht werden. Die geschorenen Schädel der singenden Männer fangen das Licht ein, das durch die hohe Fensterscheibe hereinfällt, und wie schon so oft in meinem Leben staune ich über die außergewöhnliche Elastizität der menschlichen Art. Im Jahre 480 nach Christus zieht sich Benediktus von Nursia in Italien in eine Schlucht zurück, und fünfzehn Jahrhunderte später singen Männer in Cowboystiefeln die Psalmen Davids, nicht zum Psalter, sondern zur Gitarre. Hinterher fragt mich einer der Mönche, ob ich mit ihnen essen möchte, aber eine heilige Scheu hat von mir Besitz ergriffen, ich kann einfach nicht, Jahre Internat verfolgen mich, und so fliehe ich in die Welt zurück. Neben der Kirche entdecke ich zwei schmucklose Holzkreuze: *Peter Avery 1954-1976* und *Thomas McMahon 1972*. Ein drittes Grab ist offen und fertig, aber offensichtlich schon eine ganze Zeit. Zweiundzwanzig Jahre ist Peter Avery geworden, und ohne mir darüber klar zu werden, was ich nun wieder mit *dieser* Vorstellung anfangen soll, fahre ich wieder über den langen Weg durch die Schlucht und lasse eine vollkommene Ordnung zurück.

In Santa Fe kaufe ich ein Buch, *Rituals of the Wind, North American Indian Ceremonies, Music, and Dances.* Wie versengt wirkende Fotos vom Ende des vergangenen Jahrhunderts. Die Fotografie wurde genau zur rechten Zeit erfunden. Einer hat eine Waage in der Hand gehalten, mit der er Verschwinden und Bewahren ins Gleichgewicht bringen wollte, und deshalb darf ich das alles noch sehen, das Tanzen und die Masken, die Priester der Flötenzeremonie, das Ersticken und ehrenvolle Begraben des Adlers, die maskierten, nackten Zuñi-Clowns, die wie alle »Clowns« bei den Indianervölkern eine religiöse, kathartische Funktion hatten und unendlich viel mehr waren als unsere Clowns zum Auslachen. Männer als Hirsche, Männer als Adler, bemalte, verhüllte, geschmückte Gestalten, Menschen, die aus sich selbst Kunst gemacht haben, alles, was auch das moderne Theater versucht, dieses allerdings ohne eine von allen anderen Angehörigen des »Stammes« geteilte Weltanschauung, weshalb das Ergebnis immer etwas Individuelles und letztlich *Ärmliches* ist. Das Leben als Zeremonie, als Ritus, als Theater: wie man ins Leben hinein- und aus ihm hinausgeleitet wird, wie man selbst die Geschichte des eigenen Volkes spielt, wie man sich reinigt, wie man in die Pubertät eintritt, wie man geheilt wird, wie man um Regen bittet. Niemand hätte sie sich ausdenken können, die beiden Hehea Kachina von 1893, mit ihren Masken, die Picasso erst dreißig Jahre später malen sollte, mit ihren sonderbaren, mit Gips bedeckten, bemalten Armen, niemand kann den Tanz der drei Arikara (1908), die Schilfrispen vom Rande des Wassers holen, choreographieren, oder die in drohendes Schwarz gehüllten Mächte des Bösen erfinden, die bei einer Yaqui-Zeremonie eine Kirche stürmen und später ihre Schwerter und Masken in das hoch auflodernde Feuer werfen, in dem die mit Waffen und Symbolen des Bösen behängte Judas-Puppe verbrannt wird. Niemand, das heißt eben wirklich kein Jemand, man verbindet keinen Namen damit, es gibt keine Signatur, all das kam aus ihrer Welt und aus ihrer nicht gemessenen Zeit, und ihre Welt, das waren sie selbst.

Rosa und dünn ist das Gefühl, das einem Santa Fe einflößt. Mitten in der Stadt steht ein etwas stümperhaft ausgeführtes Monument, ein Obelisk, der zu schnell seinen Schwung verloren hat oder gestutzt wurde, ein Denkmal, wie man es manchmal in französischen Provinzstädtchen sehen kann, wo es die Schuld der Nachgeborenen gegenüber ihren unbekannten Toten tilgen soll. Auch hier ist der Text gefallenen Helden gewidmet, aber irgendwo in der Mitte hat man ein Wort weggemeißelt, und weil dergleichen nicht oft zu sehen ist, wirkt die Stelle sehr leer. Kein Wort, wo eines sein müßte, das ist immer schlimmer, als wenn eines da wäre, und nicht nur das, immer sind auch viel mehr Wörter notwendig, um das Fehlen dieses einen verständlich zu machen. Die Erklärung ist daneben auf Holz gemalt. »Die Texte auf Denkmälern«, steht da, »spiegeln den Charakter der Zeit, in der sie geschrieben wurden, und die Mentalität derer wider, die sie schrieben. Dieses Denkmal wurde im Jahre 1868 errichtet, am Ende einer Zeit heftiger Kämpfe zwischen Nord und Süd, Indianern und Weißen, Indianern und Indianern. So wird der Gebrauch von Begriffen wie *Rebellen* und *Wilde (savages)* nur durch den Geist jener Zeit verständlich. Vorstellungen verändern sich, und Vorurteile werden hoffentlich abgebaut.« Jetzt lese ich noch einmal den bronzenen Text – *To the heroes who have fallen in the various battles with . . . Indians in the territory of New Mexico* – und sinne dem weggefallenen Wort nach. Die Indianer, mit denen die Gefallenen kämpften, *waren* keine Wilden. Aber die Männer, die

gegen sie kämpften und das mit ihrem Leben bezahlten, wußten das nicht, vielleicht hätten sie es sonst nicht getan. Folglich fielen diese Männer in einem Kampf mit Wilden. Dann
aber dürfte auch das Wort nicht weggemeißelt werden, nur
weil wir es besser wissen. Oder besser gesagt: Was jetzt auf
dem Denkmal steht, stimmt, aber es gab eine Zeit, in der
es nicht wahr gewesen wäre, obwohl es der Wahrheit ent-
sprach. Die Moral lautet natürlich, daß man in einer Geschichte, die umgeschrieben werden kann, besser nicht
den Heldentod stirbt, aber wie soll man sich daran halten, wenn man diese Geschichte, indem man fällt, selber
schreibt? Geschichtsschreibung – ein Rätsel, das sich selbst
als Lösung ausgibt. Und damit sind wir wieder am Anfang.

1983

Mexiko

Ankunft in Mexiko

Mein erster Besuch in Mexiko zählte nicht. Das war so etwas Ähnliches wie jemanden in einer Menge zu sehen, den man später besser kennenlernen wird, eine Vorhersage eher als sonst irgend etwas. Woran ich mich erinnere, ist die Erleichterung. Ich hatte eine lange Zeit in Amerika verbracht und war schließlich bei Freunden in San Diego gelandet. »Wo die Gezähmten in ihren Gärten wohnen«, schrieb Roland Holst über Bussum, und etwas Ähnliches gilt auch für San Diego. Dort herrscht Ordnung, es ist schön, die Häuser drapieren sich um die kalifornischen Hügel, breite Straßen spannen sich darüber – San Diego, könnte man sagen, ist *gelungen*. Es mag noch nicht fertig sein, wirkt aber schon so. Keine ganze Stunde davon entfernt liegt Tijuana, nicht mal typisch für Mexiko, weil es eine Grenzstadt ist und daher in gewisser Weise wohlhabend. Und doch weiß man sofort, daß man in der Dritten Welt ist, zumindest an der Schwelle zur Dritten Welt steht, die ohne Unterbrechung von hier bis zur Antarktis durchgeht, wirklich eine *Welt*. Tijuana ist nicht gelungen, nicht fertig und nicht schön, aber es lebt, lauthals. Musik aus *cantinas*, kleinen Wagen mit Eßwaren auf den Straßen. Nach der Ordnung San Diegos kam es mir vor wie ein Bad im Chaos, ich hörte die vertrauten Klänge des Spanischen um mich herum und fühlte mich wohl. Wir fuhren noch ein Stück weiter die Baja California hinein, die Straßen lösten sich allmählich auf, von den Häusern fiel die Farbe ab, Leute fuhren waghalsig in zusammengeflickten Autos, ich roch Gerüche, die aus Amerika verschwunden sind, und fühlte mich zu Hause. Viel weiß ich nicht mehr davon, Erinnerungen an ein dunkles Loch mit Mezcal und ausgelassener hoher Trompetenmusik, Herumlungern in einer Hafenkneipe, während draußen braune Pelikane auf die Fische lauerten, die beim Ausladen über Bord fielen, auf einmal wieder Frauen, die so gingen, als hätten sie einen Körper, anstatt nördlich-verschämt daherzutrotten. Es war heiß, und ich war fröhlich, ich aß *tacos* und *enchilladas* und Austern an einem Straßenkarren und wurde nicht krank, ja, ich wäre gern weitergezogen, in die zweitausend Kilometer lange, wilde Wüste der Baja hinein, aber es war nicht möglich, und wir kehrten zurück von den Wüsten zu den Parks, der Ordnung und dem Reichtum. Ich will nicht scheinheilig sein: Wir sind die Höflinge, die in zwei Welten leben dürfen, die Grenze, die ich so widerwillig erneut passierte, ist für viele Mexikaner das verbotene Tor zum Gelobten Land. Für mich *flog* es auf. Diese Zwiespältigkeit begleitet uns auf Schritt und Tritt.

Wie lange ist das alles her? Ich erinnere mich nicht mehr. Lange. Von meinem zweiten Besuch weiß ich zwar noch das Datum, aber sonst kaum mehr etwas. Es war im Winter 1979/80. Ich hatte eine Reise nach Tobago, Surinam, Cayenne gemacht, ins Amazonasgebiet, nach Kolumbien. Sie hatte Monate gedauert, und mein Kopf war voll. Ich landete in Mexiko-Stadt und weiß nichts mehr davon. Jemand hatte mir ein altes »koloniales« Hotel wärmstens empfohlen, das sehr billig sein sollte. Mein Zimmer lag auf dem Dach oder zumindest in seiner Nähe, ich habe eine vage Erinnerung an flatternde Wäsche im halbtropischen Dunkel, an Männer, die in Schlafanzügen schwatzend neben einem Schornstein saßen, solche Dinge. Nichts Klares. Es war alles zuviel, die Menschenmassen, der Lärm, mehr konnte ich nicht ertragen. Erst bei meinem dritten Besuch sollte ich dann und wann feststellen, daß ich bei den beiden vorigen Malen bereits etwas gesehen hatte, einen Park, ein Standbild, doch was noch an Bildern übrig war, hatte die Merkmale eines Traums: Dinge, die nicht zueinander gehörten, Wechsel zwischen Farben und Schwarzweiß, Fragmente und fehlende Logik.

Jetzt ist es sieben Jahre später. Ich komme aus Louisiana und fliege über Texas. »Corpus Christi« höre ich eine Stimme sagen. Der Körper von Christus. So heißen Orte, an denen Spanier gewesen sind. Ich hatte mit dem Auto fahren wollen, aber davon wurde mir abgeraten. Von der Grenze bis Mexiko-Stadt sei man Tage unterwegs auf schlechten Straßen durch eine ausgedörrte, eintönige Landschaft. Meist befolge ich solche Ratschläge nicht, ausgedörrte, eintönige Landschaften sind mein Markenzeichen, in meiner Seele herrscht ewiges Fegefeuer. Etwas anderes hielt mich ab. Ich plane meine Reisen nie sehr genau, der Zufall ist mein Bruder. Eine Reise schafft ihre eigene Ordnung, eine Syntax, die erst hinterher klar wird. Länder geben sich oft den Besuchern am besten zu erkennen, die nicht wissen, was sie mit diesem neuen Land anfangen sollen. Erst in den letzten Tagen vor meiner Abreise wurde mir das gewaltige Ausmaß meines Vorhabens bewußt, meine Augen waren wieder einmal größer als mein Magen, dieses Land ist riesig; ich werde die Hälfte meiner Pläne fallenlassen müssen, der Weg wird sich selbst vorschreiben, ein Dorf wird kommen, das mich tagelang festhält, ich kann nicht nach einem Gesetz reisen, selbst wenn *ich* es mir ausgedacht habe.

Aus der Luft blicke ich nun also auf die Gegenden hinunter, durch die ich sonst gefahren wäre. Es sieht aus wie meine Art von Landschaft. Nicht menschenfreundlich. Es ist böse, dieses Land, es will die Straßen nicht dulden, stemmt sich mit Bergen, Hügeln, *barrancos, arroyos*, steinernen Barrieren dagegen, und doch gibt es Straßen, ich sehe, wie sie sich an sich selbst verschlucken, sich um sich selbst winden, einen Durchgang suchen, als hätten sie einen eigenen Willen und wollten damit das Land erobern. Ich empfinde Bedauern, daß ich da nicht fahre, ich liebe diese Marter, die damit einhergehende Erschöpfung. Das muß eine Pilgerkrankheit sein und ist entschieden ein Zwang. Selbst hier im Flugzeug, so hoch und abstrakt, wo die Tage in heißer Welt auf ein paar kühle Stunden zusammengeschrumpft sind, spüre ich es, die Gefräßigkeit der Autos, die das Land fressen, die barbarische Beschwerlichkeit, die unbestimmten Rastplätze, die aus der Luft nicht sichtbar sind und die ich mir selbst versagt habe. Ich sehe Schnee aus Wolken, der in die Berge beißt, trocken wirkende Felder, ausgebreitet zwischen gezackten Hügeln, Äcker, Formen, das verzweifelte Sich-Abstrampeln der Menschen gegen die Natur, Canyons, herausgestülpte Eingeweide. Der Mexikaner neben mir stößt mich an, als wir zum Sinkflug ansetzen. Er deutet auf zwei Gipfel in der Ferne. Popocatépetl. Iztaccíhuatl, Zähne im Schnee.

Ich habe aus Übermut dasselbe Hotel wie damals genommen, und es kommt mir wie ein anderes vor, ich erkenne nichts wieder. Das Zimmer ist dunkel, aber geräumig und ruhig, bietet Ausblick auf einen Betoninnenhof, auf dem ein paar Autos stehen. Es liegt in der Nähe des Paseo de la Reforma, ich höre den machtvollen Ton des Verkehrs. Ich schalte den Fernseher ein, ein Mann mit dem weißen Gesicht eines Geistlichen. *El canciller*, der Außenminister, soeben zurückgekehrt von einer Reise ins mächtige Nachbarland, an das Mexiko in den letzten zweihundert Jahren so viel Land verloren hat. Texas, New Mexico, Kalifornien, für all das wäre der Innenminister zuständig gewesen.

Die Fahrt vom Flughafen hierher war eine Katastrophe, dies ist eine Stadt von sechzehn Millionen Einwohnern. Ich versuche mir selbst zu erklären, was genau die Quintessenz der Dritten Welt ist: ein deprimierendes und zugleich heiteres *Gefühl*. Reine Masse, hoffnungsloses Sich-Mühen, als rackerten sich Millionen Ameisen an einem Felsblock ab. Und gleichzeitig eine ungemeine Lebendigkeit, Menschen, die sich in die Schlacht, ins Kampfgetümmel stürzen. Eine Frau mit drei Apfelsinen, einem halben Päckchen Zigaretten und ein paar undefinierbaren Nüssen vor einem turmhohen Bankgebäude. Die Auspuffgase, die senkrecht in den Straßen stehen, und die Menschen, die sich darin bewegen, die irgendein Ziel in dieser Massenbewegung für sich herausgepickt haben. Überlebensstrategien, mühsames Sich-Durchschlagen, bei dem der eine vom anderen abhängig ist. Verkehrsbußgelder, *mordidas*, von denen man weiß, daß sie in der Tasche des Polizisten verschwinden. Der blinde Mann, der in der fahrenden Metro ein langes, heroisches Gedicht vorträgt und von fast allen etwas dafür bekommt. Die Stadt, ein gigantisches Uhrwerk, das jeden Tag neu aufgezogen wird. Es gibt nur eine Methode, das wenigstens ansatzweise zu begreifen, und das ist: sich hineinwerfen, mitmachen, sich eine eigene Routine ausdenken. Doch die Größe ist unvorstellbar, schwer zu bewältigen, der Anschlag auf die Nerven umfassend. Es ist nicht deine Stadt, sie gehört den anderen, denen, die zu ihr verurteilt sind, die bleiben müssen. Sechzehn Millionen, und man hat das Gefühl, sie alle täglich zu sehen.

»Eine Hölle«, haben Freunde gesagt. Gefährlich, voll erschreckendem Lärm, an manchen Tagen kann man nicht mehr atmen, es ist die am stärksten verschmutzte Luft der Welt, Chaos. Man kann abends nicht mehr auf die Straße hinaus, zu gefährlich. Man kann nicht in die Metro, zu gefährlich. Man kann das Wasser nicht trinken, ungekochtes Gemüse nicht essen. Zu gefährlich. Doch ich komme aus dem Fegefeuer, da werde ich mich wohl in der Hölle zurechtfinden. Manchmal ertappe ich mich dabei, daß mir das Leben in der Hölle ganz gut gefällt. Und für einen so exklusiven Ort ist es hier auch noch sehr billig. Mein Hotel kostet dreißig Mark, die Metro vier Pfennig. Selbst wenn man eine Stunde darin sitzen bleibt, man kommt in derselben Welt wieder heraus, einer Welt, die nirgends aufzuhören scheint, die sechzehn Millionen sind immer überall gleichzeitig. Ich bin nicht blind für die Armut, den Kahlschlag, den Schmutz, die Verrottung, aber auch nicht für das Gegenteil. Manchmal sind die Menschen teilnahmslos, sie hängen in der Metro, als hätte man den Stecker aus ihnen herausgezogen, aber oft scheint es auch, als hätte jemand Tonic in der Luft versprüht: Lachen, weiße Zähne, Musik, Tempo. Man sieht, daß die Menschen beschlossen haben, sich inmitten all der Gewalt zu behaupten, und das tun sie hingebungsvoll.
Natürlich habe ich die Zahlen von Verhängnis und nahendem Unheil gelesen, kenne die tiefe, quälende Trübsal der mexikanischen Geschichte, und gleichzeitig weiß ich, daß

einem dieses Wissen den Blick auch verstellen kann, weil man die schlechten Zahlen aus den Wirtschaftsgutachten auf die Menge übertragen sehen will, und so funktioniert das nun einmal nicht. Man kann Unglück nicht vorschreiben, denn dann bleibt es unsichtbar; wenn man es wirklich sehen will, muß man dorthin gehen, wo es nachweisbar ist, in die sich beständig ausdehnenden Elendsviertel, in die diejenigen strömen, die auf dem Lande hungern, um sich hier an die Großstadt anzulehnen. Und trotzdem steht nicht jedem die Auslandsverschuldung auf die Stirn geschrieben, und deine Vorstellungen von einem Pro-Kopf-Einkommen verschieben sich mit den Tarifen der öffentlichen Verkehrsmittel.

Erst als ich eine Zeitung in den Händen halte, weiß ich, daß ich angekommen bin. Ich gehe ein paar Schritte aus dem Hotel. Zwei oder drei Männer stürzen auf mich zu (das wird an allen Tagen so bleiben) und wollen mich in ihre schwarzlackierten Limousinen locken. Die Dunkelheit hat die Farben gelöscht, das Neonlicht der Straße tönt ihre Gesichter merkwürdig weiß. Sofort die Assoziation mit Film, dreißiger Jahre, aber ich habe noch keine Rolle für mich. An der Ecke des Paseo de la Reforma steht ein Zeitungskarren. Welches Blatt soll ich nehmen? *El Universal (El gran Diario de México)*, *Excélsior (El Periódico de la Vida Nacional)* oder *Uno más Uno*, ohne weiteren Zusatz. Ich nehme letzteres, wegen des Namens und wegen des Formats. Man muß eine Zeitung auch in der Metro lesen können. *Unomásuno*, in einem Wort geschrieben, eins plus eins. Wie ein Beutestück nehme ich sie mit ins Hotel zurück, wenn ich mich traute, würde ich sie im Maul tragen. Jeder hat seine eigenen Formen von Glück.

Das Foyer des Hotels ist gerade hell genug, darin große Ledersessel, ringsum der Singsang des mexikanischen Spanisch, an der Rezeption altmodische Herren, die die Gäste noch mit der Hand in große Bücher eintragen, *nada* Computer. Viele Mexikaner, ein paar Ausländer; die »richtigen« Touristen steigen in den Hiltons und den Sheratons ab. Mir ist leicht im Kopf von der Reise und der plötzlichen Höhe, ein leichter Schwindel, nicht unangenehm. Ein Tequila mit einem Gläschen Sangrita dazu, einem gepfefferten Tomatensaft, um dem Tequila mehr Pep zu verleihen. Der Fernseher überplappert alles, Namen werden aufgerufen, in einem Nebenraum spielen ein paar Männer Karten, Geschrei, Gelächter. Dies sind die Wonnen der Ankunft, man ist der Pflicht enthoben, jemand zu sein, von denen, die mich kennen, weiß keiner, daß ich hier bin, erst später werde ich meine Freunde anrufen – ich bin ein Mann mit einem Tequila und einer Zeitung in einem Sessel in einem Foyer eines Hotels in einer Stadt in einem Land, *Homo anonymus felix*; es ist *martes, 27 de enero 1987*, und Ronald Reagan ist zum Irangate-Skandal vernommen worden, in Buenos Aires hat es einen Streik gegeben, und der Führer des Senats (*el líder*, so heißt das hier), Antonio Riva Palacio, hat gesagt, Mexiko werde unter keinen Umständen akzeptieren, daß sich irgend jemand in die Art und Weise einmischt, wie das Land seine Außenpolitik zu betreiben wünscht. Argwohn und Groll gegenüber Amerika sind groß, und jedesmal, wenn ein Amerikaner mit einem brillanten Mangel an Takt erkennen läßt, daß er Mexiko als den Fußabtreter Amerikas betrachtet, schmerzt die Wunde von neuem. Ein einziger Besuch im Museum der Interventionen könnte möglicherweise einen kleinen Einblick in mexikanische Empfindlichkeiten verschaffen, doch Subtilitäten gegenüber

Nachbarn oder Verbündeten gehören nicht zum Instrumentarium der amerikanischen Außenpolitik, und sei es nur aus mangelnder Kenntnis.

Zum zweitenmal an diesem Abend verlasse ich das Hotel. Meine Zeitung habe ich mir wie einen Fetisch unter den Arm geklemmt, er soll mich schützen vor dem angekündigten Unheil. Und das Unheil bleibt aus. Ich spaziere in der kühlen Abendluft über den breiten Gehweg des Paseo de la Reforma, grüße die Bäume und Standbilder und riskiere mein Leben beim Überqueren der Straße. Ich möchte ein wenig flanieren, und das tue ich auch, gleichzeitig jedoch schleppe ich eine Tonne halb verdauten Wissens mit mir herum, die mir das Gehen nicht leicht und das Schauen weniger unbefangen macht. In den vergangenen Wochen habe ich viel über die mexikanische Geschichte gelesen, und natürlich will ich das Gelesene jetzt auf das übertragen, was ich sehe. Doch in den Straßencafés sitzen keine Azteken – dies hier ist das Ausgehviertel mit Leuchtreklamen, Schaufenstern, Essensdüften, Gesprächsfetzen. Ich muß das zu Hause Gelernte für ein andermal aufheben, denke ich, aber es gelingt mir nicht, es drängt sich auf in Standbildern, den Namen der Metrostationen, den Gesichtern, die manchmal so indianisch sind, daß sich die vierhundert Jahre seit Cortés zu dem oberflächlichen Heute verflüchtigen, das aussieht wie eine Schaumschicht.

Bevor ich an diesem Abend schlafen gehe, studiere ich im Bett die Karte. Das gelbliche Licht ist nicht sehr hilfreich, und wie bekommt man überhaupt eine Stadt von sechzehn Millionen Menschen auf eine Karte? Ich versuche, irgendeinen Sinn in dem grauen Geflecht zu entdecken, sehe die großen Adern in Gestalt der *avenidas*, aber auch die um so vieles erschreckenderen *ejes*, Achsen. Dritte Achse Süd, Achte Achse Süd, Fünfte Achse Ost. Im sechzehnten Jahrhundert war Tenochtitlán die größte Stadt der Welt; jetzt heißt sie anders, doch die scheinbare Uneinnehmbarkeit ist geblieben. Der Nachteil, mehrere Sprachen zu sprechen, besteht darin, daß es in diesen Wörter gibt, die besser ausdrücken, was man empfindet, als ein Wort der eigenen Sprache. Was ich jetzt verspüre, ist *weariness*, und dafür kann man zwar »Müdigkeit« sagen, aber es ist nicht genug. In dieser Müdigkeit stecken auch noch Zögern, Abwarten, Zweifel, Ahnungen. Das Vernünftigste in solchen Augenblicken wäre, die Karte beiseite zu legen, die Achsen und Metrolinien neben dem Bett auf dem Fußboden solange schlummern zu lassen, bis man ihnen besser gewachsen zu sein glaubt, und trotzdem tut man das nicht. Man starrt weiter auf den Bosque de Chapultepec, die Metrostation namens *Moctezuma*, die Avenida der Nationalen Armee und den Bahnhof der Rasse, bis alle diese Namen die Allüre und Qualität von Wörtern aus Träumen annehmen, in denen ich nun über die Achse Fünf Nord zur Metrostation der Grünen Indianer, *Indios Verdes*, schwebe, wo der letzte Kaiser, Cuauhtémoc, in Isabel la Católica übergeht und das graue Gespinst der Straßen sich wie ein Spinnennetz um mich schließt und ich in meinem Traum zum zweitenmal schlafen gelegt werde.

Teotihuacán, die Pyramiden der Sonne und des Mondes

Teotihuacán, die Kraft dieses Wortes. Überliefert aus einer Sprache, deren System ich nicht kenne, aufgehängt zwischen dem Spanisch ringsum wie etwas Scharfes, woran man hängenbleibt. Auf Fotos habe ich sie gesehen, die *Sonnenpyramide*, die *Mondpyramide*, die *Straße der Toten*, und heute werde ich hinfahren. Vor dem Hotel wartet der Minibus, die Gruppe ist mit Bedacht vom Zufall ausgewählt. Meine Freundin Aline Petterson, zwei Russen, der indianische Fahrer. Aline schreibt Romane und Gedichte auf spanisch, sie ist schwedischer Abstammung, aber hier geboren. Heute soll sie für die Schriftstellergewerkschaft einen russischen Bühnenautor zu den Pyramiden begleiten, und der Russe hat noch einen anderen Russen dabei, Wachhund, Dolmetscher, Beschützer, weiß der Himmel, was, einen jüngeren Mann in Jeans, er könnte aus Kalifornien kommen. Der Autor spricht keine einzige Sprache außer Russisch, jeder vorsichtige Beginn eines Gesprächs fällt ins Leere. Er kommt aus irgendeiner fernen Sowjetrepublik, seine Werke sind nicht übersetzt, nie werde ich wissen, was er schreibt. Der junge Mann plappert munter drauflos, Glasnost und Perestroika, aber klar, jetzt wird alles anders. Weil ich im Kalten Krieg aufgewachsen bin, denke ich, daß er seinen düsteren Gefährten an einem unsichtbaren Faden führt, aber das ist vermutlich Unsinn. Von Zeit zu Zeit wechseln sie ein paar Worte, zwischen dem Spanisch, das Aline und der Fahrer sprechen, rollen dann diese dicken, explosiven Laute. Doch viel sagt der Autor nicht, vielleicht überlegt er sich gerade den dritten Akt eines Dramas auf dem Land, vielleicht betritt in seinem breiten, kummervollen Kopf gerade eine

Frau die Bühne mit einem Holzeimer voll Hirse oder Molke, es ist nicht zu erkennen. Sein Blick hängt an den leeren Feldern, die den Rand der Stadt bilden, endlosen staubigen Flächen voller Steine, über die große Gruppen von Menschen mit sandfarbenen Wölkchen um die Füße ziehen, eine geflügelte Menge, welche die Armut darstellt.

Als sämtliche Versuche einer Konversation – Tschechow? Pirandello? Pinter? – gescheitert sind, verlegen wir uns aufs Schweigen, und das ist sehr angenehm. Draußen *favelas*, *shantytowns*, Elendsviertel, Wege mit eingetrockneten Regenrinnen, Häuser, zusammengeschustert aus nichts, dünnem Holz, Plastik, Blech, Zink, Papier, nichts. Dazwischen Kinder und Hunde. Der Russe sieht sich das an und zeigt nicht, was er denkt. »Nein«, antwortet Aline auf meine rhetorische Frage. »Das sieht der Präsident nie, der fliegt darüber hinweg.« Der Hubschrauber als kosmetischer Einfall.

Bevor wir das Gelände mit den Pyramiden betreten, entdecke ich eine kleine Gruppe Indios an einem hohen, dünnen Pfahl. Wir steigen aus und gehen zum Fuße dieses Pfahls. Ich schaue auf ihre bunten Kleider. Es ist sehr still hier. Wenn sie sprechen, dann in Worten, die ich nicht verstehe. Einer klettert hinauf, eine Katze, es geht sehr schnell. Die anderen folgen. Jetzt sind sie oben, ein Knäuel im perfekten Himmelsblau. Gleich darauf stürzen sie herab, vier Ikarusse, an einem Seil festgebunden, die kreisenden Köpfe nach unten, bis sie mit der Eigenkraft ihrer Körper ein Karussell bilden, in immer weiteren und dann wieder kleineren Kreisen, die Seile verlängernd, bis sie fast die Erde berühren, sich umdrehen, stehen. Aber das dauert sehr lang, davor gibt es diesen merkwürdigen, totenstillen Vogelflug, den stets von neuem geschriebenen Kreis der herausgeputzten menschlichen Körper über dem Sand, vor einer fernen Reihe niedriger Sträucher.

Sind die Touristen bereits weg oder noch gar nicht da? Es ist still auf der Straße der Toten. Ein Hund läuft auf seinem Schatten, diese Stunde nennen wir Mittag. Ich versuche, was ich sehe, in irgendeinen Gedanken zu fassen, doch wo beginnen? Ein schallendes Gelächter der Götter, so etwas scheine ich zu denken, etwas, das mich auslacht wegen meines törichten Maßes. Es ist natürlich richtig, so etwas als Straße zu bezeichnen, aber das trifft es nicht. Hier könnte man einen Dinosaurier spazierenführen. Fast vier Kilometer lang ist diese Straße, die Sonnenpyramide ist so groß wie die Cheopspyramide, alles in Hell und Dunkel, Ocker und Grau, die Mondpyramide am Ende der Straße, in der Ferne, sieht aus wie ein geordneter Berg, um ihn herum liegt die weite, leere Landschaft, in der Ferne von echten Bergen umarmt.

Ich gehe aufs Geratewohl los, die Hitze begleitet mich. Der Russe möchte auf keine Pyramiden steigen, ich habe mich von den anderen entfernt, dies will ich allein erleben. Alle Menschengestalten bekommen zwischen diesen Ausmaßen eine alberne Unscheinbarkeit. Am schlimmsten wird es, als ich am Fuße der Sonnenpyramide stehe. Die Stufen scheinen bis ins Unendliche zu führen. Die Hand über den Augen, versuche ich mich gegen das Licht abzuschirmen. Die Sonne erklimmen, was für ein idiotischer Gedanke. Jetzt sind von zwei Seiten Menschen neben mich getreten, ein mexikanisches Mädchen, das einen Sonnenschirm aufspannt, und eine alte Japanerin. Wird sie hinaufsteigen? Ihre Gesichtszüge unterscheiden sich kaum von denen des Indios, der mir jetzt eine Pfeife aus Obsidian anbietet, vielleicht kommen ja alle Indianer aus Japan, sind alle verwandt, nur ich gehöre hier nicht hin, aber nun beginne ich doch mit dem Aufstieg und versuche, nichts dabei zu denken. Anfangs zähle ich die Stufen, bis ich merke, daß ich mich verzählt habe, danach werde ich zu einer Art Maschine. Jetzt weiß ich nicht mehr, was ich tue, ich steige nur noch, will nicht nach unten schauen, fühle mich schwindlig, außer Atem, halte mich mit beiden Händen fest, während ich den Blick auf den rauhen Stein dicht vor mir gerichtet halte, Stein, den jemand einst gehauen hat, den sie hier heraufgewuchtet haben, weiß der Himmel, wie, ich will jetzt nicht darüber nachdenken, ich muß hinauf, sonst nichts, aber aus den tückischen Seitenfenstern meiner Augen sehe ich doch, wie die wüstenhafte Welt da unten immer weiter zurückfällt.

Auf dem zweiten Umgang sitzt die Japanerin zufrieden im Hocksitz, der Sonnenschirm wogt vor mir her, ich darf hier nicht stehenbleiben, sonst gehe ich nie mehr weiter. Ich weiß genau, daß die Stufen jetzt steiler werden, höher, sie reichen mir fast bis ans Knie, wie soll ich hier je wieder herunterkommen? Oben sieht es merkwürdig aus, ein stumpfer Kegel, weit, es gibt keinen Grund, die Flügel nicht auszubreiten und wegzufliegen. Ich bin nicht der einzige mit solchen Anwandlungen. Eine Amerikanerin steht da, der Sonne zugewandt, die Arme gen Himmel gestreckt, das Gesicht zur Grimasse eines Menschen verzerrt, der aus dem Kelch des Höheren trinkt, ein schrecklicher Anblick. Erst jetzt kann ich hinunterschauen, die Größe dieser von Menschen erschaffenen Ordnung ermessen, diese ehrfurchtgebietende Landebahn, auf der die Toten hausen können, die Steinstapel, die sie zurückgelassen haben, das Haus des Mondes, den Palast von Quetzalcóatl, der Gefiederten Schlange, die Wohnung von Tláloc, dem Regengott. Die Menschen, die dort unten herumgehen, haben kein Gesicht mehr und damit keinen Ausdruck, namenlose Schemen, als wären es echte Tote. Als die Azteken hierher kamen, waren dies bereits Ruinen, Steinkolosse, die auf der Ebene schliefen. Ich stelle mir vor, wie sie, genau wie ich, nach oben geklettert sind, so wie man auf ein großes totes Tier klettert und sich vorstellt, es könnte erwachen. Und von oben haben sie ihre Freunde gesehen. Mit den Menschen da unten geschieht etwas Merkwürdiges. Nicht nur, daß sie keine Gesichter mehr haben, auch ihre Kleidung ist nicht richtig zu erkennen, es sind nur noch *Figuren*, schwarz geteert durch die Entfernung, sie stellen die Spezies dar, nicht mehr einzelne Menschen. Doch dadurch sieht man sich selbst auch nur noch als Exemplar der Spezies, das Insektengefühl, endlos reproduzierbar zu sein und damit unbedeutend. Und genau wie früher, als ich klein war, stelle ich mir vor, daß jede der kleinen Figuren dort unten »ich« denkt, wenn er oder sie etwas denkt, und daß ich hier oben für die da unten auch nur wie eine winzige Wajangpuppe aussehe, ein sich bewegender Schattenriß hoch oben auf der Pyramide.

Natürlich will ich jetzt auch noch den unmöglichen Gedanken denken: daß ich dabei bin, als diese Pyramide gebaut wird, der Tag der Vollendung, die Steine ganz oben neuer als die dort unten, vor so vielen Jahren eingesetzten. Die Gewißheit, daß es diesen Moment gegeben hat, läßt einen schwindeln; im Tal haben sie zueinander gesagt, in dieser nicht mehr auffindbaren Sprache, daß die Pyramide jetzt fertig sei, als hätten sie einen Punkt hinter einen Satz gesetzt, an dem sie jahrhundertelang geschrieben haben. Bereits vor Christus lebten hier ein paar Tausend Menschen, im ersten Jahrhundert unserer Zeitrechnung setzt die Bautätigkeit ein, eine Stadt entsteht, die Pyramiden waren um 600 vollendet. Nichts sah so aus, wie ich es nun sehe, es gab bunte Malereien, aus deren Resten man erkennen kann, wie prächtig und rätselhaft sie waren, aber auch das stimmt nicht, was *mir* ein Rätsel ist, war ihr tägliches Leben, alles ist Verfälschung, das Gefühl, das Ruinen hervorrufen, fälscht die Wirklichkeit des Gebauten, so wie es gemeint war, die fehlenden Malereien sind eine Maskerade von verfälschender Kargheit, und wo sie noch vorhanden sind, deute ich sie falsch. Postumität, die Last der doppelten Maske, auf beiden Seiten die Verfälschung, die die spätere Zeit anbringt. Ich bin zwar an dem Ort, wo diese Bauten standen, doch was einst hier stand, steht jetzt nicht mehr da, und was jetzt da steht, stand vordem nicht hier. Ich bin zu spät am Ort der Verabredung erschienen.

Hinunter. Je weiter ich hinuntersteige, desto mehr nimmt die Erkennbarkeit der Menschen zu, gerate ich wieder in meine eigene Größenordnung. Ich habe das schon früher erlebt, in Birma, in Thailand. Nie fühlt sich der Stein, von dem man hinabsteigt, tot an, man kann das Ganze nicht mehr überblicken, weiß aber, daß ihm ein Gedanke innewohnt. Es sind nur Steine, und doch gibt es eine Seele, eine, die die anderen hineingedacht haben und die durch die Zeit zu gären begonnen hat.

Der erste, den ich unten sehe, ist der Russe. Sein flotter Begleiter fotografiert die Indios. Ich blicke in das breite Gesicht. Was denkt so jemand? Er hält mein Exerzitium, den Gang nach oben für Unsinn, das ist deutlich. Sein Kopf ist so rot, daß man meinen könnte, *er* sei hinaufgestiegen, nicht ich. Doch ich habe keine Zeit für ihn. Jetzt noch zum Mond, auf jeden Fall. Rötlich ist der Staub an meinen

Füßen, ich bin nun selbst ein Hermes. Ob hier auch, wie später in Tenochtitlán, Menschen geopfert wurden? Es muß eine Verbindung geben zwischen der Größe dieser Bauwerke, der Verkleinerung und damit der Unscheinbarkeit der Menschen und diesen Opfern. Ein Herz, das man auf der fünfzehnten Stufe niederlegt, kann man schon nicht mehr erkennen.

»¿Obsidiano, amigo?« »No, gracias.« Er wendet sich wieder ab, löst sich auf. Was für ein Unsinn, und doch ist es so. Plötzlich stehen sie vor einem, hinter einer Säule hervorgehuscht oder aus einem Winkel, ein Lachen, die entgegengestreckte Handelsware. Dein Nein tut überhaupt nichts zur Sache, nach diesem Nein zaubern sie sich wieder weg, als hätten sie eine geheime Kalkulation, dienstags folgt auf jedes dreizehnte Nein ein Ja, irgendsowas. Lautlos sind sie, und sie lachen einen an, man kann nichts anderes tun als zurückzulachen, und man weiß, daß man, bevor man geht, etwas kauft. Manchmal liegen sie nur auf einer Stufe oder sie pfeifen, und dann kommt von irgendwoher ein Pfeifen zurück, eine Vogelart, sie sagen etwas, was ich nicht verstehe. Echte Vögel sehe ich nicht.

Dicht beim Mond holt Aline mich ein.

»Borges was here«, sagt sie, und ich denke, sie macht einen Scherz.

»Aber er konnte nichts sehen«, sage ich.

»Yes, but he touched the stone, he touched it.«

Als ich selbst den Stein berühre, überlege ich mir, wieviel intensiver das sein muß, wenn man blind ist, wenn eine Stimme neben einem von der Höhe erzählt, einen die Stufen betasten läßt, ihre Zahl nennt.

Schon stehe ich auf der ersten Plattform des Mondes. In der Ferne sehe ich Rauch, einen kleinen, senkrecht stehenden

Baum aus Rauch. »Die erste Plattform des Mondes ist größer als die der Sonne«, sagt jemand, und ich schreibe es
auf, weil ich alles aufschreibe. Ich bin der Schreiberling.
Ich müßte mir etwas ausdenken, tue es aber nicht, ich schreibe auf, was ich höre.

Als ich fast oben bin, kommt ein Schild: *No hay paso*. Kein
Durchgang, auf dem Mond werde ich nicht herumgehen.
Von dort, wo ich stehe, sehe ich den Palast von Quetzal-Ma-
riposa, Quetzal-Schmetterling, was bedeuten diese Dinge?
Eben noch stand ich zwischen den roten Mauern, umgeben
von ihrem abgelaufenen Kalender, dem Zeitalter der Fünften Sonne, der neu erschaffenen Welt, nachdem die vor-
herigen vier zerstört, untergegangen waren. Der Vogelgott
erwiderte meinen Blick, ein leeres Auge, ein Auge aus Obsidian, neu und glänzend, doch er sah mich nicht. Es war
niemand da, ich konnte mit dem Finger seiner in einem
Rechteck gefangenen, herausgehauenen Gestalt folgen, den
ausfächernden Federn seines Kopfputzes, seinen Krallen,
dem Mund, dem Schnabel, der Geometrie seiner Tracht,
den Wassersymbolen, Tropfen, Pflanzen. Wieder wollte
ich, daß dieser Raum mit dem Priester oder König gefüllt
würde, der hier zwischen den Reliefs, den beschriebenen
Pilastern hauste, doch seine Anwesenheit würde mich aus-
schließen. Das Paradox ist zu kindisch: Wenn ich sähe,
was hier wirklich, einst, damals, vor sich ging, gäbe es mich
noch nicht, ich kann mir nur etwas vorstellen dank der
Hülse, die zurückgeblieben ist. Damit muß ich mich be-
gnügen, nichtige Übungen im Unmöglichen. Ich kann
mir vorstellen, daß du wegbleibst, ich kann mir nicht vorstellen, daß du hier stehst und die obligatorischen Gedanken nicht denkst.

Vögel und Ruinen

Von Tehuacán nach Acapulco

Panteón Municipal, hier liegen die Götter dieser Gemeinde begraben. Aus der Ferne nähert sich eine Familie, an die Mauer gedrückt, sehe ich sie vorbeigehen. Ein paar Leute, denke ich, aber als ich sie zähle, sind es sechzehn. Was machst du hier, denken sie, und diese Frage kann ich ihnen nicht beantworten. Ich war zur falschen Stunde des Mittags losgegangen. Ich kam in einen Außenbezirk. Fremde bleiben nicht in Tehuacán, doch ich habe mir ein Exerzitium auferlegt, ich muß diese Straßen durchwandern. Die Frauen tragen keine Sandalen, sie gehen barfuß über den heißen Asphalt. Sie haben viele Blumen bei sich, sind auf dem Weg, um jemanden zu beerdigen oder auch nur seiner zu gedenken. Ich würde ihnen gern folgen, traue mich aber nicht, ich gehöre nicht hierher. Die alte Frau trägt einen kleinen glänzenden Krug in ihrer Linken, er ist viel zu klein für die langen Lilien, zu klein auch für Wasser – wozu dient er? Sie sehen mich an, wie ich sie ansehe, Gringo an der Mauer zwischen staubigen Pflanzen, Familie auf dem Weg zum Friedhof.

Diese Mittage bestehen aus Trägheit, Zeit, die so gedehnt wird, daß die Ziffern auf der Uhr immer weiter auseinanderrücken. Auch meine Schritte sind so träge wie die der Familie auf dem Weg zum Friedhof. Der alte Mann hat seinen Hut abgenommen, er befindet sich in der Nähe des Todes, hinter dieser Mauer gibt es überhaupt keine Zeit mehr, da kleben die Ziffern aneinander oder fallen einfach zu Boden, zwischen das Unkraut. Die Familie geht durch das Tor, aber ich will ihnen nicht folgen, ich gehe in die andere Richtung mit meiner geheimen, nichtsbedeutenden Mission, dorthin, wo die Straße zu Sand wird und sich bis in die leere Ferne fortsetzt. Wenn niemand auf ihr ginge, wäre sie vielleicht weniger endlos, doch jetzt sehe ich zwei Männer, und das Maß ist vorgegeben, das Maß ihrer Schritte. Ich kann ihr Gespräch nicht hören, sehe sie nur gestikulieren.

Wenn sie lange genug gehen, vorbei an der pompösen Kirche, die in dieser verbrannten Welt für das Höhere stehen soll, kommen sie zu den Hügeln. Den *blauen* Hügeln. Ich weiß nicht, ob sie so weit gehen wollen, ich lasse sie allein mit ihrem unhörbaren, ein für allemal von mir abgewandten Gespräch. Welches Gespräch ich mir auch für sie ausdenke, es wird nicht das sein, das sie führen. Meine Füße wirbeln den gelblichen Staub auf, die Fensterläden an den Häusern sind geschlossen, zuweilen hört man ein Radio. Ich lege mich irgendwo ins trockene Gras und sinke in Schlaf, als wäre ich von der Welt gefallen.

Erst gegen Abend kehre ich ins Zentrum zurück, das Grau der Nacht hockt bereits in den Bäumen, ein Wächter schaltet die Lichter in der Vorgalerie des Rathauses an, damit ich die Wandgemälde sehen kann, die von einer anthroposophischen Kreuzung aus Dalí und einem Comic-Zeichner geschaffen wurden. Es gibt Szenen, die die Bewohner der Sierra und der Hochebenen verherrlichen, Weberinnen, Pflüger, Töpfer, Bauer. Doch das ist noch alles im Rahmen der Normalität, Wandgemälde sind in Mexiko dazu da, das Volk zu verzücken. Ansonsten müssen sie zusehen, wie sie über die Runden kommen, doch auf diesen Wandgemälden sind Bauern und Arbeiter nahezu göttliche Wesen, eingebunden in den ewigen Kreislauf, in dem Tod, Armut und Alter nicht vorkommen, säen und ernten sie, pflanzen und bauen sie – das Heil auf Erden. Eine Frau mit einer Gitarre und einem Gewehr. Kunst als Alibi für schlechtes Regieren, das gab es auch früher schon. Der Mann, der die übrigen Wände bemalt hat, muß ein anderer Maler gewesen sein, einer, der seinen Geist eine Zeitlang in einer konzentrierten Kitschlösung eingeweicht hat und dann die Schöpfung darstellen wollte. Das ist ihm gelungen. Die Gesichter erinnern zwar noch an Comicfiguren, doch die Farben sind psychedelisch und die Symbole aus den Hinterhöfen von C. G. Jung. Götterfiguren, Rätselgestalten, Gottes Auge schwebend zwischen glänzenden Planetenkugeln, gnostische Phantasien, noch einmal das in einem Dreieck gefangene Auge des Höchsten, diesmal freilich gekrönt mit einem lose herabhängenden goldenen Kopfputz, und das alles über einem renaissancistisch aufgeklappten menschlichen Körper, der mit seinen äußersten Enden bis in die Zacken eines Davidsterns reicht, in der Mitte so etwas wie eine Uhr ohne Zeiger und darin das geschwungene Kreiszeichen von Yin und Yang.

Der Wächter findet, nun sei es genug, aber ich bin noch nicht fertig, auf der nächsten Wand versucht die nackte Rückseite von Superman, über den Lidrand hinweg in ein Riesenauge zu klettern. Das Weiß des Auges ist ein bewölkter tropischer Himmel, und mitten in der Iris sitzt ein verbissener Totenkopf, undeutbare Wesen schweben in dem umher, was ohne Zweifel die vormenschliche Urzeit darstellen soll, denn wir tauchen in diesem Zyklus erst später auf, genau rechtzeitig in der Evolution nach einem Fisch, einem Reptil mit gemeinen Zähnen, einem Affen und einem monströsen Zwischengeschöpf, das noch dem Affen und zugleich schon uns ähnelt. Affe, Mensch und Monster haben ihre Schädeldecken abgenommen, so daß die Gehirne, von frischer Luft durchlüftet, gut zu sehen sind. Der Wächter wird nun auch vom Heiligen Geist erleuchtet, deutet auf einen in einem durchsichtigen Blasebalg schwimmenden Fötus und sagt: *baby*. Dagegen läßt sich nichts einwenden, und so betrachten wir die Fresken, seinem gebieterischen Finger folgend, noch einmal: das Auge Gottes, Adam, der auf spanisch Adán heißt, *el mono*, der Affe, *el campesino*, der Bauer. Auf dem Platz hinter mir gehen die Neonlichter an, die das heranrückende Dunkel schwarz machen, zwischen den Pflanzen erhebt sich das Geräusch von tausend Stimmen.

Manche Ortsnamen sind von einem Schleier umgeben, der nicht mehr wegzukriegen ist, das »Rauschen« nennt Roland Barthes das in seinen späten Sprachessays. Das Rauschen, das, was immer mitklingt. Das Niederländische hat ein schönes Wort dafür: *roep*, Ruf, das, was man über einen Ort bereits gehört und gelesen hat, bevor man überhaupt dorthin kommt. Beim Entdecken dieses Ortes bleibt stets eine Deckschicht darüber liegen, das, was bereits vor einem beschlossen war. Florenz, Kioto, Isfahan, man sieht sie durch den Schleier ihres Rufes, den sie bestätigen oder nicht bestätigen.

Oaxaca, das einst Huaxyacac hieß. Ich fahre dorthin, wie ich in eine spanische Stadt fahre, in die *capital*, die Stadt, die in der Ferne auftauchen wird. Das Spanische ist hier nie fern, trotz der fremdartigen Ortsnamen, doch die Straßen führen durch eine wildere Landschaft, die allmählich auch tropischer wird. Freunde in Mexiko-Stadt haben mir davon abgeraten, diese Strecken mit dem Auto zurückzulegen, da in letzter Zeit viele Reisende überfallen worden seien, doch mein Käfer sieht so zerknautscht aus, daß er keinen Banditen aus dem Hinterhalt locken wird. Ich komme durch Marktflecken, in denen ganze Viehherden auf der Straße umherwandern und Frauen große Stücke frisch gerösteten Specks verkaufen, die Verlockung bunter Umschlagtücher, dampfende Schüsseln mit scharfen gelben und grünen Soßen, die mittelalterliche Geselligkeit des allwöchentlichen Markttags, Leute, die aus den Bergen gekommen sind, um ihre Waren feilzubieten. Danach wieder die Leere der Landschaft, zuweilen eine Anhäufung von Hütten, in den wenigen Ortschaften die gefährlichen *topes*, gemeine Verkehrsschwellen, die häufig nicht angekündigt werden, sonst Hunde, die plötzlich über die Straße laufen, ein Esel mitten auf dem Weg, tote Igel, einmal ein Fuchs. Ich habe Zeit, um nachzudenken, wenn jemand mich jetzt überfallen wollte, könnte er es tun, aber es ist niemand zu sehen, nicht einmal entgegenkommende Fahrzeuge. Die Hitze lastet auf der verbeulten Form des Autos; als ich aussteige und mich an einen Felsen lehne, höre ich Geraschel und durch dieses Geraschel hindurch Stille, eine Stille von Schlangen und Insekten, von ausgedörrtem Gras und Agaven, weißen, blätterlosen Sträuchern.

Außer Amerika haben wir nie eine Kolonie besessen, in der sich die Idee der Niederlande fortsetzen konnte. Was will ich damit nun schon wieder sagen? Daß unsere Art zu bauen und unser Backstein am Hudson noch eine natürliche Umgebung fanden, in Batavia[1] und Paramaribo[2] dagegen schon um einiges merkwürdiger aussahen. Vielleicht gilt das auch für die Sprache. Englisch in Indien hat nie die *naturaleza* gehabt wie das Spanische in Veracruz, Quito, Buenos Aires. Es gibt noch viele quicklebendige indianische Sprachen in Mexiko, doch alles, was mexikanische Intellektuelle gegen die *gachupines* und gegen die Rolle des spanischen Imperialismus in ihrer tragischen Geschichte vorzubringen haben, sagen sie auf spanisch, und vor dem Hintergrund einer Barockkirche oder eines kolonialen Gerichtsgebäudes klingt das sehr plausibel.

Doch auch ihre spanische Geschichte hatte eine eigene Geschichte, eine mit einer arabischen Komponente, die natürlich ihre Spuren in der Architektur zurückgelassen hatte. Und genauso, wie der andalusische Barock mit seiner ockerfarbenen Pracht und südländischen Verzierungssucht die kühle Berechnung des Jesuitenstils beeinflußt hat, haben auch die Mudejaren[3] ihre arabische Herkunft nie verleugnet. Den geometrischen Überschwang der Kacheln von Fez und Córdoba findet man viel weiter nördlich am sandfarbenen Backstein der Kathedrale von Teruel wieder, und auch diese Stilformen haben mühelos den Sprung nach Mexiko geschafft. Die Backsteinmuster und die kachelgeschmückten Mauern und Kuppeln, die ich an der Wintermoschee in Isfahan sah, fand ich in Puebla wieder, und weil diese Elemente im Spanien Granadas und Sevillas nicht fremd sind, können sie das auch in dieser westlichen Fortsetzung Spaniens, der Mexiko mitunter gleicht, nicht sein. Landschaft, Religion, Sprache, alles trägt dazu bei. Daß die Mexikaner davor eine eigene, andere Geschichte hatten, ist längst nicht immer erkennbar, und diese Unsichtbarkeit leistet der Sinnestäuschung an den Orten Vorschub, an denen das Spanische noch so machtvoll gegenwärtig ist. Gold der Azteken, Gold Philipps II., ein zweifaches Echo, das hier geraubte Gold kehrt in Form der barockenen Retabel der spanischen Kathedralen wieder nach Mexiko zurück, in einem kleinen Dorf wie Tonantzitla in der Nähe von Puebla funkelt das Gold der Altaraufsätze einem mit einer Provokation entgegen, die die staubige Welt draußen Lügen strafen will, doch das ist in Spanien selbst auch so. Durch die trockene Meseta fährt man zu den Goldgrotten von Burgos und Toledo, eine fundamentale Gegensätzlichkeit zwischen einer harten, würdevollen Außenwelt und churriguneresken[4] Phantasien, manuelischen[5] Erinnerungen, maurischen Anspielungen.

Nach dem überdrehten Gold der Santo Domingo in Puebla, nach dem achteckigen *camarín* des Santuario de Ocotlán, das dem im spanischen Guadalupe gleichkommt, nach den schneeweißen Stukkaturen in ebendieser Kirche, die mit ihren Pilastern und *estipites* (auf dem Kopf stehenden Pyramiden) wahrhaftig die Erinnerung an manche bayrischen Exzesse heraufbeschwört, nach dem kachelverzierten vielfarbenen Wunder der San Francisco in Acatepec falle ich als müder Reisender in der Oase von Oaxaca ein. Nichts werde ich hier machen. Nur spazierengehen. Auf einer Bank auf dem parkartigen Zócalo unter Ulmen sitzen und den *mariachis* lauschen, die allabendlich um acht im Musikpavillon ein Konzert geben. Die Bronzeglocke der Kathedrale, deren Fassade Sacheverell Sitwell *(Southern Baroque Revisited)* viel zu überladen fand, wird über die Marimbas und Paso dobles hinweg ihren eigenen Takt schlagen, und ich werde es über mich ergehen lassen, den Takt der Zeit und der Musik – ein Mann auf einer Bank in einem kupfernen Garten.[6] Es ist ein dunkleres, wollüstigeres Spanien, solange man auf diesem Platz bleibt. Außerhalb davon, auf den Märkten, auf denen die bunten Kräuter die Grellheit der *azulejos* (Kacheln) vorhersagen oder wiederaufgreifen, in den Straßen mit den niedrigen Häusern, der gelblichen Dunkelheit der *pulquerías*, in denen Männer mit indianischen Gesichtern trinken und in einer Sprache sprechen, die ich nicht verstehe, tritt der Gedanke an Spanien wieder zurück, weiß ich, daß ich woanders bin, und sei es nur wegen der violetten Umschlagtücher oder der scharlachfarbenen Überraschung einer Poinsettia, eines Weihnachtssterns, zu einer Jahreszeit, die in Europa die Farben des Todes trägt.

Gehorsam bin ich und besuche den dicksten Baum der Welt
in Tule, fahre in die Berge, um mir in Teotitlán del Valle
indianische Stoffe anzusehen, kaufe Víbora de Cascabel, getrocknete Schlangen gegen Krebs, Arthritis und Nierenleiden, gehe an blauen Mauern, rosa Mauern entlang, betrachte das Tonnengewölbe mit den Traubenbüscheln in
der Kathedrale, finde ein Buch über *pulque*, dieses Getränk,
das soviel geheimnisvoller ist als Tequila, und lese die Tageszeitung, nur: welchen Tages? Der Viehmarkt in Zaachila,
ein Kloster in Cuilapan, von dem nur noch die leere Hülle
steht, Autobusse, Märkte, getrocknete Pfefferschoten, wei
ße Kindersärge, die Welt ist sichtbar, und folglich sehe ich
sie mir an. Doch auf der Karte habe ich bereits andere Namen entdeckt, Chichihueltepec, Río Hondo, San Gabriel
Mixtepec, San Francisco Ozolotepec, Sierra de Zempoaltepetl. Wie soll ich ihnen widerstehen. Wehrlos gegen Namen, immer gewesen. Die Verlockung von Wörtern, Köder
für schlechte Dichter, Musikantenlust, Tänzerblut. Nicht
ruhig sitzen bleiben können, und ein Auto vor der Tür.
Doch bevor ich durch die Berge zum Ozean fahre, mache
ich mich eines frühen Morgens auf den Weg nach Monte
Albán.

Es sind nur zwölf Kilometer von Oaxaca, doch um zum Gipfel der Welt zu gelangen, muß man klettern. Auf halbem
Wege gerate ich in Nebel, und als ich oben bin, sehe ich
ihn über der Welt schweben. Ist dies hier denn nicht die
Welt? Nein, das ist nicht mehr die Welt, die liegt unter
mir und ist zu einer Unterwelt geworden. Was ist es dann?

Versuche, es auszudrücken. Dies ist einer der Ausnahme-orte, die Menschen für sich selbst geschaffen haben, um an-schließend daraus zu verschwinden. Dieses »um« ist natür-lich unsinnig: Sie taten es nicht, *um* zu verschwinden. Aber verschwunden sind sie inzwischen, und es scheint, als müsse es so sein. Das Maß ist nicht menschlich, auch wenn Men-schen dies hier geschaffen haben. Als enthielte die nieder-ländische Sprache geheime Kodes, die etwas über das Uni-versum erläutern können – anders kann ich nicht erklären, daß die ägyptische Göttin Maat – *maat* ist das niederländi-sche Wort für Maß – die Göttin der Waage war. Doch das ist noch nicht alles. Genauigkeit wurde im alten Ägypten durch eine Feder dargestellt, die beim Wiegen der Seelen als Gewicht diente. Diese Feder hieß Maat, war gleichzeitig aber auch ein Längenmaß. Dreiunddreißig Zentimeter, die Länge eines normalen Ziegelsteins. Ein und dieselbe Hiero-glyphe bezeichnete die Feder, die Göttin, das Längenmaß und den Grundton der Flöte. Das berichtet Italo Calvino in dem Kapitel »Genauigkeit« seines postum erschienenen Buchs *Sechs Vorschläge für das nächste Jahrtausend.*

Wo ich stehe, da begannen Menschen für das zu bauen, was wir als das erste Jahrtausend unserer Zeitrechnung bezeich-nen. Wer sie waren, ist nicht bekannt. Irgendwann waren sie in der umschlossenen Welt dieser fruchtbaren Täler auf-getaucht. Umschlossen, geschützt durch die hohen Berge, die ich als schwebende Schiffe in der Ferne über dem Nebel sehe. Keine natürlichen Pässe. Ein paar Flüsse. Dies war ihre Welt, und dies war der höchste Punkt des Tals. Mit den Hän-den haben sie es verändert, ungeheure Erdmassen bewegt, einen Plan erdacht, der klare Geometrie in die Zufälligkeit der Umgebung bringen sollte. Generationen haben sie da-für gebraucht. Diesen Unbekannten folgten die Zapoteken, später die Mixteken. Archäologen können einem erklären, was von wann stammt, ich werde es lesen und betrachten und vergessen, wie ich auch die einzelnen Gebäude vergessen werde, die mit einem H oder L oder J bezeichnet sind, was etwas Sakrilegisches hat, so als müßte das Wundersame in irgendein bürokratisches System eingeordnet werden, eine Alphabetisierung des Sakralen, die sich verflüchtigt, sobald man die albernen Buchstaben verwechselt. Ich spaziere durch die Perioden I bis V wie ein Barbar, der unempfänglich ist für die Zeit, und später als einer, für den die Strategien der Vergangenheit, die hier in Maßen, Stilen, Steinformen, Mauertechniken ihren Ausdruck finden, ein sinnloses Exerzitium sind, Tummelplatz für Fachidioten. Vielleicht ist es ja auch so, ich habe keine Zeit dafür, oder kein Auge, mein Auge ist erfüllt von dem Ganzen, das mich erschlägt, von dem Mysterium des Maßes, des Ortes.

Ich stehe am Ende einer Treppe an der Nordseite, noch sind keine anderen Besucher da, es ist so ungebührlich *leer*, daß mich schwindelt, und zugleich ist der mathematische Zwang des Konzepts so mächtig, daß es dieses Schwindelgefühl in Maßen hält. Alles, was hier im Umkreis liegt, sieht aus, als sei es von den sanften Hängen heruntergefallen. Darunter liegt die normale Welt, die der Menschen. Ich sehe Straßen, Häuser, dann und wann ein Auto, das seinen Weg nach oben sucht. Doch vor mir liegt der Platz, der mit seinen erdachten Dimensionen eine unmenschliche Sogkraft hat, vielleicht ertrinke ich ja, wenn ich diese Stufen hinuntergehe und die Füße in den Sand setze. Diese Hügelmasse ist vierhundert Meter hoch, der Platz dreihundert mal zweihundert Meter groß, ein nahezu perfektes Rechteck. Herausragende Felsen mußten beseitigt, Mulden und Löcher gefüllt werden. Wo die Felsen zu hoch und zu widersetzlich waren, wurde um sie herumgebaut, doch weil das der Symmetrie Abbruch tat, wurden an anderen Stellen Bauten und kleine Patios angelegt, so daß das Bild noch immer das eines riesigen Zen-Gartens ist. Gerade die leichte Abweichung weckt die Vorstellung von Vollkommenheit, als ich mich endlich hineinwage, werde ich in einen Gedanken aufgenommen, den ich nicht selbst gedacht habe. Ich gehe am »Gebäude der Tänzer« vorbei, am »Ballspielplatz«, an der Ruine, die »Der Palast« genannt wird, lese in meinem Führer von den Grabstätten mit ihren unvorstellbaren Goldschätzen, sehe die Reliefs von Göttern und Kriegern und stelle mir die vielfarbenen Wandbilder vor, doch das Essentielle bleibt das Maß, das Konzept, das Singuläre dieser ohne unser Zutun entstandenen Welt. Natürlich drängt sich der Gedanke an Göttlichkeit auf, doch wir haben es verlernt, damit umzugehen, und daher lasse ich diesen Gedanken Gedanken sein, ein Verweis auf das Maß, an das ich nicht herankomme, eine maßlose Herkunft, über die man besser nicht spricht. Hier haben die Steine das Wort, und wenngleich ich sie nicht verstehe – ich höre sie doch.

Jetzt mischt sich Dr. Widerspruch ins Gespräch. Er wisse ja, daß ich aufgrund meiner Erziehung bei Augustinern und Franziskanern einen Knall hätte, glaube mich aber doch besser zu kennen. Die Aufklärung sei doch hoffentlich nicht vergeblich gewesen? Die Indiovölker wüßten es schließlich nicht besser, ihr irrationales Verhalten lasse sich ja gerade wunderbar auf rationale Weise erklären. Wie alle, die es noch nicht besser wissen konnten, hätten auch sie eine Reihe von Mythen fabriziert, die ihre Herkunft erklären, und dazu die üblichen Götter, die die Natur verkörpern oder bändigen sollten, den Gott des Regens, die Göttin der Fruchtbarkeit. Deswegen brauchte ich doch nicht gleich aus dem Gleichgewicht zu geraten? Ein leicht religiös angehauchtes Gefühl, das habe er bei einem spektakulären Sonnenuntergang am Meer auch schon mal gehabt, aber davon müsse man sich doch blitzartig distanzieren. Gewiß, gewiß, gab ich zu, nur, was mich hier möglicherweise aus dem Gleichgewicht gebracht habe, sei ja gerade dieses übermäßige Gleichgewicht, die Ruhe, die solch absolute Merkmale aufweise, die buchstäbliche Absonderlichkeit dieses Ortes. Was nütze es mir, wenn das alles zu erklären sei? Auch nach dieser Erklärung bleibe der Ort dort einfach liegen, ein Plateau über der es umgebenden Welt, das von den Menschen, die es gebaut hätten, dazu bestimmt worden sei, etwas anderes zu sein als die Welt. Und das sei in einer Weise gelungen, dachte ich, wie es nie wieder würde gelingen können. Möglicherweise noch einem individuellen Künstler, aber nie mehr einem Kollektiv.

Die Kunst müsse dringend entmystifiziert werden, meinte Dr. W. Die Religion sei schon drangewesen, und was sei Kunst anderes als ein letztes Rudiment religiöser Gefühle? In diesem Augenblick kam eine Gruppe französischer Touristen auf den Großen Platz, und plötzlich sah ich vor mir, wie dereinst ein anderer auf einer leeren Fläche stehen würde, auf der nur noch die kahlen Mauern der Notre Dame stehen. Nun, da sich nichts mehr in dieser Ruine befindet (und Menschen noch genauso klein sind, wie sie es im Grunde immer hätten sein müssen), wirkt auch das Maß dieser Kirche un-menschlich. Den Kult, dem dort gehuldigt wurde, kann der einsame Besucher sich nicht vorstellen. Gregorianisch hat er noch nie gehört, der Papst ist ein vages, nie zweifelsfrei bewiesenes Gerücht aus der Zeit vor der Großen Zerstörung, rings um diese Mauern muß einst, vor Tausenden von Jahren, eine große Stadt gelegen haben, und die Menschen hier glaubten an etwas, irgend etwas mit einer Göttin, die Mutter war und dabei trotzdem Jungfrau. Hier und da sind noch Umrisse von Wandmalereien zu erkennen. Halbe Gedanken dieser Art würden dem Besucher durch den undenkbaren Kopf gehen, und doch würde, sofern er dafür empfänglich ist, etwas von der Heiligkeit dieses Ortes zu ihm durchdringen. Heiligkeit? Was kann das sein? Der Bodensatz der Gefühle, die die Erbauer beim Bauen hatten. »Tiens«, sagte Dr. W., voll voltaireschem Argwohn. Auch bei der französischen Gruppe erhob sich mitleidiges Gelächter, denn der Führer hatte sie soeben auf eine mißgestaltete Männerfigur in einem der Reliefs aufmerksam gemacht und gesagt, das sei der Gott des Handels. Auf dem nächsten Relief sind Priester bei einer Kastrationszeremonie zu sehen, doch für die Blümchenkleider und kurzen Hosen ist es noch zu früh, alberne Scherze fliegen durch die Morgenluft, es wird Zeit, daß ich gehe, aber ich steige noch einmal die Treppen hinauf, um das Ganze von oben zu betrachten. Ich werde wohl nie mehr hierher zurückkehren, und das Gefühl, das sich dabei einstellt, kann ich nicht recht benennen. Von hier oben ist die französische Gruppe wieder unscheinbar geworden, sich bewegende Krümel auf einer Königstafel, Herumwusler.

Die Entfernung von Oaxaca nach Puerto Escondido (»Verborgener Hafen«) ist nicht groß, aber man braucht lange dafür. Ab Sola de Vega ist die Straße nicht mehr asphaltiert, und man fährt durch die Sierra Madre del Sur und danach durch die Sierra de Miahuatlán. Wolken aus scharfem Splitt, Autobusse, die auf einen zustürmen und einen von der Straße drängen, Pick-ups, vollgestopft mit

Campesinos, armselige Hütten am Straßenrand, Landschaften von großer Schönheit. Puerto Escondido, die meisten Besucher kommen nicht auf der Straße, sondern durch die Luft, ein Fischerdorf, das seine Unschuld verloren hat, Reste von Altem, Anzeichen von Neuem, rasant gewachsen. In zehn Jahren vielleicht ein Acapulco, zerstört, zu etwas anderem geworden. Jetzt ein angenehmes Chaos, Straßen aus Sand, Märkte, die Betriebsamkeit von Orten, in denen sich Geld verdienen läßt. Das kleine Hotel, in dem ich logiere, wird von einem neurotischen Deutschen geführt, ich verdächtige ihn des Schlimmsten, er ist schon sehr lange hier.

Am Morgen wandere ich aus dem Ort hinaus, Richtung Süden. Schon bald begegne ich niemandem mehr, es ist zu heiß am Ozean, der Strand weiß und voller scharfkantiger Muscheln, eine Brandung mit starkem Sog, hie und da ein Fischerboot in der Ferne. Ich biege zur Straße ab und halte einen Kombi an, der nach Süden fährt. Etwa zwölf Kilometer vom Ort entfernt habe ich von einer Brücke aus ein Dorf am Fluß gesehen, dort steige ich aus. Ein steiler Weg führt hinunter. Der Fluß glänzt, als wäre er geputzt, es schmerzt in den Augen. Die falsche Zeit, nichts regt sich. Ein paar Hütten, eine Stelle, an der man Fisch essen kann, die Frau, die davor sitzt, schaut mich an, ohne mich zu sehen, und rührt sich nicht.

Ich habe mir überlegt, daß ich entlang dem Fluß zum Ozean gehen will, weiß aber nicht, wie weit es ist. Anfangs folge ich einem Pfad, bis ich auf dem Hinterhof einiger Hütten stehe: Dahinter, denke ich, muß es einen Durchgang zum Fluß geben. Den gibt es natürlich auch, aber ich fühle mich nicht wohl in meiner Haut. Niemand sieht mich oder jeder sieht mich, eines von beiden, nur ich kann es nicht sehen.

Ich sehe nur Blätter, Stacheln, Hütten, und als stünde in dem leeren Raum, in dem ich mich nun befinde, ein Zaun, zucke ich zurück. So komme ich nicht hin. Ich spaziere den Weg zurück und stehe wieder am Fluß. Auf der gegenüberliegenden Seite sehe ich watende Menschen, so muß es also auch gehen. Colotopec heißt der Fluß, und etwas Albernes kommt mir in den Sinn, als ich hineinsteige: Ich stehe im Colotopec. Dann stakse ich langsam los, doch sofort wird an meinen Füßen gesogen, gezogen, sie versinken in etwas, das äußerst weich ist, wollüstig, schmatzend. Schlamm, Schlick, jedesmal, wenn ich die Füße herausziehe, macht das ein schwelgendes, schmatzendes Geräusch. Nun heißt es nach Stellen suchen, wo das Wasser nicht zu tief wird, es muß möglich sein. Eine Zeitlang gehe ich am Ufer entlang, allerdings ist »gehen« nicht das richtige Wort, ich wate. Sobald der Boden etwas fester wird, bleibe ich stehen, sehe Vogelschwärme über mich hinwegfliegen, lausche den Geräuschen. Ich spüre Kiesel und komme zu einer Stelle, die aus dem braunen Wasser herausragt. Immer wieder dieser Wechsel zwischen Hart und Weich, zwischen dem schlickigen Schwelgen und den scharfkantigen Stücken. Bisweilen kann ich eine Zeitlang auf einem Weg am Ufer entlanggehen, doch auch der ist schlammig, der goldfarbene Schlick macht Klumpen aus meinen weißen Füßen. Geraschel, Gezisch, Vermutungen von stechenden oder beißenden verborgenen Tieren. Weiter zum Meer hin auf einer trockengefallenen Sandbank eine mucksmäuschenstille Schulklasse weißer Vögel, noch zu weit, um sie zu erkennen. Als der Weg aufhört, steige ich wieder ins Wasser, das hier so tief ist, daß ich mein Notizbuch über den Kopf halten muß. Ich sehe, wo es etwas flacher ist, und gehe ans andere Ufer. Die Blätter der niedrigen Palmen dort sind ausgefranst, zu müde, um ganz zu sein. Ein paar Frauen waschen Wäsche, kniend, am Fluß. Sie schauen zu dem eigenartigen Spaziergänger, der ich bin, und lachen. Ich deute dorthin, wo ich das Meer vermute, und sie deuten und nicken, ja, dort ist das Meer. Schließlich erreiche ich es.

Der Fluß ist jetzt breit, sieht aus wie ein kleines Delta, ich muß mich von der Fahrrinne fernhalten. Durch die Hitze und das Sonnenlicht wirkt der Strand weiß, er ist heiß an den Füßen; kein Mensch weit und breit, links und rechts zieht er sich endlos hin, bevor er sich in flimmerndem Glanz verliert, mit hie und da einem Regenbogenfunken in der Brandung. Pelikane stürzen sich wie eine Gruppe Kampf-flieger in den Schaum, doch als ich mich weiter von der Mündung des Colotopec entferne, sehe ich plötzlich einen sterbenden im Sand. Er versucht aufzufliegen, als er mich näher kommen sieht, schlägt mit seinen plötzlich so großen, verzweifelten Flügeln und bleibt dann still liegen. Er sieht mich an, ich sehe ihn an. Die Farbe seiner Federn ist gelb, fahl, ein altes Tuch aus Federn, das im Sand liegt, *end of the line*. Die Augen groß und starr, zwei Bernsteine mit einem dunkleren Stein in der Mitte. Ich spüre, wie seltsam unser gemeinsames Standbild ist, Mensch mit sterbendem Peli-kan. Sein nun viel zu großer Schnabel scheint ihm im Weg zu sein, liegt auf dem glitzernden Sand. So sterben sie im-mer, denke ich, nur um irgend etwas zu denken. Er denkt nicht, denke ich. Er wartet.

Nach einer Weile gehe ich wieder zum Fluß zurück. Ich werde den ganzen Weg zum Dorf zurücklegen müssen, wie ich gekommen bin, der Pfad, das Wasser, der Schlick. Als ich nach über einer Stunde wieder bei den Hütten bin, bemerke ich einen süßen Fäulnisgeruch. Nicht von Fleisch oder Verwesung, sondern eher von einer anderen

Art Fäulnis, von Fülle, Überfluß, zuviel schwelgendem Vergehen, ein Tropengeruch. Es muß eine Blume sein, hat jemand mir mal gesagt. Jetzt schnuppere ich an allen Blumen, den Sternen, den Kelchen, den Mündern, den Fächern, den Sporen. Doch der Geruch ist nicht dabei. Es erstaunt mich, wie feindselig manche Pflanzen sind, Würgeschnüre, Dolche, Scheren, Macheten. Im Uferschlick sehe ich Wurmlöcher, eine unlesbare Schrift. Jemand kommt auf einem Esel vorbei. Jemand parkt einen Datsun unter einem hohen Baum. Jemand in einer Hütte hinter mir schaltet ein Transistorradio an. Das Geräusch zerreißt den Nachmittag. Zwei Männer stehen mitten im Fluß, am Rand der Fahrrinne, und schauen. Sie sehen, was ich nicht sehe, Fische. Von Zeit zu Zeit werfen sie ein Netz darüber und holen es dann wieder hoch. Als sie später zum Ufer zurückkehren, zeigen sie mir ihren Fang. Ich frage, wie die Fische heißen. »Lisa.«

Sie fragen, ob ich sie kaufen wolle, aber ich sage, ich hätte kein Haus. Darüber müssen sie lachen, jemand, der kein Haus hat. Sie haben eines und verschwinden auf dem Waldweg. Plötzlich fällt mir ein Lied ein, das ich vor sehr langer Zeit, vor vielleicht dreißig Jahren, in einem Kabarett in der Rue Jacob in Paris gehört hatte. Dort traten zwei Männer auf, jeder mit einer Gitarre, ein Weißer und ein Schwarzer. Der eine saß etwas höher als der andere. Das letzte Lied des Abends war immer dieses:

> *Time for man go home*
> *Time for beast go home*
> *The monkey in the bush go kwakwakwa*
> *Time for man go home*

In Puerto sehe ich ein Schild zwischen den T-Shirt-Läden: »Beobachten Sie Vögel mit Michael Malone.« Ich verdränge meinen Widerwillen gegen organisierte Touren und gehe hinein. Michael ist ein breiter Kanadier, der im Sommer Vogelwart in den kanadischen Wäldern ist und im Winter hier lebt. Ich hätte es schlechter treffen können. Er ist bereit, am nächsten Tag einen Ausflug zur Lagune zu unternehmen, aber es müssen mindestens vier Leute sein. Ich bringe Simone mit, die die Fotos macht. Wenn er noch zwei findet, wird er mich morgen sehr früh telefonisch aus dem Bett klingeln. Das tut er. Als ich mich, noch verschlafen, einfinde, sind die beiden anderen bereits da, ein junger Schwarzer aus Chicago und seine rothaarige Frau.

Es ist ein vorbildlicher Morgen, das Licht noch so frisch, als wäre es gerade erst erfunden, Nebel über dem Meer. Wir steigen in einen Landrover und fahren zur Lagune, gehen einen Pfad hinunter. Ein schmales Boot liegt bereit, in das wir sechs gerade so eben passen. Michael macht uns mit Pedro, einem jungen Indio, bekannt. Das Wasser ist schwarz, reglos, ich habe das Gefühl, wir tun ihm weh, als wir losfahren, die geschlossene Baumkulisse am Ufer spiegelt sich so gnadenlos, daß man nicht mehr weiß, was echt ist und was nicht, genauso wie es auch uns doppelt gäbe, wenn jemand da wäre, der uns sähe.

Das Geräusch des Motors ist nicht gellend, eher ein angenehmes Summen. Und trotzdem tut es gut, als Pedro ihn abstellt und wir in eine stille Bucht einbiegen. Dies ist der Stoff, aus dem Träume gemacht werden, denke ich. Das kleine Boot bewegt sich lautlos, nur dann und wann das leise Gluckern dicken Wassers am Paddel. Entengrütze von geschliffenem Grün. Pedro ist der Meister. Er sieht die Vögel, die Michael nicht sieht, zupft ihn am Ärmel, klopft ihm auf die Schulter, deutet. Wir sehen, wie er schaut, aber es nicht sieht, wir folgen mit den Augen Pedros Finger einen Stamm hinauf, ein Ast, eine Gabelung im Ast, eine kleine, dunkle Form. »Northern watertrush«, sagt Michael, doch ich sehe nur die unbenennbare Form. Stunden streifen wir durch Meeresarme und dann wieder über offenes Wasser, ich sehe Königseeschwalben, einen Fischadler, einen Grün-reiher, Fregattvögel, Regenbrachvögel, Kormorane, Löffler, Purpurhühner, Bergenten, Schlangenhalsvögel, die verzier-ten Schriftzeichen gleichen. »Paßt mal auf«, sagt Michael, als er in der Ferne ein paar Schlangenhalsvögel sieht, die auf einem niedrigen Ast über dem Wasser hocken, »wenn wir näher kommen, lassen sie sich ins Wasser fallen«, und sie tun es, als arbeiteten sie in einem Zirkus. »It's their escape trick.« Laguna Lagartero, Laguna de Chacahua. Michael erzählt, daß in der Lagune und entlang den Stränden noch Schwarze leben, Nachkömmlinge ehemaliger entflohener Sklaven aus der Karibik. Später sehen wir ein paar ihrer Hütten am Meer, die Blätter weißgelaugt von Salz und Sonne. Menschen sind nicht zu sehen.

Die Vogelnamen, die ich nicht auf niederländisch weiß, schreibe ich in englisch auf, um sie später nachzuschlagen, doch als ich die Vögel in meinem Peterson wiedersehe, sind die unbeweglichen Zeichnungen nicht mehr die fließen-den, fliegenden Formen jenes geheimnisvollen Morgens. Den *sheepskinned hawk*, habe ich den gesehen? Ich muß ihn gesehen haben, denn er steht in meiner Kladde, aber ich kann die Erstarrung dieser Form auf der weißen Seite nicht mehr mit dem Rascheln, der Halb-Sichtbarkeit, den Schatten zwischen den Mangroven über dem unzerbrech-lichen Stein des schwarzen Wasserspiegels in diesen Buch-ten zur Deckung bringen. Was bleibt, sind die Namen und die Erinnerung an Vögel, die ich sah und doch wieder nicht sah, das Platschen der Ruder, das geflüsterte Spanisch Pedros, unsere leisen Stimmen, ein Boot am frühen Morgen, sechs Menschen, die einander nie mehr wiedersehen werden.

Am nächsten Morgen fahre ich auf der Hauptstraße an derselben Lagune entlang, doch jetzt gehöre ich schon nicht mehr zu jener Welt. Ich weiß, was hinter der Front der Bäume verborgen liegt, aber ich kann nicht mehr hin, würde mich verirren. Ich fahre auf der Mexico 200 Richtung Norden, nach Acapulco. Den Frieden des Vortages tausche ich gegen einen Tag falscher Bilder ein. Gleich am Anfang liegt ein toter Esel mitten auf der Straße. Sein Bauch ist aufgerissen, eine rote Höhle, aus der die Eingeweide in schleimigen Girlanden hängen. Zwei Hunde fressen sie leer, sehr vornehm und ruhig, adlige Herren bei einem barbarischen Festmahl. Ich hupe, und sie schauen nicht auf.
An dem Tag werde ich dreimal angehalten, junge Soldaten in Blau mit Maschinengewehren. Sie durchsuchen das ganze Auto. »Das machen sie speziell auf dieser Strecke«, sagt ein mexikanischer Freund später. »Da kommen viele Amerikaner entlang. Die USA geben Mexiko eine Menge Geld für die Drogenbekämpfung, sie müssen zeigen, daß sie nicht alles in die eigene Tasche stecken.«

Stärker als an anderen Tagen spüre ich, wie Gewalt hier ständig unter der Oberfläche schwelt. In einem Dorf biege ich versehentlich in eine falsche Straße, und bevor ich weiß, wie mir geschieht, hat der Polizist vom Dienst seinen Revolver schon durch das offene Fenster ins Auto gestreckt. Ich werfe einen Blick auf diesen eigenartigen Gegenstand, kurz, glänzend, bedrohlich, der urplötzlich in die relative Intimität meines Käfers eingedrungen ist, doch viel Zeit zum Nachdenken bleibt mir nicht. Ich sehe nur den unteren Teil des Polizistengesichts, das auf merkwürdige, verzerrte Art und Weise an der Waffe festzusitzen scheint, und dieser untere Teil schreit. »Weg da, verpiß dich«, in dieser Reihenfolge, und mit einemmal fügen sich diese Bilder, dieses Geschrei, die Maschinengewehre in eine ungereimte, irrationale Folge von Menschenopfern, Fotos von Hinrichtungen, den grausamen Zeichnungen aus den Codices ein. Der Mißklang ist da, und Acapulco ist nicht der Ort, ihn auszugleichen. Ein andermal werde ich die richtige Antenne für die Hauptstadt des Kitschs haben, für die rosaroten Hotels und die blauen Sonnendächer über den amerikanischen Schlitten, für das Einkaufszentrum in Form eines Drachens, für die zinnenbewehrten Türme mit Tausenden von Zimmern für Australier und Amerikaner, für den versteinerten Delphin über dem leeren Bassin, für die imitierten Hütten mit Klamotten aus Mailand, den Plastikneger, das Kriegsschiff in der goldenen Bucht, die einst unverdorben war – ein andermal, nicht jetzt. Jetzt steht, sobald ich wach werde, ein Soldatenstiefel neben mir im Sand, und die Welt hat sich in eine nicht endenwollende Warenflut verwandelt. Nach der kolonialen Pracht von Puebla und der abseits gelegenen Ruhe von Oaxaca, den kaiserlichen Landschaften und der Stille der Vögel steht mir danach nicht der Sinn. Nur noch die Schlacht auf der Straße durch die Berge nach Mexiko-Stadt und die Stadt selbst, hoch und erstickend. Dann ist es zu Ende. Ich weiß, ich werde hierher zurückkehren, doch jetzt ist es Zeit zu gehen.

Sonntagmorgen. Das Taxi hat mich durch die falschen Viertel zum Flughafen gebracht. Die Zeitung berichtet, gestern sei der Weltrekord in puncto Luftverschmutzung erzielt worden, aber das wußte ich schon. Meine Kehle und meine Augen können das auch messen. Ich schaue auf die niedrigen Häuser, den Müll, der aussieht wie von einer Windhose herbeigeweht, die Menschen, die qualmenden Busse. Eine Stunde später bin ich in der Ersten Welt. Das Land, aus dem ich komme, sieht plötzlich aus wie eine KLM-Maschine, eine unwirkliche blaue Ruhe. *Calme, luxe et volupté.* Ich lasse mich wiegen, vorübergehend nicht mehr gespaltener Reisender. Die Stewardeß bringt mir eine Zeitung aus der Heimat, in der die Neuigkeiten der Welt geordnet aufgeführt sind. Die Luft ist kühl, es ist still, die Welt draußen, die sich nicht ordnen läßt, ist ausgeschlossen. Kurz darauf fliege ich über das wütende, zusammengezwirbelte Spinnennetz der Stadt, in der ich so viele Tage zugebracht habe. Ich weiß, was sich dort abspielt, und kann es mir nicht mehr vorstellen.

Juni-November 1988

1 Batavia: alter Name für Jakarta, die Hauptstadt des heutigen Indonesien.

2 Paramaribo: Hauptstadt von Surinam, ehemals Niederländisch-Guyana.

3 Mudejaren: arabische Künstler und Handwerker in Spanien, nach denen der Mudéjarstil, ein durch die Verbindung von maurischem und gotischem Formengut geprägter spanischer Bau- und Dekorationsstil des 12.-15. Jh. benannt ist.

4 Nach der spanischen Bildhauer- und Baumeisterfamilie: José Churriguera (1665-1725) und seine Brüder Joaquín (1674-1724) und Alberto (1686-1750) übertrugen den Stil reich geschnitzter Altäre auf die Architektur. Ihre Schüler verbreiteten diesen durch überreiche Ornamentik charakterisierten *Churriguerismus* in ganz Spanien.

5 Nach König Emanuel I. (1495-1521) benannter portugiesischer Baustil, der Elemente der Gotik und Renaissance vereint, daneben v. a. Motive aus den neuentdeckten Gebieten in Amerika aufnimmt.

6 Anspielung auf den Roman *De koperen tuin* von Simon Vestdijk (1898-1971).

Im rauhen Gedicht der Kröte

Die Kulissen von Trinidad

Nach vierzehntägiger ununterbrochener Fahrt auf dem kleinen Frachter *Gran Rio*, der mich von Lissabon nach Paramaribo bringen soll, scheint sogar mein Kreislauf mit dem Maschinenraum verbunden zu sein. Es ist die berühmte Geschichte des Mannes, der aufwacht, als sein Wecker stehenbleibt: Als an dem gesegneten Morgen des letzten Tages die Maschine plötzlich in einem anderen Rhythmus läuft, schrecke ich aus dem Schlaf. Das Bullauge fotografiert das Wunder: Langsam schwimmt eine Gruppe wolliger grüner Hügel und Berge auf uns zu – Trinidad.

An Deck ist es noch frisch. Ein leichter, zögernder Nebel liegt über dem Wasser. Eine Möwe fliegt auf und nähert sich uns mit langsamem Flügelschlag. Die Romantik, die man (dies ist eine Warnung) in der atlantischen Wüste elendiglich vermißt, kommt jetzt längsseits. Matrosen werfen die Leiter aus, der Lotse kommt an Bord. Er gleicht dem Bild, das ich mir immer von Slauerhoff gemacht habe – schmal, leicht gebeugt, unter den Augen, um den Mund ein Ansatz von Müdigkeit.[1] Dieser hier ist unglaublich weiß: Schuhe, Socken, Hose, alles picobello bis hin zu seinem gewählten Englisch. Ich vergesse ihn sofort für den ersten Hai meines Lebens, und danach vergesse ich Hai und Lotsen für die Landungsbrücken, auf denen die Hafenarbeiter mit geschmückten Fahrrädern und in fünfhundertfarbigen Kleidern das Schiff erwarten. Hinter den Landungsbrücken liegt die Stadt, doch bis ich dahin gelange, ist es bereits heiß.

Trinidad hat mich immer gereizt. Warum? Der Name? Oder weil Kolumbus dort einen Anker verloren hat? Wie dem auch sei – die Insel wird zuverlässig bewacht von einem Schlangen- und einem Drachenmaul (Boca del Sierpe, Boca del Dragón).

Die Hauptstadt, Port of Spain, ist lärmig. Daraus könnte man schließen, daß sie tatsächlich existiert, doch das wäre ein veritabler Irrtum. Es sind Kulissen und Komparsen für irgendein unmögliches Massenspektakel, in dem Moment ihrem Schicksal überlassen, in dem die Aufnahmen hätten beginnen sollen ... und weil niemand Geld für die Rückfahrt hatte (nach China, Indien, Afrika, Syrien, Portugal), sind sie eben geblieben und bewohnen ihre Kulissen mit einer schlampigen und etwas farblosen Anmut, sprechen in Calypsos, bringen den unschuldigen Reisenden in Verwirrung – und ersuchen ihn: *Please, Do Not Spit On The Pavement*, irrsinnig eingerahmt in ein Netz eiserner Schnörkel. Wer wenig Zeit hat, kann hier durch Lesen ziemlich weit kommen, *Britannia rules* und hat Straßen, Gassen und Hinterhöfe heimwehsüchtig mit Londons nobelsten Namen belegt: Piccadilly schlängelt sich mühsam am Wasser entlang, und Oxford Street ist ein mühevoller Aufstieg nach Nirgendwo. Das Zentrum: Geschäfte, chinesische, syrische, jüdische Geschäfte bis hin zu José T. Gonsalves, *Licensed To Sell Spirituous Liquors*, und The Afro-Indian Talent Foundation, was immer das sein mag. Es duftet, es ruft, es ist vielseitig gekleidet und aberwitzig beredt, und es gibt nichts, was man dir nicht verkaufen wollte, von den garstigsten Früchten bis zu den reizvollsten Stoffen, und du gehst mit Mühe mitten hindurch, mit einer Sonne auf beiden Schultern und einer Vatersonne auf dem Kopf: Du bist in den Tropen.

Nirgends ist die völlig unentwirrbare Situation klarer als auf einem Friedhof. Verzeihung, daß ich das sage – doch dort liegen sie wenigstens ruhig, man hat einen besseren Überblick.

Der Friedhof heißt Lapeyrouse und ähnelt ein wenig New York: Die Toten wohnen in ordentlichen, geraden, numerierten Straßen. Regelrechte Diskriminierung wurde hier nicht angestrebt, wenngleich man beispielsweise viele Chinesen in der 22nd Street sieht und die 14th Street alle Aspekte eines erstarrten Geschäftsviertels hat, das sich zu seiner Sterblichkeit bekennt. Der Friedhof ist schlecht gepflegt, die Wege sind noch einigermaßen in Schuß, die Gräber dagegen ein Opfer trister Verlassenheit, verfallen, mit sich grämenden Säulen und trauernden, zerschlagenen, zerbröckelten Urnen, die längst nicht mehr wissen, mit wem sie es eigentlich zu tun haben. Manche Grabsteine waren schon vor Kolumbus' Ankunft im Unkraut erstickt oder durch ein bitteres Gewucher von scheußlichem Violett zu Boden gebracht worden. Man findet hier – vor seiner Zeit – einen gewissen Henry Moore und ansonsten Mädchennamen, in die man sich auf der Stelle verliebt. *Adèle de Gannes, douze ans (1879* . . . wann kann es gewesen sein? Ein weißes Matrosenkleid, langes Haar mit einer Seidenschleife, das Kinderbild von Colette) – *Gladys de Luz, nasceu 1898 e falleceu 1920.* Die pompöse Wohnung der Familie Siegert – *a native of Prussia, Germany* – beweist, daß die Herren Siegert nicht allzu arisch dachten. Neben Gustaf und Georg Siegert finde ich jedenfalls Juanita, Carmelita und eine Generation weiter *Ana Angolino, Ecolástica de Jesús Grillet de Siegert* . . .

Vom Friedhof zum Armenviertel geht man eine heiße Stunde. Auch hier viel Geschriebenes an den Holzwänden, diesmal erzieherischer und theologischer Art: *We are as happy as we are CLEAN … We are as healthy as we are CLEAN … We protect our Beloved Ones when …* Dies alles in der Belgrade Street. Die schmalen Straßen werden jetzt grauenvoll steil – sie sind manchmal schmaler als Amsterdamer Gassen, wahren ihren Stand aber vortrefflich mit Hilfe ihrer vornehmen Namen. Die Hütten, denn mehr ist es meist nicht, sind aus losen Holzstücken, Zink, Tuch, Karton zusammengeschustert, die meisten haben nur ein Zimmer. Negerkinder stehen vor der Tür, schauen, sagen nichts. Alles wirkt schwül, apathisch, oder liegt das daran, daß es die heißeste Stunde des Tages ist? Die Fußböden sind häufig aus Erde. Man fühlt sich wie ein Eindringling und eilt zurück in die Stadt, verfolgt von der flehentlichen Bitte: *O LORD, LORD, LORD, protect us from the people that say JESUS came on Earth in 1914!*

Der Abend in Port of Spain ist frivoleren Beschäftigungen vorbehalten, sofern einem der Tag noch irgendwelche Energie gelassen hat. Die sogenannten Nachtclubs liegen in einer kleinen, kläglichen Reihe hinter der Dock Area, ziemlich weit außerhalb der Stadt. Stark besucht sind sie nicht. Besonders schön auch nicht. Sie beherbergen verschiedene Damen von geringerer Attraktivität, als ihre diversen Rassen erlauben sollten. Sie warten auf die Seeleute, die nach altem Brauch auch kommen. Getanzt wird zu Steeldrum-Musik, und das heißt, daß die Instrumente der Band aus Fässern bestehen, von denen jedes seinen eigenen Ton hat, eine grobe Art Gamelan,[2] das alle möglichen Arrangements spielt. Nach drei Tänzen, die vor Augen führen, daß die westliche Hüfte im Vergleich zur südamerikanischen ein stark degenerierter Körperteil ist, teilt Ihre Dame Ihnen mit, sie habe Hunger, und bestellt ein Huhn. Danach verschwindet sie irgendwo in dem Gebäude, um das Tier zu verspeisen. Das muß niemanden betrüben, denn draußen wartet eine Flotte von Taxis, um den traurigen Vergnügungssuchenden gleich oder später zu seinem Schiff zu bringen. Und wenige Stunden danach ist man schon wieder Seemann, unterwegs nach Georgetown.

3. August 1957

1 Jan Jacob Slauerhoff (1898-1936): niederländischer Romancier und Lyriker, auf deutsch erschienen *Das verbotene Reich* und *Christus in Guadalajara* (mit einem Nachwort von Cees Nooteboom).

2 Gamelan (indonesisch): auf traditionellen Instrumenten, v. a. Gongs spielendes Orchester auf Bali und Java.

Hilversum am Demarara

Die See zwischen Trinidad und Britisch-Guyana ist nicht freundlich. Das Wasser ist grünlich und gemein, kein Delphin kann etwas daran ändern. Tief und fremdartig und voller Geheimnisse liegen in der Ferne die Sümpfe des Orinoco-Deltas. Das Wasser hier kommt von weit her, man braucht nur auf die Karte zu schauen, es macht eine lange Reise, um zum erstenmal ein weißes Gesicht zu sehen. Orinoco, Demarara, Marowijne, Amazonas – Rätsel tragen sie mit sich aus noch unbekannten Gebieten, Ahnungen von düsteren, verborgenen und aussterbenden Stämmen, von Gefahr und Krankheit, schauerlichen Riten, Unberührbarkeit, Undurchdringlichkeit. Paramaribo, Georgetown, Cayenne, es sind unscheinbare, unbedeutende Schimmelflecken auf dem Land, das dahinter beginnt, und doch ist das schwer zu begreifen, wenn man in einen dieser Orte kommt. Sie liegen dort so real, so solide, erlauben dem Reisenden und sich selbst, den Urwald zu leugnen – wenn er will, braucht er ihn nicht mal zu sehen.

Vom Meer aus liegt Georgetown ungefähr eine Schiffsstunde entfernt am linken Ufer des Demarara, und es ist ein trügerischer Ort, der sein Licht tagsüber unter den Scheffel stellt. Es ist die heiße Stunde des Mittags, die Luft drückt schwer und feucht. Anlegestege hoch und verfallen. Darunter schmutziger, nasser Schlamm, in den halbzerfallene Barkassen eingesunken sind. Kein Laut. Auf den Straßen hinter den Anlegestegen keine Menschenseele. Trübselig und verdrossen liegt hier *ein* Seeschiff, die *Canadian Conqueror*, längst besiegt. *Sir Percy* und *Sir Gordon*, die Lotsenboote, schmiegen sich an die farblose Brust der *Lady Berbice*. Die Hafenarbeiter, die unser Schiff löschen sollen, schlafen völlig entspannt oder betrachten uns apathisch. Ich fühle Enttäuschung, und dennoch herrscht hier eine Clouzot-artige Bedrohung:[1] das grelle Grün des anderen Ufers, das stählerne, quälende Licht der Sonne auf den Eisendächern der Lagerhallen, der Schweiß, der in den Rükken beißt.

Doch noch am selben Abend zeigt die Stadt ein anderes Gesicht. Ich spaziere durch die Water Street, unter den Arkaden der Geschäfte. Es ist still, ich würde fast sagen: friedlich. Keine Autos, fast keine Menschen – plötzlich gleicht das alles einem bestimmten Teil von Hilversum, nachts im Sommer –, und um dieser Vorstellung zu entkommen, gehe ich durch die erste offene Tür, die sich mir bietet: das New Madrid Hotel.

An Zinktischen sitzen ein paar Leute und schauen mich griesgrämig an. Offenbar wird beratschlagt, ob man mich bedienen soll oder nicht. Wahrscheinlich bin ich der einzige Weiße seit Jahren, der hier reingekommen ist. Es ist *shabby*, schmuddelig, die Wände sind nicht gestrichen. Ein paar Kreolen lungern an der Theke herum, meist schweigend, doch als einer etwas Unverständliches sagt, bricht ein wildes und hohes weibliches Gelächter aus. Schließlich kommt jemand, und aufs Geratewohl bestelle ich eine der Unleserlichkeiten, die in ungestümer, leidenschaftlicher Schrift auf ein halb vermodertes Pappkartonstück gekritzelt sind. Von nun an werden meine Handlungen mit größtem Interesse verfolgt, als wäre es ein Examen in Tischmanieren, das über Leben und Tod entscheidet. Das Essen wird gebracht, kommt aber erst in meine Reichweite, nachdem ich bezahlt habe. Man weiß ja nie ... Das Bestellte entpuppt sich als kleine Wüste mit gewaltigem Ausdehnungsdrang. Als ich verschwitzt und etwas eilig die Spelunke verlasse, ist mein ganzer Körper eine rasende Sahara.

Draußen ist zum Glück noch Hilversum, und gemächlicher holländisch-provinzieller Liebreiz vernebelt den Zwischenfall. Ich gehe los und weiß schon bald nicht mehr, wohin, aber das spielt keine Rolle. Schwere Düfte steigen träge aus den Flüstergärten. Von Zeit zu Zeit bleibe ich im Dunkel stehen, um hindustanischer Musik zu lauschen, doch zehn Schritte weiter ist man schon wieder auf einem anderen Kontinent, und geführt von unklaren, aber freundlichen Geistern (dort Jummies genannt), gelange ich auf die Main Street. So schlecht, so unansehnlich und schmuddelig der Ort am Nachmittag noch schien, so ausgesucht, rätselhaft und doch selbstbewußt zeigt er sich nun, zu dieser Stunde der Nacht. Große weiße Holzhäuser, verträumt und silbern im Mondlicht, das hohe, ironische Pfeifen eines

Nachtvogels inmitten des dringenden, scharfen Gesprächs von zwölf Millionen Grillen, das rauhe Gedicht einer großen Kröte. Doch als ich stehenbleibe, um ihm zu lauschen, höre ich plötzlich Beethoven. Nach dreiwöchiger Seereise ist das für mich vielleicht genauso normal wie für erfahrene Kapitäne, nicht existierende Hafenlichter zu sehen, doch wieder, hinter anderen, ferneren Mandelbäumen, über den *kiskadee* und die zwölf Millionen Nachtredner hinweg, summt Beethoven. Ich gehe darauf zu. High Street, denn für alles gibt es (leider) in diesem Leben eine Erklärung. Eines der sieben philharmonischen Orchester von Georgetown gibt ein Konzert in der Town Hall. Aus dem obersten Stockwerk fällt die Musik. Weites Licht schneit heraus, doch im Garten und auf der Einfahrt ist es dunkel.

Die Straßen sind jetzt nahezu verlassen. In den Hauseingängen und auf dem Bürgersteig liegen triste Schläfer, alte Kreolen in Reissäcke gehüllt, ein Hindu-Ehepaar in weißer Tracht, zwei graue Köpfe auf einer Gemüsekiste. Am Stabroek Market sitzt noch eine alte Frau mit Früchten – zwei qualmende Ölfunzeln beleuchten ihre Waren: *manja*, *pomerak*, Papayas. Ausgebrannt sieht sie mich an. Ich kaufe ein paar Früchte und lege ihr, mit einemmal selbst müde, ein paar Kupfermünzen hin.
Orte wie diese sind nicht normal. Dieses irrsinnige Knäuel aus Rassen, gegenseitiger Diskriminierung, Anmaßungen beißt sich im Besucher fest, so kurz er auch da sein mag. Eine Ahnung ihrer Verachtung füreinander drängt sich auf. Es ist Unsinn zu behaupten, all diese Rassen lebten friedlich nebeneinander. Wer es genau wissen will, kann es in *Life and Death of Sylvia* von Edgar Mittelholzer nachlesen. Er ist in Georgetown geboren, und hier spielt auch das Buch.

Erst wenn man das liest, wird der Wahnsinn klar: *lower class whites, old coloured families, different shades of colour, good hair,* sämtliche Farbschattierungen und sozialen Positionen der einzelnen Rassen innerhalb der eigenen Gemeinschaft von Rasse und Religion und in der Stadtsociety ... insgesamt von einer derart ermüdenden und durchdringenden Traurigkeit, daß man es wahrscheinlich erst verstehen kann, wenn man hier länger wohnt. Doch die Vermutung ist da – sonst würden die Kröten am Hafen nicht so trostlos singen.

10. August 1957

1 Henri-Georges Clouzot (1907-1977): französischer Regisseur, u. a. von *Lohn der Angst* (1952), *Die Teuflischen* (1954), *Die Hölle* (1964).

Der Mond ist eine Fackel

Saint Laurent:
Totes französisches Nest am Marowijne

Kaum ein Ort dieser Welt könnte wohl trübseliger sein als Saint Laurent du Maroni, dieses tote französische Nest am Marowijne, wo einst den Verbrechern, die das Mutterland mit unermüdlichem Eifer faßte, ein ruhiges, trostloses, heißes und gefangenes Dasein geboten wurde. Das Gefängnis, das Bagno, ist leer und liegt dumm und schmutzig dominierend da, Besucher gleichermaßen anziehend und abstoßend.

Mein Tag hatte früh angefangen, in Albina, auf der niederländischen Seite des Flusses. Was hört man, wenn man, befremdet und verschwitzt, unter einem Moskitonetz in aller Morgenfrühe am Wasser wach wird? Es kostet Mühe, allen

Geräuschen einen Namen zu geben. Das Geraune des Marowijne, an die Ufer adressiert (der Fluß hat einen finnischen
Akzent: ein breites, blechernes Gewässer mit grünen Inseln
an der Mündung), das leise, dumpfe Ploppen nackter Füße
auf dem Sandweg vor dem Haus, das geschwätzige Rascheln
von Palmblättern, und über alldem, mit den anderen Geräuschen verwoben, das nervöse Surren der Außenborder all
dieser kleinen Boote, mit denen Indios und Buschneger
die Flüsse befahren.

Vom Balkon aus konnte ich Saint Laurent sehen – die gelben
Flecke der Häuser, klein, unattraktiv. Ein Einbaum, gesteu-
ert von einem Inder, bringt mich hinüber. Es ist noch etwas
kühl auf dem Fluß, und scharf wie ein Messer gleitet das
schmale Boot durch das reglose Wasser. Die Reise von
den Niederlanden nach Frankreich dauert nicht lang, und
schon bald nähern wir uns dem gesunkenen Schiff, das nach
guyanischer Tradition nicht fehlen darf. (Warum, weiß ich
nicht, aber in Georgetown liegt eines im Demarara, und in
Paramaribo sieht man noch die eine Seite des deutschen
Schiffes, das 1940 von den Deutschen in der Flußbiegung
versenkt wurde.) Wie dem auch sei, Saint Laurent hat sein
eigenes rostiges Wrack, halsstarrig bewachsen mit allem
möglichen üppigen und störrischen Grün, von dem niemand weiß, wie es auf das Schiff geraten ist. Es liegt da,
tot, zerbrochen, wie eine Art hängender Garten mitten
im Wasser.

Der Ort selbst ist genauso tot. Ein lustloser Gendarm hängt
über der Brüstung des hölzernen Zollhäuschens. Meine Papiere werden mürrisch betrachtet, ich werde zur Gendarmerie weitergeschickt, ein trauriger Spaziergang. Leute sieht
man kaum auf der Straße, ein paar 2 CV fahren herum, sie
sehen aus wie gerupfte Hühner. Dies ist übrigens noch

der bessere Teil. Entlang der Straße riesige verputzte Grä-ber, die in Paris nicht fehl am Platze wären, in diesem Dorf von allenfalls zweitausend Einwohnern jedoch mit all ihren Säulen und Friesen und monumentalen Inschriften ein absurder Aufschrei sind.

Auf der Gendarmerie erwartet mich eine merkwürdige Überraschung. Ich werde ersucht, das Land wieder zu verlassen, und ein paar sture und ziemlich dumme Herren in kurzen Hosen weigern sich entschieden, mich nach Cayenne zu lassen. Ich lege dar, daß ich niederländischer Staatsbürger bin, im Besitz eines gültigen Passes, daß Cayenne ein Departement von Frankreich ist, ein normales Departement, und daß ich daher nichts anderes benötige als diesen Paß. Die Pfadfinder hören geduldig zu und fragen, was ich dort wolle. Eindrücke sammeln? Später darüber schreiben? Dann übte ich meinen Beruf aus, und das dürfe ich nicht, dafür bräuchte ich eine Sondergenehmigung.

Auf meine Antwort, ich könne doch schwerlich mit geschlossenen Augen herumlaufen und müsse, solange ich sie offenhielte, doch zwangsläufig Eindrücke aufnehmen, wenden die Herren ein, sie seien noch da, wenn ich darüber schriebe, was ihnen aus welchen Gründen auch immer peinlich zu sein scheint. Nach langem Hin und Her wurde mir schließlich erlaubt, einen Tag herumzulaufen, aber zuvor wurde alles schriftlich festgehalten, »für den Fall, daß sie Schwierigkeiten bekämen«.

Nun muß ich zugeben: Saint Laurent ist keine Perle. Es ist ein trübseliger Ort, an dem man noch vor einem Jahrzehnt Gefangene hielt, wie man in Barneveld Hühner hält – der Ort florierte dadurch ein wenig und bringt diesen vergangenen Glanz bedrückt in die Geschichte ein.

Zweimal pro Woche kommt ein Flugzeug mit Post aus Cayenne und Frankreich, und dann trifft sich alles auf dem Postamt. Jeder drängelt vor dem Schalter, und begierige Hände greifen nach dem *Figaro*, nach lange erwarteten Briefen aus jenem fernen Land namens Frankreich.

Es gibt alles mögliche zu sehen, verschämte Nonnen, Pfundskerle mit Pflanzergesichtern, ehemalige Gefangene, die hiergeblieben sind, weil sie nicht mehr wußten, wie sie drüben leben sollten. Kolonialleute sind eine seltsame Spezies – für mich ist ein Niederländer in Surinam ein merkwürdiges Phänomen, genauso wunderlich wie die Franzosen am anderen Ufer des Marowijne und die Engländer am Demarara. Die drei Guyanas liegen dort nebeneinander unter demselben stählernen Klima, und jedes der drei Völker hat allem, was man sieht, seine eigene Art aufgedrückt, mit Ausnahme der Natur.

In Saint Laurent, um nur ein Beispiel zu nennen, ist man nicht an erster Stelle in den Tropen – nein, man ist zuerst in *Frankreich*: Gauloises, Wein zum Essen, *pâté*, Pernod, Marie Brizard, *espadrilles*, die blaue Arbeitskleidung, Fahrräder von Peugeot – und die Gendarmen. Ja, die Gendarmen. Was mir in Frankreich selbst nie passiert ist – nicht einmal, als ich dort wie ein Vagabund und ohne Geld herumzog –, widerfährt mir hier: Ich werde festgenommen.

Jemand hatte mich belauert, als ich einen Moment lang vor der drängenden, atemlosen Hitze in eine kleine Holzkirche flüchtete, um ein paar Notizen zu machen. Ein kreolischer Gendarm folgte mir, als ich weiterging. Er wollte meine Papiere sehen. Ich zeigte sie vor. Alles sei in Ordnung, aber ob ich trotzdem mitkäme. Ich wollte nicht. Der Gendarm wurde böse (ich war es bereits), und ich wurde festgenommen. Der Chef wurde herbeitelefoniert, und in unbegreiflichem Vertrauen in die Bürokratie erwartete ich, daß er mich freilassen würde.

Er war Franzose und schrie mich sofort an. Er habe mich im Dorf herumgehen sehen und sich schon gedacht, »daß ich es sei«. Ich mußte mich gerade hinstellen, die Hände an die Seiten legen. Was haben Sie in der Kirche gemacht? Geschrieben. Es gibt nichts zu schreiben über diese Kirche, es ist eine häßliche, unbedeutende Kirche. Genau das habe ich geschrieben. Auf diese Weise ging das Gespräch eine Weile weiter – und es war offenkundig, daß er nicht wußte, was er mit mir machen sollte. Schließlich siegte seine Angst, Ärger wegen dieses Falls zu bekommen, und er bot mir an, mich zu einem Armenviertel am Fluß zu bringen, wo ich einen »vieux« (ehemaligen Gefangenen) kennenlernen könne.

Obwohl ich etwas überrascht war über diesen plötzlichen Umschwung nach all den Szenen und Bedrohungen, nahm ich das Angebot an, längst froh, in der Hitze, die schwerer und schwerer auf mir lastete, nicht zu Fuß gehen zu müssen. Er bringt mich zu dem, was sie hier »das chinesische Dorf« nennen. Verfallene Hütten, Bruchbuden auf Pfählen im Schlamm, halb im Fluß, Gestank von Essen, verdorbenem Fisch, schlecht gepflegten Menschen. Negerkinder üben einen Tanz, begleitet von Kehllauten der Umstehenden. Sie sehen sich nicht um, als wir auf dem schmalen Matschweg vorbeikommen. Chinesen liegen apathisch unter dem Vordach ihrer Hütte, als ginge nichts sie an. Eine junge Frau wäscht sich im schlammfarbenen Wasser.

Über einen Balken balancierend kommen wir zu einer abseits gelegenen Hütte – ein alter, fast nackter, behaarter

Mann kommt heraus, die Haut über und über tätowiert. Das Gespräch dreht sich um das Töten und Präparieren von Schmetterlingen. Der alte Herr hat einen dicken Marseiller Akzent und sagt, er wolle nie mehr nach Frankreich zurück, schließlich habe er hier eine Frau – eine fette, verfallene Indianerin – und sieben Kinder, deren Großvater er mit Leichtigkeit sein könnte. Ein anderer gesellt sich hinzu. Er geht nächstes Jahr zurück, nach Korsika. Haha, dann fängt das Leben an – er ist ungefähr sechzig. Der Kommissar bestellt einen seltenen Fisch mit einem Stein im Kopf, den sie für ihn fangen sollen – und alle nehmen zufrieden Abschied. Als ich ihn frage, was diese Leute nun seien, zuckt er mit den Achseln: »Man weiß es nicht, oft Mörder, aber es ist alles mögliche dabei. Sie bleiben hier, um zu sterben, so viele sind es übrigens nicht mehr.«

»Dort wohnt der Henker«, sagt er plötzlich und deutet auf einen alten zeitunglesenden Herrn. Ich werde vor dem Bagno abgesetzt und gehe auf den Innenhof. Es ist niemand zu sehen.

Die verrostete schwere Tür gibt ein hallendes, desolates Geräusch von sich. Dann öffnet sich knarrend ein kleines Fenster. Eine liebenswürdig lächelnde Negerin beugt sich heraus. Ich erkläre ihr so ungefähr, was ich will, und sie beschließt, die Sache selbst in die Hand zu nehmen und mich persönlich zu führen. Doch leider verstehen wir einander kaum, und alles, was ich sie frage, fällt in den Teich ihres konstanten Lächelns.

»Blockhaus«, sagt sie von Zeit zu Zeit, »Guillotine, haha.« Das geht eine Weile so weiter, bis ein kleiner, schmuddeliger Herr erscheint. Fettige, ungesunde Haut, unstete kleine Augen, maßloses Bedauern, daß alles vorbei ist. Er war der letzte Aufseher und ist dageblieben, »um die Verwaltungsakten zu vervollständigen«. Ich bekomme alles zu sehen. Die Eisenkugeln, die am Fuß befestigt wurden. Die Strafzellen, in denen die Gefangenen mit einem Bein an eine lange Eisenstange angekettet saßen. Die Isolierzellen. Den düsteren Innenhof. Die Liste mit Strafmaßnahmen. Ein Geruch von Entartung, von Elend.

Surinamer haben mir erzählt, wie die Gefangenen aus Frankreich hierhergebracht wurden, mit Ketten aneinandergefesselt. Nach so einer Reise durfte Saint Laurent ihr Zuhause werden. Ich frage. Er antwortet, sachlich, aber mit spürbarem Bedauern, wo es um Lockerungen der Vorschriften geht.

Schließlich führt er mich zu den Zellen der zum Tode Verurteilten, und dort lese ich die Zeile, die über diesem Kapitel steht: *La lune est un flambeau.* Todesangst, enthaupten, zum Tode verurteilt, Verbrechen, das alles sind Begriffe, mit denen wir seit unserer Schulzeit »vertraut« sind – doch wenn man dann plötzlich irgendwo in den Tropen steht, in einem armseligen, weißverputzten Loch, feucht, beklemmend, und man schaut auf dieses Holzbrett für die letzten Nächte, auf die Eisenstange, an der das Bein angekettet wurde, dann wird alles auf einmal real. Wer war es, der hier gelegen hat, der diese Zeile in die Wand gekratzt hat?

Ich sehe das hohe Viereck in der Wand, durch das der Mond geschienen haben muß, spüre die Angst, die den Mann plötzlich zum Dichter machte, so daß er es mit den Nägeln seiner Hand ins harte Holz gekerbt hat: *La lune est un flambeau, 1927.* Der Mond ist eine Fackel.

Mein Bewacher wird ungeduldig. »Ich zeige Ihnen jetzt, wo sie enthauptet wurden«, sagt er, »das haben wir frühmorgens gemacht.« Es ist ein wunderbarer Spaziergang –

ein schmaler, hübscher Weg entlang hohen Bäumen. Unter dem höchsten, an einem ruhigen, schattigen Fleck, steht die Guillotine. Wie ein Turm ragt der Baum über ihr auf, hoch über dem Getue der Menschen. Die Sonne scheint bereits, aber auf dem Gras liegt noch Tau. Dann kann es passieren, daß eine Gruppe von Menschen daherspaziert kommt. In ihrer Mitte ist einer, an dem das unbegreifliche Mysterium vollzogen werden wird. Nun geschieht alles mögliche, und zwar ziemlich schnell (das Herabfallen eines Blatts benötigt mehr Zeit), Gras wird mit Füßen getreten, ein Korb gereicht, ein Kreuz erhoben, jemand muß sich hinknien, und all das ist nötig: Befehle, Gebete, Uhren, Mut, Menschen, ein Fallbeil, später eine Eintragung, und dann war's das schon wieder, es weht ein leichter Wind, die Jungs gehen essen.

Der Bewacher reicht mir seine klebrige Hand, die Show ist vorbei.
Ich streife noch ein wenig umher, es beginnt zu regnen, aber nicht, wie manchmal, leidenschaftlich und plötzlich, dieser Regen bereinigt nichts, die Luft bleibt schwer. Der Friedhof ist französisch und ungepflegt. Da liegt ein Ritter des Ordens des Drachen von Amman, er hat in Tonkin und Madagaskar gekämpft und hat es vorgezogen, in Saint Laurent zu sterben und zwischen Beamten zu ruhen, die vom Leben dazu verurteilt waren, hier ihre Formulare vollzuschreiben, obwohl es doch auch irgendwo anders so schön möglich gewesen wäre.
In der Umgebung des Friedhofs sind die Häuser aus Holz, verfallen und schief. Geier auf den Dächern, Geier auf der Straße, im Abfall wühlend. Lange und fasziniert muß ich sie betrachten, diese Leichenvögel, sie jedoch hacken wei-

terhin ungerührt an etwas Totem herum, vielleicht an Saint Laurent selbst.

Ich gehe zum Anlegesteg, doch das Boot hat bereits zum letztenmal abgelegt. Was soll ich tun? Es ist still auf dem Fluß. Dann und wann fährt in der Ferne ein Einbaum vorbei, außerhalb der Reichweite meiner Stimme. Ich warte eine halbe Stunde, eine Stunde, es wird bereits dämmrig – doch dann ist mir das Schicksal gnädig. Leise singend nähert sich, dicht am Ufer, ein alter Neger, der einen langen, schmalen ausgehöhlten Baumstamm voranpaddelt. Ich rufe ihn. Er kommt näher, und wir nehmen die Verhandlungen auf. Er weigert sich ein paarmal und tut, als würde er wegpaddeln. Schließlich überwinden wir alle Sprach- und Geldprobleme, und er fährt seitlich an die Stegtreppe. Bei meinem ersten, unbeholfenen Schritt in das kleine Boot habe ich Angst, daß es umschlägt, doch als ich erst mal sitze, herrscht bestes Gleichgewicht. So alt ich auch werde, diese Überfahrt darf ich nie vergessen. Die Nacht brach schnell herein. Der Mann war alt, und die Strömung des Marowijne ist an manchen Stellen sehr stark.

Wir haben kein Wort gesprochen. Er sang zum Rhythmus seines Paddels und stöhnte, wenn das Boot abtrieb. Sonst war es still. Ich fühlte mich losgelöst von meiner Reise, von allen Eindrücken und Menschen, von Schwierigkeiten. Ich saß nur da an der Spitze dieses ausgehöhlten Baums, friedlich, zufrieden, und ließ es geschehen: die Nacht, die Stille, das Verschwinden der spärlichen Lampen »Frankreichs« und, weiter entfernt, noch eine Stunde mit dem Boot, das Lämpchen am Anlegesteg von Albina. Ein paarmal saßen wir fest, doch großartig war der Stolz des alten Mannes, als wir einem anderen Boot mit Leuten aus seinem Dorf begegneten.

Stolz schallte der Betrag über das abendliche Wasser, doch danach wurde es wieder still. Und noch lange nachdem ich angekommen war, dachte ich an den alten Mann, der sich jetzt mit seinem kleinen Boot auf dem Weg zum gegenüberliegenden Ufer befand, allein, und den ich schon eine ganze Weile nicht mehr sehen konnte.

14. September 1957

Auf der anderen Seite liegt Frankreich

Jetzt, hoch über der hämmernden Hektik von New York, fällt es schwer, wieder an diese andere, erst drei Wochen zurückliegende Reise zu denken, von Paramaribo nach Französisch-Guyana. Je mehr mit der Seele passiert, um so schneller altert sie, und wenn ich mir jetzt vorstelle, wie ich aus dem kleinen Flußschiff steige, scheint das wie ein Bild aus einer Welt, in der alles liebenswürdiger und kleiner war.

Das Schiff trompetet, und noch mal und noch mal – bis klar ist, daß sich kein Mensch in ganz Surinam für seine Abfahrt interessiert, und es sich beleidigt tuckernd den Fluß hinaufquält.

Die Stadt verschwindet weiß und still, ein Traumbild in der Hitze. Ich starre auf das vorbeiströmende schlammige Wasser und denke an unsere Vorfahren, die hier unter so großen Mühen Plantagen angelegt haben. Es gibt sie noch: Vrouwenbedrog, Lust en Rust, Voorburg, Suzannesdal, Peperpot, doch in den Archiven finden sich noch mehr. Die Sklaven sind weggelaufen, der Wald hat alles wieder überwuchert, die Namen sind vergessen, zusammen mit den Gesichtern, dem Leiden und dem Gewinn.

Der Fluß war die einzige Verkehrsverbindung – sehr alte Pflanzer erzählen noch, wie es in ihrer Jugend zuging. Zu Geburtstagen kamen die Gäste mit Booten aus der ganzen Umgebung herbei – Verse wurden vorgetragen, Lieder gesungen, und es wurde getanzt zu Harmonikamusik. Doch Polkas und Quadrillen, Selterswasser und friesisches Bauernkaro, Matrosenanzüge und Zeltboote – der Wald hat alles geschluckt, und wenn du manchmal spätabends, bei tiefstehendem rotem Mond, Gelächter hörst und Geplauder und Gläserklirren, bleib dann nicht stehen und lausche, denn das ist gefährlich. Wie sollst du aus dieser Zeit je wieder zurückfinden? Nein – es ist nur Wasser, das an die Mangroven plätschert, es sind nur Spottdrosseln und Nachttiere. Schließ die Augen, was du zu hören glaubst, liegt schon jahrhundertelang in der Stadt, um die Kirche herum, unter mächtigen Steinen mit Wappen und Namen.

Unbeeindruckt von der eingeschlafenen Kanonendrohung des Forts Nieuw-Amsterdam schieben wir uns den Commewijne hinauf. Mein chinesischer Mitpassagier setzt sich resolut zum Schlafen zurecht, ich aber bleibe, auf Abenteuer versessen, an der Reling. Schließlich ist dies nicht der Zuid-Meppeler Kanal, und ich bin wild entschlossen, das eine Krokodil zu sehen, das nie kommen sollte.
Schon bald sieht man keine Plantagen mehr, nur noch eine Wand, eine Welt von abwehrend scharfem, reglosem Grün: den Wald. Alles scheint jetzt zu schlafen, der *akka*, der träge mit schwarzem Flügelschlag über uns hinwegfliegt, macht keinerlei Geräusch, der Mittag sirrt vor Hitze und flimmert über dem Wasser, braun von Schlamm, schwarz von Humus. Nichts passiert. Die Mangroven stehen auf ihren dünnen Wurzelbeinen bis zu den Knien im Wasser, Hand in

Hand, wie Polizisten, die beim Besuch des Staatsoberhaupts die Menge – den Wald – zurückhalten müssen. Hier und da sehe ich einen wilden Kakaobaum sich vordrängen oder glaube, irgendeine Bewegung am Ufer wahrzunehmen, doch genau in dem Moment zwingt die Strömung uns auf die andere Flußseite, so nah, daß ich den Wald fast berühren kann.

Alle Jugendträume sind wahr geworden. Dies ist also der Urwald. Die Lichtbilder, der Pater mit dem Bart, der uns im Internat erzählte, welchen Fluß er entdeckt hatte, die Abenteuerromane. Bäume, das ist es, immer die gleichen Bäume an immer demselben Fluß, und ein ausgehöhltes Kanu mit Buschnegern in Lendentüchern, die böse schreien, wir sollten langsamer fahren: Die Wellen sind zu hoch. Sie sind die Vorboten des ersten Dorfs. Strohdächer, hattest du etwas anderes erwartet? Nackte schwarze Menschen, die dem Boot winken ... Es ist echt, existiert wirklich, ich habe es überprüft. Ein kleines Dach schützt den Gott, einen häßlichen kleinen Kerl aus Holz, der mit dieser lokalen Verehrung zufrieden ist und abends bei sich denkt: Immerhin ist es nicht nur das Dorf, sondern auch der Wald bis zum nächsten Dorf, auch wenn dort niemand lebt – territorial gesehen bin ich noch ziemlich mächtig.

Ich schaue auf die Leute, die zu uns schauen, doch plötzlich taucht sehr leise und geheimnisvoll eines der Aluminiumschiffe der Alcoa[1] in der Flußbiegung auf. Diese Schiffe, die das Bauxit auf direktem Wege von Moengo zu den Fabriken in Amerika bringen, fassen viele tausend Tonnen, und es ist nur der außergewöhnlichen Tiefe des Flusses zu verdanken, daß sie so weit landeinwärts fahren können. Gespenstisch, dieser silberne Schleicher, der hier nicht hergehört – die Kanus machen einen großen Bogen um ihn.

Rote Staubwolken: Moengo, Aluminiumstadt. Noch zögere ich, ob ich hierbleiben oder nach Albina weiterfahren soll – doch ein vorsintflutlicher Autobus am Kai nimmt mein Schicksal in seine Hände. Er ist gelb, sieht aus wie aus Stein und heißt *Marowijne Master*. Ich bekomme einen Platz neben dem Fahrer, und eine Wahnsinnsfahrt beginnt. Der Bus ist voll von Indios und Schwarzen. Die Indios, Kinder des Landes, haben scharfe, asketische Gesichter, die an frühchristliche Mönche erinnern. Ganz in meiner Nähe sitzt ein Stammvater mit einer Baskenmütze auf dem Kopf, offensichtlich von der französischen Seite geerbt. Er hat seine gesamte Nachkommenschaft auf dem Schoß. Sie sagen kein Wort, die ganze Reise über, im Gegensatz zu den Schwarzen, die sich unglaublich über alle möglichen Scherze amüsieren, die nur sie verstehen. Immer wieder erhebt sich hohes, heulendes Gelächter, skandiert vom mitleidslosen, steinernen Rütteln des Busses. Der Abend bricht herein, leichter Nebel.

Die Straße ist rot und schmal und voller Löcher, der Wald umschließt uns dichter, unterstützt von der Dunkelheit. Jetzt geht es steil hinauf und hinunter, und beim Aufstieg halten alle den Atem an. Als der Fahrer in den ersten Gang zurückschaltet, habe ich das Gefühl, daß wir mitten am Hang stehenbleiben. Einen Moment lang ist kein Geräusch zu hören, dann beginnt der Motor wieder zu husten, und der Bus kriecht mit letzter Kraft hinauf.

Das Tal dahinter ist die Belohnung. Bereits vom Abend berührt, voll schwebender Nebel, liegt es da mit seinen hohen Bäumen, deren Namen ich nicht kenne. Plötzlich wirkt alles traurig, ich weiß nicht, warum, also ist es der falsche Moment, den Bäumen Namen zu geben, doch meine Erinnerung kann sie nicht namenlos lassen, und so heißen sie nun: Betrübter Mörder, Langer Vogelverräter, Baum-der-hundert-Toten, Dinge, die man sich ausdenkt, wenn man allein ist und müde und fern von allem, was man kennt. Rings um mich ist es still geworden, merkwürdig. Es scheint, als wären die Schwarzen und die Indios unsichtbar füreinander.

Nacht ist es jetzt. Hier und da sehe ich ein Licht, und manchmal hält der Bus bei einer Buschnegersiedlung, um Leute hinauszulassen. Bin ich neidisch? Möchte ich mit? Wie muß es sein, irgendwo im Wald zwischen Moengo und Albina eine Hütte zu haben, eine runde, unberührte Existenz, die sich nur um Bäume und Bäche, Bootebauen und Jagen dreht und wenig um andere Menschen? Ich bekomme nicht einmal Zeit, darüber nachzudenken – der Bus setzt mich zwischen den wenigen Lichtern von Albina ab, den verfallenen Häusern an Straßen aus Sand, bei der einzigen Kneipe, in der ich der einzige Gast bin.

Ein alter Schwarzer bringt mich zum Gouvernementsgebäude, wo ich schlafen werde. Wir gehen am Fluß entlang, der geräuschvoll an seinen Leinen zerrt. Ganz in der Ferne, am anderen Ufer, sehe ich verschiedene Lichter. Als ich meinen Begleiter frage, was das ist, bleibt er stehen und sagt feierlich: »Auf der anderen Seite – liegt Frankreich.«

31. August 1957

1 Alcoa Inc.: Aluminium Company of America.

Bitteres Bolivien

Von São Paulo bis zum Flughafen São Paulo sind es einhundertfünf Kilometer. Es ist heiß und schweißtreibend. Ich kaufe eine Kiste Zigarren, die sich später allesamt als muffig erweisen werden, Abschied von Brasilien. Der Abend bricht an, und wir brechen auf. Das Flugzeug ist innen dunkelrot, die Stewardessen tragen Inkatracht oder so etwas Ähnliches. Aerolínes Peruanas. Unter uns Nacht und Urwald, stundenlang. Ich denke, was man so denkt, und lese das Dossier Bolivien, eine Geschichte von Blut und schlechten Zahlen. Nach einigen Stunden geht der brasilianische Urwald in den Urwald Boliviens über. Die Namen und Zahlen aus dem Dossier werden realer. Ich versuche aus dem Fenster zu schauen, Unsinn natürlich, doch aus acht Kilometern Höhe sehe ich tatsächlich kleine Lichter. Licht im Nichts. Unter mir Schlangen, Indios, Guerilleros, Tiger, Ranger. Nach etwa einer Stunde ist das wieder vorbei. Dann liegen Peru, die Anden, das Meer, Lima, die andere Seite des Kontinents unter uns.

Nach mehreren Wochen Brasilien sind die Menschen anders, die Sprache hart. Moderner Flughafen. Danach achtzehn Kilometer Elend und dann die Stadt. Die Straße dorthin nicht asphaltiert. Indios an Mauern, an Feuern. Ich wandere ein wenig herum, nehme aber nichts mehr auf. Kaufe eine Zeitung: Haya de la Torre kehrt zurück! *Diario Popular para todo el Perú*. Am nächsten Morgen zeigt sich, daß alles die Farbe von Sand hat. Später, in La Paz, wird Lima mir als eine Art Paris geschildert, doch davon habe ich nichts gesehen. Nach La Paz ist wahrscheinlich alles Paris. Die Kathedrale mit dem vertrockneten Leichnam Pizarros ist noch geschlossen. Pizarro, der Ausrotter, der Entdecker. Das koloniale Dilemma, zur Schau gestellt in einem Beinhaus. Die Kathedrale selbst ein vergoldeter spanischer Schuppen, zurückgelassen in einer uneigentlichen Landschaft. Das Taxi vom Vorabend wartet bereits. Fünf, sechs Mann haben um uns gekämpft, sich unsere Koffer gegenseitig entrissen, *er* hat uns bekommen. Hier ist Zeit nicht Geld. Nur Arbeit ist Geld. In der Morgenzeitung eine ganzseitige Anzeige der International Petroleum Cy. Ltd. »Wir schulden dem peruanischen Staat nichts«. Das Taxi fährt am Präsidentenpalast vorbei. Die Panzer, mit denen die Militärs die Macht übernommen haben, stehen immer noch da. Militärs, die als erstes eine große amerikanische Mineralölgesellschaft enteignet haben. Zeichen an der Wand oder ohnmächtige Gesten. Wir werden sehen.

Diesmal ist es ein Flugzeug der Braniff[1]. Grellorange, eine obszöne Banane auf einem leeren Rollfeld. Das Meer. Danach Wüste. Danach die Anden. Alles wüst und leer. Das verlassene Kaiserreich der Inka. Außer den gespenstischen und tragischen Steinmassen ist dort absolut nichts zu sehen. Dann taucht der Titicacasee auf, beängstigend blau, der höchste schiffbare See der Erde, größer als ein Meer. Wir sinken langsam zum Altiplano, dem bolivianischen Hochland. Ein Mond, auf dem Indios wohnen. Über fünftausend Meter hoch. Endloser brauner Stein. Wir landen auf dem höchsten Flughafen der Erde. In einem der ärmsten, traurigsten Länder der Erde. Dem Land, aus dem seit Pizarro Silber im Werte von 600 Millionen Dollar verschwunden ist, in dem das durchschnittliche Jahreseinkommen etwas über 300 DM beträgt und ein Bergarbeiter nicht älter als vierunddreißig Jahre wird. In dem die von Kugeln zerfetzte Leiche Guevaras irgendwo unter der Erde verwest, Debray[2] in einer Villa in Camiri gefangensitzt, Patiño 500 Millionen Dollar an seinen Zinnminen verdiente und nie Steuern zahlte, weil er Titularbotschafter in Spanien war. Bolivien, wo dreißig Prozent aller Kinder im ersten Lebensjahr sterben, Barrientos[3] die Löhne der Bergarbeiter um fünfzig Prozent gekürzt hat, 1952 eine der wenigen wirklichen Revolutionen Südamerikas stattgefunden hat, der Großgrundbesitz enteignet ist und rund achtzig Prozent des Sozialprodukts aus dem unzulänglichen Bergbau kommen. Wo mehr als die Hälfte der Nahrungsmittel importiert werden muß und in 126 Jahren 175 Putsche, Staatsstreiche und Revolutionen stattgefunden haben. Zwei Drittel der Bevölkerung leben auf dem Altiplano, wo das Durchschnittsalter zweiunddreißig Jahre beträgt. Bereits seit drei Jahren tot, gehe ich die Gangway hinunter. Der Wind ist kalt, die Luft dünn, mir wird schwindlig. Die hier lebenden Indios haben vierzig Prozent mehr rote Blutkörperchen als wir. Wasser kocht bei achtzig Grad. Der Quecksilberdruck beträgt in Amsterdam 76 cm^2 und in La Paz 49 cm^2. Der Zoll ist in einem unmöglichen kleinen Gebäude untergebracht. Eine wütend blickende häßliche Frau rudert mit Händen, die mit beißend roten Nägeln bewehrt sind, durch meine Koffer. Draußen beginnen fast zerlumpte, barfüßige Indiokinder, sich um das Gepäck zu balgen.

Wir fahren in die Stadt. Zunächst noch ein Stück über das Hochland, durch ein Tor »Coca-Cola: Willkommen in La Paz«, und dann liegt sie mit einemmal vor uns, in einer Senke zwischen verschneiten Gipfeln, die höchste Hauptstadt der Erde, gefangen im Griff braunen Gesteins. Die Sonne funkelt tausendfach auf den Wellblechdächern. Lehmhütten mit Indios davor. Ich bin in Sikkim. Sogar die Vorstellung, in Südamerika zu sein, verschwimmt. Die merkwürdig ausdruckslosen breiten Gesichter, oft noch exotischer gemacht durch Strickmützen mit Ohrenklappen, blikken ins Auto oder durch das Auto hindurch. Der Fahrer saust in wilder Fahrt die steilen Windungen hinunter. Ich sehe Frauen mit großen Bündeln auf dem Rücken und runden Hüten auf dem Kopf. Ein Junge uriniert, zur Straße gewandt. Das Innere der Hütten oder Häuser sind, von hier aus gesehen, dunkle Löcher. An den Wänden sitzen Menschen mit Körben voller Wurzeln oder Früchte. Es ist heiß. Eine halbe Stunde später sind wir in der Stadt. Sie ist nicht groß, ist auf, wie es aussieht, uninteressante Weise häßlich und ringsum von Bergen umschlossen, die sich am Ende jeder Seitenstraße neu erheben. Eddy[4], der hier schon einmal war, erzählt mir, daß die meisten Reisenden erst ein oder zwei Tage liegen müssen, um sich an die Höhe zu gewöhnen. Die meisten leiden einen Tag lang unter Erbrechen oder wachen mit Herzklopfen auf. Der eine Schritt aus dem Taxi zum Bürgersteig dauert sehr lang, denn mir wird bewußt, daß ich nicht nur aus dem einen Kontinent weit entfernten Brasilien komme, sondern auch aus Europa, einem unvorstellbaren Tal, das es nicht gibt. Was will ich hier? Ich bin weder Politologe noch Wirtschaftswissenschaftler. Ich bin nicht einmal Journalist. Durch einen gesteuerten Zufall in Südamerika habe ich mir dieses Land ausgesucht, um darüber zu schreiben. Warum? Es ist das traurigste Land Nord- und Südamerikas, eine tragische Republik, die jeden Krieg verloren hat und nach jedem Krieg Land abtreten mußte. An Brasilien, an Paraguay, an Peru und, am schlimmsten, an Chile, denn das war Land, das ans Meer grenzte. »Wir sind ein Bettler auf einem goldenen Stuhl«, sagt Barrientos später bitter zu mir, und das trifft auf jeden Fall zu. Bolivien kann sich selbst nicht ernähren, ist eingeschlossen, zerfleischt sich selbst und liegt dort in diesen zum Himmel hinaufgeworfenen Bergen, eine amerikanische Kolonie, die es haßt, eine amerikanische Kolonie zu sein. Warum suchte Che Guevara sich dieses Land aus? Wegen der verwundbaren Grenzen mit all den anderen Ländern? Wegen des totalen Elends, das trostloser ist als sonst irgendwo? Und wo lag seine Fehlkalkulation, sofern es eine war? Da ich mich kenne, weiß ich, was mich hierhergelockt hat. Etwas Schlimmeres gibt es nicht. Auch nichts Höheres. Und auch nichts Ärmeres. Die Geschichte dieses Landes ist ein einziger ungestümer Leidensweg aus Grausamkeit, lächerlichen Gesten, verlorener Hoffnung, Apathie und Herrschsucht. Ein Irrtum.

Als ich einige Wochen später abreise, *liebe* ich dieses Land sogar, doch soweit war es anfangs nicht.

Ich mache einen kleinen Spaziergang in die Verfremdung: Spanische Aufschriften zu asiatischen Anblicken. Mein Hotel liegt an der Avenida 16 de Julio, breit, kleine Steinplatten, Beete in der Mitte, brav und grün. Ein Kolumbus-Standbild mit der Inschrift: »Die Meere zu befahren ist notwendig, Leben nicht.« Für ein Land, in dem beides unmöglich ist, nicht schlecht. Weg mit Barrientos, es lebe Debray, Debray soll sterben, es lebe Barrientos, dafür braucht man nicht weit zu gehen. Es sind große Wandbeschrifter. Sie haben vierzehn politische Parteien, von denen sich die meisten als revolutionär bezeichnen oder sogar als echt revolutionär. Alle zusammen bilden sie ein für den Fremden labyrinthisches System von Abkürzungen, die man auch alle auf Mauern wiederfindet. Sogar Barrientos regiert mit einer Revolutionären Front. Das Wort »rechts« ist ein Fluch. Es wird nicht benutzt, und das macht es nicht einfacher. Ich gehe schlafen in einem saalartigen, kahlen Raum und wache rasch wieder auf. In meinem Körper spielt eine Pumpe verrückt. Jetzt weiß ich, was es bedeutet, in viertausend Meter Höhe zu leben. Später bekommen wir Tabletten dafür, und noch später merke ich nichts mehr davon, doch Eddy, der seine Kameras tragen muß, bekommt ein paarmal am Tag den Ausdruck eines gequälten Heiligen.

Es ist Abend. Ich gehe ein *pisco* trinken, oben in der Bar eines anderen Hotels. Draußen ist noch viel los, aber die Verkäufer schreien nicht. Vor den nun unsichtbaren Bergen liegen die Lichter der Stadt wie mit leichter Hand fortgeworfener Zierat. Das Haus Gottes steht neben dem Ministerium für Bergbau und Petroleum. Ein Bettler mit ausgestreckter Hand liegt genau auf der Grenze zwischen Kirche und Welt, erlaubtermaßen, denn samstags darf gebettelt werden, und jetzt ist Samstag. An den übrigen Tagen sieht man keine Bettler. Als ich später nah an ihn herantrete, bemerke ich, daß er gar nicht mehr weiß, daß er bettelt. Er ist nur noch seine ausgestreckte Hand.

Ein niederländischer Freund von Eddy holt uns ab. In einem Landrover. Dies ist *hardship country*. Amerikaner, die hier arbeiten, bekommen einen Zuschlag. Aber Amerikaner wollen hier lieber nicht arbeiten. Hardshipcountry. Darum arbeiten so viele Niederländer und Deutsche in amerikanischen Firmen. Es wird ein kolonialer Abend oder, besser gesagt, ein Abend, von dem ich mir vorstelle, daß koloniale Abende so waren. Draußen ist nicht der *tokeh*[5] zu hören, sondern die totenstille bolivianische Nacht, der Mond schiebt sich auf einmal in den Schnee des Illimani[6], Eis klirrt im Whiskey, der lautlose Diener trägt ein verlegenes Lächeln und ein weißes Jackett, die Welt existiert nicht. Der Gastgeber ist Direktor einer Bergbaugesellschaft. Die andere Seite des Problems, könnte man sagen, wenn das nicht so simplifizierend wäre. Wie simplifizierend? So simplifizierend wie Hungerlöhne, keine Rente, schändliche Arbeitsbedingungen und das durchschnittliche Höchstalter von vierunddreißig Jahren – meine ich. So simplifizierend wie bolivianisches Mißmanagement, unvorstellbare Korruption im Inneren, der sinkende Zinnpreis, die allmähliche Verbesserung der Arbeitsbedingungen, die Natur der Bevölkerung – meint er. Ein Dialog zwischen Stummen, der später zum Ritual wird, den wir an diesem Abend aber nicht führen. Dieser Abend ist seiner Nostalgie gewidmet – Leidsestraat und Broodje van Kootje, oder der Sehnsucht nach Lima, die ich bereits erwähnt habe. Ich komme mir erneut vor wie in Asien. Als ich zur Toilette gehe, sehe ich in der Küche den Schemen einer Indiofrau, die sich ihr Kind auf den Rücken gebunden hat. Später am Abend bringt Gastgeber H. uns zurück. Das Villenviertel ist still und verlassen. Um das Haus von Barrientos viele Meter Mauer. Hinten im Garten ein Hubschrauberlandeplatz. Es kann mitunter urplötzlich sehr heiß werden in dieser Republik. An der Kaserne, an der wir vorbeifahren, steht »Hasta el Mar«, zum Meer! H.'s Villa liegt elfhundert Meter tiefer als die Stadt, was wir merken, als wir zurückkommen. In dieser Nacht werden wir kaum schlafen. In einer nicht fertiggebauten Arena neben dem Hotel veranstalten Indios und Cholos – Mestizen – ein folkloristisches Fest. Ich stehe eine Weile am offenen Fenster und blicke auf das schwindlig machende Gewirbel von Menschen mit Federbüschen, Silber und Masken und fühle, wie ich in eine Zeit und eine Welt gezogen werde, die ich nicht kenne. Die ganze Nacht lang verfolgen mich das Getrommel, die hohen wimmernden Laute und das Jagen einer Flöte.

Das sind sie also, die Nachfahren der Inka und der großen Kulturen davor, die von den Inka so gründlich ausgelöscht wurden. Fünf Millionen Quechua leben hier noch, die dieselbe Sprache sprechen wie die Inka, Quechua. Verschwunden ist das Reich, das sich von Kolumbien bis nach Argentinien und Chile erstreckte und von *einem* Mann, dem göttlichen Kaiser-Inka, regiert wurde, der so heilig war, daß sein aus Vikunjawolle gewobenes, edelsteinbesetztes Gewand weggeworfen wurde, wenn er es *ein*mal getragen hatte: Niemand sollte es berühren.

Welch fataler Zusammenstoß zweier Kulturen! Auf der einen Seite das Inka-Reich, absolutistisch regiert, aus Zehnerzellen aufgebaut, wobei jede Zelle einer größeren Einheit verantwortlich war, ein Kontinent von Bauern, die kein persönliches Eigentum kannten, wo jeder Boden zum Bestellen entsprechend der Größe seiner Familie bekam. Zuerst erntete er ein Drittel für die Sonne (den Staat), dann half er Alten, Kranken und anderen, die darauf angewiesen waren, bei ihrer Ernte, dann erntete er ein Drittel für sich selbst, und das letzte Drittel war für den kaiserlichen Inka, der sein Reich mit Hilfe einer königlichen Kaste und mit Inspektoren regierte, die ständig im ganzen Reich unterwegs waren. Die Straße, welche die Grenzen des Reichs verband, war die längste der Geschichte, länger als die römische Heerstraße von Schottland nach Jerusalem. Alle zwei Kilometer gab es Wachposten für die allgegenwärtigen *chasquis*, die Boten. Die Übermittlungszeit einer Nachricht: 2000 Kilometer in 5 Tagen! Diebstahl war ein Vergehen gegen den Staat und wurde mit dem Tode geahndet, wobei die höhere Klasse weit strenger bestraft wurde als das Volk.

In diesem Reich legendärer Baudenkmäler, geplanter Landwirtschaft und eiserner Organisation erscheint Pizarro mit einhundertdreißig Fußsoldaten, vierzig Mann Kavallerie und zwei kleinen Kanonen. Der letzte Inka, Atahualpa, befindet sich in Cajamarca, wo er sich einer Kur mit heißen Schwefelbädern unterzieht. Er hat seinen Rivalen und Bruder Huáscar besiegt, ist Gott in seinem Reich und bereitet sich auf den triumphalen Einzug in der Hauptstadt Cuzco vor. Pizarro nimmt Cajamarca ein, als der Inka gerade nicht da ist, und entsendet einen Boten mit einer Einladung an Atahualpa. Dieser kommt mit sechstausend unbewaffneten Männern, und in dreiunddreißig Minuten ist ein jahrhundertealtes Reich ausgelöscht. Auf seinem goldenen Tragsessel, um den Hals eine Smaragdkette, nähert sich der Inka dem Hauptplatz der Stadt. Nun hat jenes ewige Mißverständnis, das Christentum, seinen Auftritt. Diesmal ist es ein Dominikanermönch names de Valverde, der das blutige Symbol unserer abendländischen Religion in die Höhe hält, einen langen Sermon von sich gibt, von dem der Inka kein Wort versteht, und das soundsovielte Gemetzel einläutet. Zweitausend Inka, alle unbewaffnet, sterben, der Inkaherrscher selbst wird von Pizarro gefangengenommen.

Doch nur für uns wurde er von einhundertsiebenundsechzig Spaniern und vierzig Pferden besiegt. Er selbst wurde von Tieren mit silbernen Füßen (Pferden, die die Inka nicht kannten) geschlagen, Tieren, die zugleich auch Menschen waren und nachts ihre Kraft verloren; traf man den Menschen an dem Tier, waren beide ausgeschaltet. Oder er wurde von einer Legende besiegt, einer Legende von zurückgekehrten weißen Göttern – jedenfalls nicht von einer Macht, sondern von deren Deutung, und als die Inka das begriffen, war es zu spät. Dies war kein Koloß auf tönernen Füßen, sondern ein Koloß mit einem goldenen Kopf. Als dieser fiel, gehörte der Körper jeder Maske, die die Spanier ihm aufzudrücken beliebten. Der gefangene Atahualpa bot für sich ein Lösegeld in Gold, so viel, daß der Raum, in dem er sich befand, damit gefüllt werden konnte. Pizarro nahm das Angebot an, Boten wurden entsandt, der unvorstellbare Schatz wurde zusammengetragen, das Blutgold, in das sich die Spanier im Mutterland in der Folgezeit so verguckten, daß sie ihre Landwirtschaft vernachlässigten und dadurch noch Jahrhunderte später zu den rückständigsten Ländern Europas gehörten. Als das Gold da war, eröffnete Pizarro einen Scheinprozeß gegen Atahualpa, der des Götzentums und der Polygamie beschuldigt wurde. Er wurde zum Tod auf dem Scheiterhaufen verurteilt, doch durch Zutun des Dominikaners, der ihn zuvor natürlich bekehrte, wurde das Urteil entschieden menschlicher. Der letzte Inka, Kaiser eines Reichs, in dem die Sonne doch unterging, wurde mit einem eisernen Band erdrosselt.

Stundenlang tanzen sie weiter in dieser Nacht. Die Frauen in bis zu sieben grellfarbigen Röcken, die Männer in silbernen, perlenbesetzten Kostümen, mehr als einen Meter hohe Federbüsche auf den maskierten Köpfen. Tiermasken, Teufelsmasken. Sie trinken *chicha*, kauen *coca*, tanzen sich aus der schlammfarbenen, bösartigen Wirklichkeit heraus, zurück in die Zeit, eine schemenhafte Vergangenheit, in der diese dünne Oberschicht von spanischem Blut verschwunden ist. Spanien eroberte ein Reich, in dem es nicht üblich war, selbst zu denken, und Spanien kam nicht, um etwas zu bringen, sondern um etwas zu holen. Es entstand eine fatale

Mischung aus indianischer Unterwürfigkeit und spanischer Habgier und Arroganz, die Folge war eine jahrhundertelange Lähmung, der lange demütigende Schlaf eines Kontinents, der jetzt aus ihm erwacht. Die feinen Schwafler werden als ganz normale Diebe entlarvt, die großen Worte überschrien von einfachen, stets den gleichen Fragen, doch die Opernstandbilder der lateinamerikanischen Unabhängigkeit, die eine neue Sklaverei so lange maskieren konnten, stehen vorläufig noch auf den verzuckerten pseudospanischen Plätzen. Nur ist jetzt manchmal Che Guevara darauf geschrieben.

Am nächsten Morgen habe ich das Gefühl, erst jetzt anzukommen. In der hellen Luft und der knallheißen Sonne gehe ich über den Markt. Frauen hocken hinter Säcken und Körben. Bohnen, farbige Kreide, merkwürdige graue Wurzeln, Steine, hundert verschiedene Sorten Kartoffeln, getrocknete Lama-Föten, Kräuter, Kokablätter, bräunliche Fleischlappen. Überall leise gurgelndes Geschwatze, kein Geschrei, eigentlich viel Stille und schönes Geschlurfe. Von Zeit zu Zeit hält mir eine der Frauen eine Wurzel oder eine Flasche unbestimmbaren Inhalts hin. Wenn ich lache, kichern sie und schauen in die andere Richtung. Als Eddy ein Foto machen will, verbergen sie das Gesicht in ihren Röcken oder halten ihren runden Hut davor. Eine alte Frau mit kupferner Indianermaske hinter zu einem Dreieck aufgetürmten Orangen. Neben ihr auf der Erde ein regloses Kind, das mit tibetischen Augen nirgendwohin schaut. Leichte Düfte in der Luft. Gemurmelte unverständliche Worte, Quechua. In der Ferne die weißen Drachenzähne der Berge. Sie sind viel höher als der Mont Blanc und schnappen nach der Sonne. Unglück. Fliegen auf dem Fleisch. Ein

Kind, das mit Wasser aus einem rostigen Eimer unter seinen Kleidern gewaschen wird. Unter den Drachenzähnen die braunen Felswände, hart und gnadenlos. Ein Mann, dessen Füße aussehen wie weißer Stein. Er ist alt und vom nahen Tod bereits gegerbt. Liegt auf der Straße, ist schon nicht mehr da. Und mit seltsamen Rucken, wie Winkelrisse im viel zu blauen Himmel, sehe ich Geier.

Aus der Kathedrale grollen Glocken. Derselbe Klang wie in verlassenen spanischen Provinzstädten. Drohend, fordernd. Doch unter den düsteren Gewölben ist es fast leer. In einer Ecke redet eine Frau leidenschaftlich auf eine Figur ein, auf spanisch. Eine andere Frau, die sich zu Boden geworfen hat, küßt bestimmt zehnmal die vom Bildhauer zum Gerinnen gebrachte Wunde eines Heiligen. Irgendwo anders steht ein über und über glänzender, über sein Leiden hinweg lakkierter Christus. Genau vis-à-vis, leise murmelnd, Hut in der Hand, Kaiser Hirohito, wie er vor General MacArthur stand. Nun weht der Gesang schriller jungfräulicher Stimmen heran, und ich gehe ins Freie. Die Sonne sticht. Ich merke, daß ich schon jetzt müde bin. H. hat mir gesagt, eine Tasse Tee aus Kokablättern lindere die Auswirkungen der Höhe. Ich gehe in ein Restaurant und bestelle mir einen *maté de coca*. Er wird mir mit unterdrücktem Lachen gebracht, offenbar kein Getränk für Europäer. In einen Becher werden spitze grüne Blättchen gegeben. Das heiße Wasser, das ich darauf gieße, verleiht ihnen keine Farbe. Der Geschmack ist leicht und bitter. Ich erwarte einen irgendwie engelhaften Zustand, doch nichts passiert, auch nicht, als ich eine Stunde später beim Weitergehen auf den Blättern herumkaue. Ganz schön bitter sind sie. Und mein Herz klopft weniger stark, aber das mag Einbildung sein. Trommelwirbel. Ein Trupp kleiner roter Soldaten. Indios in Liechtensteiner Tracht. Trompeten. Nichts wie hinterher. Ich gehe neben der zweiten Gruppe, junge Männer in luftwaffenfarbigen Uniformen, die Gesichter hart unter amerikanischen Helmen. An der rechten Hüfte eine Art Tasche, auf der die Worte U. S. Army gerade noch zu lesen sind. Sie biegen in eine steile Straße ein, ich habe jetzt wirklich Mühe, mit ihnen Schritt zu halten. Ein Polizist, den man vor einer gelben Fassade in einer Art Kanzel aufgehängt hat, stoppt den Verkehr, und sie rücken auf den Präsidentenpalast vor. Zwei beziehen Posten an einem silbern angestrichenen Laternenpfahl mit vier weißen Kugeln. Jemand erzählt mir, daß an ihm ein Vorgänger von Barrientos, Villaroel, aufgeknüpft wurde, nachdem er vom Volk gelyncht worden war. Ein Porträt von Villaroel hängt in Barrientos' Arbeitszimmer, neben dem von Busch, der Selbstmord beging. Ich betrachte mir noch einmal diese Laterne, doch ihr ist nichts anzusehen. Die kleinen roten Soldaten stehen sehr still darunter, so still wie ihre Brüder drei Meter vor ihnen. Ein paar Schreie ertönen, die kleinen Männer machen große Schritte mit hoch erhobenen Beinen, die Uhr schlägt zwölf, und die bolivianischen Beine mit der Aufschrift U. S. Army kehren in die Kaserne zurück. Als Eddy ein Foto macht, legt sich so etwas wie ein betautes, verlegenes Lachen auf die breiten Bauerngesichter. Wir gehen ins Hotel zurück, wo H. uns abholt.

An diesem Nachmittag gibt es ein Barbecue in seinem Garten. Ein Senator wird anwesend sein und ein ehemaliger Außenminister, ein Bergwerksdirektor, und noch einer, und noch einer. Heitere Ruhe auf dem sehr grünen Rasen. Das Feuer prasselt, und es riecht nach gegrilltem Fleisch. Die Frauen sitzen für sich. Hinter der hohen steinernen Mauer die noch höheren steinernen Berge. Wieder dieses

Gefühl, etwas anderes zu sein, etwas völlig aus der übrigen Gesellschaft dort Herausfallendes, das es auch in den Kolonien gegeben haben muß. Der indianische Diener, der sich fortbewegt, als brauchte er nicht wirklich zu gehen, verteilt *pisco sour*. Ich bin aufgedreht und neugierig. Wird wohl wieder an der Höhe liegen. Der Dialog der Stummen beginnt erneut. Ich weiß nicht mehr als gestern, aber ich habe meine Liste mit Fragen. Zum erstenmal fällt mir auf, wie oft man sich auf Castro und Che Guevara, besonders auf ersteren, beruft. Letzterer ist tot, das merkt man gleich. Ist in unserer Gesellschaft eben ein unverzeihlicher Fehler. Man hat auch nie das Gefühl, er sei hier, in diesem Land gestorben. Später, als ich täglich in den Zeitungen Berichte über Guerilleros lese, verstehe ich, warum. Es ist alles weit weg, in grünen, heißen Niemandsprovinzen mit exotischen, tropischen Namen. Jeder Stein, den ein Student in eine Fensterscheibe in La Paz wirft, ist realer. Kuba hingegen, das ist etwas anderes. Ein guter Anfang, wird eingeräumt. Auch notwendig. Aber noch immer bekommt man dort kein einziges Ei. Die Russen müssen das Land ernähren. Was sie nicht können. Und so weiter. Als ich ein paar Fakten über die amerikanische Blockade anführe, werden mir die sofort abgenommen. Man empfindet durchaus ein wenig Sympathie für dieses Abenteuer, ist schließlich weit genug weg! Aber Bolivien sollen sie in Ruhe lassen. Ausländer, Eindringlinge, Fremde, gescheitert. »Das können die Amerikaner doch auch nicht tolerieren.« Die haben hier zu viele eigene Interessen, wie übrigens in ganz Südamerika. Eine simple Wahrheit, die simpel auf den Tisch gelegt wird. Und warum auch nicht. Wenn man mit »freiem Unternehmertum« argumentiert, dann ist das Recht des Stärkeren auch ein Recht, dann sind Investitionen auch heilig, anpassungsfähig, aber im Grunde unantastbar, dann hat der Schwächere auch unrecht. Der Weltmarktpreis für Zinn, das skandalöse Mißmanagement in den Minen nach der Verstaatlichung von 1952, das Recht, eine getätigte Investition mit Gewinn wieder herauszuholen – das alles kommt zur Sprache. Ich unterhalte mich mit einem alten Kanadier. Seit zwanzig Jahren hier. Liebt das Land. Als er hört, daß ich Journalist bin, sagt er: »Ihr seid diejenigen, die das größte Unheil anrichten. Würdet ihr den Studenten und den Guerilleros nicht soviel Aufmerksamkeit schenken, dann wären sie, was sie sind: nichts. Wir arbeiten für dieses Land. Wir lassen dieses Bergwerk laufen. Wenn wir weggehen, bricht der ganze Kram wieder zusammen. The main point is their basic dishonesty. Unehrlichkeit. Nicht im Sinne von Korruption, wenngleich es die auch reichlich gibt, nein, die Weigerung, einem realen Problem ins Auge zu sehen. Reden, drumherum quatschen. Ein Beispiel: Wenn ich mit einem bolivianischen oder peruanischen Ingenieur ins Bergwerk gehe, und ich sehe einen Nagel daliegen, leuchte ihn mit meiner Lampe an und sage nichts – dann sagt er auch nichts. An der Korruption beteilige ich mich nicht. Jedes Jahr kommen ein paar. Vom Ministerium, von der Gewerkschaft. Soundsoviel Pesos müssen sie haben. But I am a straight man. Sie drohen mir mit Schwierigkeiten. Aber sie bekommen nichts. Der Staat bekommt, was ich ihm schuldig bin. Mehr gebe ich nicht.«

Wir essen Fleisch vom Spieß. Der Nachmittag plätschert dahin, die Damen zwitschern in ihrem eigenen Kreis wie Vögel. Ein Amerikaner mit großem Texashut sagt zu mir: »Bolivien ist ein Fluchwort für euch. Aber ihr müßtet mal wissen, was hier schon alles passiert ist. Was anderes ist doch nicht möglich. Dies ist ein rückständiges, armes Land.« Ich sage, das wird wohl noch lange so bleiben, wenn die Menschen im Durchschnitt nicht älter werden als vierunddreißig, das Analphabetentum riesengroß ist, ein Drittel der Bevölkerung noch nicht einmal Spanisch spricht und es keinerlei Planung gibt. Wir sprechen über Sozialleistungen, und er sagt, daß neben dem Bergwerk, in dem er arbeitet, ein großartiges modernes Krankenhaus steht. »Wenn jemand Tb hat oder Silikose« (die Krankheit, die durch Staub in den Lungen verursacht wird und an der die meisten Grubenarbeiter sterben), »dann entdecken wir das sofort.«

»Und dann?« frage ich.

»Dann darf er nicht mehr arbeiten.«

»Und dann?«

»Dann bekommt er einen Monatslohn für jedes Jahr, das er bei uns gearbeitet hat.«

»Und dann?«

»That's his affair. Das ist bei uns in Amerika genauso.« Noch einmal: das Recht des Stärkeren. Ich rechne ihm vor, daß so ein Mann, wenn er bereits 15 Jahre gearbeitet hat (und noch nicht an seinem Durchschnitt gestorben ist), in dem Fall, krank geworden, mit allenfalls einem reichlichen Jahreslohn rechnen kann. Er sagt, davon könne er ein japanisches Lastauto anbezahlen und versuchen, Fuhrunternehmer zu werden. »That's their greatest dream. But there are too many of them now.« Die meisten fangen einen kleinen Laden an. »Und glauben Sie bloß nicht, daß sie in Armut leben.«

Kurz darauf gibt es einige Erregung, als jemand eine Kolumne zur Sprache bringt, die in der *Presencia*, einer der beiden überregionalen Tageszeitungen, gestanden hat. In Peru hat die Militärjunta eine große amerikanische Mineralölgesellschaft enteignet, und der Kolumnist, Xavier, prangert an, daß eine andere amerikanische Gesellschaft, GULF, offenbar in den Besitz der in Bolivien entdeckten Gasvorkommen gekommen, gerade dabei ist, mit Argentinien ein für Bolivien ungünstiges Abkommen zu schließen.

Später lese ich den Artikel. Da steht: »Die Tatsache, daß wir dieses Gas der GULF übertragen haben, so daß es jetzt *ihr* Gas ist anstatt das unsrige, bedeutet, daß wir wieder einen der größten Reichtümer dieses Landes aus den Händen gegeben haben. Die meisten anderen sind bereits in einem langsamen Feldzug von Raub und Ausbeutung verschwunden, der sich wie eine Pestepidemie durch unsere Geschichte zieht. Unsere Abhängigkeit, unser Rückstand, unser Analphabetentum, unsere Lumpen sind die Folge.«

Die *Presencia* war mir in Paris als katholisch-reaktionär beschrieben worden, doch das war, wie so oft, wenn es um Dinge geht, die das »ferne« Südamerika betreffen, eine einseitige Feststellung. Das Blatt veröffentlichte als erstes das vollständige Tagebuch Che Guevaras, und das ist an Ort und Stelle doch noch etwas anderes, als wenn man es in den heiligen Hallen der Atheneum-Buchhandlung in Amsterdam liegen sieht.

Doch dieses eine kleine Beispiel von Freimut bringt die Gemüter bereits merklich in Erregung. Böses Geplapper und Gemurre. Jemand rechnet mir vor, wie schnell es mit den Minen bergab ging, nachdem sie verstaatlicht worden waren. Ein kleiner Chor ruft den Betrag, den die GULF bereits investiert hat. Ein sehr alter, cowboyartiger Mann mit gegerbtem Gesicht sagt: »What they did in Peru is sheer robbery. They won't get away with that. They don't even talk about compensation.« Ich sage, daß das nicht stimmt, daß die Entschädigungssumme, die die Peruaner vorschlagen, in den von ihnen geforderten, noch ausstehenden Tantiemen mehr als reichlich enthalten ist. Die allgemeine Meinung auf dem Rasen ist, daß sie jetzt wohl keine Hilfe mehr von den Amerikanern erhalten und das schon noch merken werden. Schuld und Strafe. Die Alianza ist auf die nehmende Hand geschlagen worden und zieht die gebende zurück. H. fragt nach meinen Plänen. Ich sage, ich würde gern diesen Xavier kennenlernen. Das läßt sich machen, er ist ein guter Freund von H. Von einigen anderen im übrigen auch. Man kann also ganz ausdrücklich anderer Meinung sein. »Du kennst Bolivien noch nicht«, meint H. grinsend. Xavier heißt Jaime Bailey Gutierrez und ist der Chefredakteur der *Presencia*. Der versammelte Rasen schätzt ihn wegen seiner Ehrlichkeit und fragt sich, wie lange er das wohl durchhalten könne. Und wen ich sonst noch sehen wolle? Barrientos.

Das dürfte schwierig werden, doch ein Interview mit dem Vizepräsidenten Siles Salinas läßt sich sofort organisieren. Er liegt im Streit mit Barrientos, der ihm ständig die Show stiehlt, und wird gern mit mir sprechen wollen. Und dann müsse ich noch die niederländischen Patres sehen. Das wird alles arrangiert. Der Abend zieht herauf aus den Bergen, es wird kühl, die Damen gehen ins Haus, ich sitze noch eine Weile am langsam erlöschenden Feuer und versuche meine Gedanken zu ordnen. Drinnen, in der Bar, singt Sinatra, und die Welt wird wieder zum Dorf. Es ist Nacht, als H. mich ins Hotel zurückbringt. Unterwegs deutet er auf eine Gruppe völlig gleich aussehender kleiner Häuser. »Die hat die Regierung für die Journalisten gebaut. Feine Sache. Keiner will gern sein Haus verlieren.« An der Kaserne ist die unnütze Kanone noch immer auf die Straße gerichtet, wo die Stadt anfängt, sitzen noch immer düstere, schweigende Gestalten an den Mauern und versuchen etwas zu verkaufen oder versuchen gar nichts mehr. H. erzählt, daß sie einmal vergessen hatten, Apfelsinen zu besorgen, und zu einer Cholo gingen, die mit einem guten Dutzend davon an der Mauer saß. »Aber sie wollte nur drei verkaufen.«

Die Fassungslosigkeit in seiner Stimme verrät einen Teil des bolivianischen Dilemmas. Daß die Frau nicht froh war, alles auf einmal verkaufen zu können. Daß sie nicht blitzartig nach Hause ging, um neue Orangen zu holen. Daß sie ihre Gewinnspanne dieses Tages nicht vergrößerte. Das wird noch »sehr viel Zeit brauchen«, meint er fast bedauernd. Ich finde ihn nett. Ob er es auch ist, weiß ich nicht. Er stammt aus einer Amsterdamer Arbeiterfamilie und ist jetzt Direktor einer Bergbaugesellschaft. Ist Millionär oder auf dem besten Wege dorthin. Früher wäre er nach Niederländisch-Indien gegangen. Er erzählt, daß seine Frau geweint hat, als sie hier ankam. »Aber früher war es auch noch schlimmer als jetzt.«

Wir gehen noch etwas trinken. Bedienstete fliegen für ihn oder, besser gesagt, ihre Gesichter fliegen, die Beine behalten den trägen schönen Andengang. Ich frage ihn, was er täte, wenn er hier an der Macht wäre.

Er wirft mir einen schnellen Blick zu und sagt dann fast verlegen: »Ein Kabinett aus Geschäftsleuten. Alles so günstig wie möglich für das Land verkaufen. Die Korruption mit Stumpf und Stiel ausrotten.« Er denkt kurz nach und fügt hinzu: »Jeden, der korrupt ist, an die Wand stellen, denn das ist das Hauptübel dieses Landes.«

Zwei Tage später bringt er mich zu den Patres. Es sind Augustiner, der Orden, bei dem ich Internatszögling war. Kurz bevor wir beim Kloster sind, stoppt uns ein Polizist. Wenn man ihn morgen in die Mandschurei versetzte, würde niemand es merken. Sogar der Amateurethnologe, der ich bin, sieht, wie in grauer Vorzeit Holzkanus die Bering-straße überqueren und allmählich sich in Rothäute verwandelnde Menschen langsam durch beide Amerikas südwärts sickern, ihrem Schicksal entgegen.

Eine Frau liegt auf der Straße. Sie sieht tot aus, ist es aber nicht. Eine kleine Gruppe von Cholos steht um sie herum, die aussehen, als diskutierten sie den Wetterbericht. Der Polizist fragt, ob H. die Frau ins Krankenhaus bringen kann. Aber H. will nicht. Die Sonne schießt in die Uhr, die er an sein Auge führt. Ein wichtiger Termin.

Langsam öffnet sich die Tür bei den Patres. Der Prior. Wir werden eingelassen. Der Prior wirft einen Blick auf die Straße. Ich sage: »Die Frau da hat irgendwas.« Er sagt: »Ja, das kommt hier oft vor«, und schließt die Tür.

Eine Frau mit ängstlichem, angespanntem Gesicht setzt in beschwörendem Ton ein Gespräch mit ihm fort, und er bedeutet uns, weiterzugehen.

»Probleme, Probleme«, sagt er, als er kurz darauf wieder bei uns ist. Die Patres tragen zum großen Teil Zivil. Wir bekommen einen Schnaps und eine holländische Zigarre. Die meisten Patres sind schon lange hier. Früher durften sie alle sechs Jahre nach Hause, jetzt alle zwei. Weiter im Landesinneren gibt es noch andere Posten. Einen in Chulumani, wo sie eine Genossenschaft leiten, und eine auf dem Weg dorthin, wo ein Pater in einem Zinnbergwerk tätig ist. »Ein harter Posten.« Sie wollen sie per Funk fragen, ob wir willkommen sind.

Essen. Alles wirkt sehr holländisch, gebetet wird auf spanisch. Es herrscht eine fast vergnügte Stimmung, schließlich war ich auch bei den Augustinern. Als das Gespräch auf die Politik kommt, werden sie vorsichtig. Ein Camillo Torres[7] ist nicht unter ihnen. »Wir arbeiten hier Zentimeter

um Zentimeter. Wie will man Revolution machen mit Leuten, die einen nicht verstehen? Che Guevara hat nicht mal Quechua gesprochen. Barrientos schon. Er hat ihnen gesagt, daß die Ausländer kommen, um ihnen das eigene kleine Stück Land, das sie nach der *reforma agraria* (der Revolution von Paz Estenssoro, 1952) bekommen haben, wegzunehmen. Das glauben sie. Barrientos hat eine eigene Armee aus Campesinos. Sie sind einfach noch nicht soweit. Die Bergarbeiter schon, die Studenten auch, aber das sind nicht viele, und die sind außerdem noch in Focisten, Maoisten, Castristen, Moskau-Kommunisten, revolutionäre Christdemokraten à la Torres aufgespalten. Und so weiter. Aber die Bauern sind noch nicht soweit. Die sind mißtrauisch. Die leben noch in einer anderen Zeit. Das dauert noch sehr, sehr lange. Und bei den Studenten gibt es jede Menge reines Blabla. Die werden übrigens alle bezahlt.« Das ist in den darauffolgenden Wochen ein immer wiederkehrendes Thema. Barrientos sagt das, H. sagt das, die Zeitung schreibt es, und die Studenten selbst sagen es auch. »Natürlich bekommen wir Geld aus Peking.« (Havanna, Moskau, Belgrad, Washington, La Paz.) Wie denn?
Haha.
Einer der Patres ist in Kuba gewesen und verbreitet sich über das Los von Hauseigentümern, die plötzlich kein Haus mehr hatten. »Das ganze Leben lang gespart, und plötzlich nichts mehr.« Aber er ist doch der Ansicht, daß vieles besser geworden ist. Unterdessen ist die Funkverbindung zustande gekommen. Pater Jaime wird uns übermorgen in seinem Jeep zum Bergwerk mitnehmen. Während des Gebets sehe ich noch einmal die Tafelrunde entlang, eine unangenehme Eigenart, die ich mir nie ganz abgewöhnt habe. Die spanische Stimme mit dem niederländischen Akzent

spricht zu Gott, die Augen sind geschlossen. Was hat diese Männer dazu bewegt, ihr Leben in diesem halbleeren, verarmten Adlerhorst zuzubringen?

Als der Prior uns verabschiedet, sagt er mit einem leicht boshaften Lächeln: »Wenn Sie ganz progressive Pater suchen, dann müssen Sie mal zu den amerikanischen Dominikanern gehen. Die sitzen in der Nähe der Universität. Das sind knallharte Burschen. Sie haben ein Institut: Instituto Boliviano de Estudio y Acción Social.«

Noch am selben Nachmittag suche ich sie auf. Der Prior hatte recht. Knallharte Burschen. Sie haben nicht viel Zeit für mich. Wieder so ein Typ aus dem fernen Osten, den der romantische Duft hierhergelockt hat. Ein Priester in Zivil mit Bürstenschnitt sagt mit knappen Worten, mit dem Institutsleiter, Dr. Bracamonte, könne ich kurz sprechen.

Und was ich sonst noch wolle?

»Linke Studenten, Anführer.« Es klingt, als verlangte ich eine besondere Sorte Sahnebonbons. Er mustert mich rasch. »Die meisten sind nicht da. Sie sind in Potosí, wegen der Wahlen dort. Aber vielleicht läßt sich doch etwas organisieren.«

Ich warte. Es ist wie im Warteraum eines Krankenhauses. Auf dem Tisch liegt eine Zeitung. Artikelüberschriften: Geburtenbeschränkung. Die Armen und die Reichen. Abtreibung. Zwei Sozialrevolutionen. Die Armenviertel: Das Entstehen eines neuen Staatsbürgertypus.

Dr. Bracamonte tritt ein. Müdes, leicht bekümmertes Gesicht. Er hat nicht viel Zeit, spricht aber langsam und dozierend. Dieselbe Geschichte: 72 % der arbeitenden Bevölkerung produzieren noch nicht einmal 75 % der benötigten Nahrungsmenge. 4 % der Arbeiter arbeiten in den Bergwerken und in der Mineralölindustrie, erwirtschaften aber 90 %

der Exporte. Damit werden die Nahrungsmittel importiert, die die Bauern nicht liefern. Bolivien ist verwundbar durch die ständige Bewegung der Zinnpreise. Sind die niedrig, muß Amerika einspringen. Ernstzunehmende Industrie gibt es kaum. Es wäre weitaus besser, wenn das Zinn in Bolivien geschmolzen würde. »Aber wir, als Institut, arbeiten nicht auf unmittelbare Lösungen hin. Wir wollen der Entwicklung des Landes dienen, indem wir die Probleme untersuchen, Marktforschung betreiben, den Leuten beibringen, wie die Dinge zusammenhängen, sie bilden; wir stellen unser Know-how in den Dienst eines sozialen Wandels, der, wie auch immer, kommen *muß*. Doch am Anfang jeder Veränderung steht die Bewußtwerdung. Wenn es uns gelingt, den Menschen nahezubringen, sie verstehen zu lassen, was geschehen *kann*, und vor allem, ihre Eigenverantwortlichkeit zu wecken, dann haben wir schon eine Menge erreicht.«

»Und Gewalt?«

»Gewalt ist nicht das einzige Mittel. Noch nicht. Eine Revolution, die hier an die Macht kommt, wird vor demselben Problem stehen: eine apathische Bevölkerung, die sich an nichts beteiligt, zum großen Teil kein Spanisch spricht, außerhalb der Geldwirtschaft lebt, analphabetisch ist, kurz gesagt: nicht mitzieht. Diese Menschen müssen wir erreichen. Wie das geschieht ...«

Er beendet den Satz nicht.

Unterdessen ist der amerikanische Priester noch einmal hereingekommen mit ein paar großen Mappen, dicken, von Matrizen abgezogenen Studien, Ergebnissen hochspezialisierter Forschung, Fachaufsätzen über diverse Aspekte der bolivianischen Problematik. »If you care to read all that you'll know what we do. Und um Ihre linken Studenten kümmern wir uns. Rufen Sie in ein paar Tagen noch mal an.« Mir fällt plötzlich ein Satz ein, der bei dem Barbecue über die Studentenunruhen vor einigen Wochen fiel. »Diese blöden Studenten, jeden Abend war irgendwas los, und dann mußte man wieder riesige Umwege fahren, um nach Hause zu kommen.«

Am nächsten Tag ist Pater Jaime krank. Die Fahrt zum Bergwerk findet nicht statt. Jemand hat eine Verabredung für mich mit dem Vizepräsidenten vereinbart. Monate später, ich bin schon längst wieder in Holland, bekomme ich über Dritte einen Brief, in dem mir die Bitte Seiner Exzellenz übermittelt wird, seinen Namen im Zusammenhang mit den Dingen, die er gesagt hat, nicht zu nennen. Doch so sehr ich mich auch zu erinnern versuche, er *hat* nichts gesagt. Ein braver Mann in englischem Tweedjackett. Draußen wehen die Bougainvilleen im kühlen Wind, der von den Bergen kommt. Er breitet sich aus über die große romanische Einheit als Lösung für alles und über ein paar andere schöne Ideale, die in so weiter Ferne liegen, daß niemand sich je verpflichtet fühlen muß, sich dafür einzusetzen. Händedruck, Foto und, ach ja, es werden so interessante Dinge über den Katholizismus in den Niederlanden publiziert. Das war's.

Am Tag darauf ist Pater Jaime noch immer krank. Ich suche den niederländischen Geschäftsträger auf (wir haben keinen Botschafter in Bolivien), der mir zusagt, sich um ein Interview mit Barrientos zu bemühen, aber glaubt, daß es nicht klappen wird. Er fragt mich, ob es stimme, daß bei der intellektuellen Jugend Westeuropas und vor allem auch der Niederlande ein so großes Interesse an Guevara und Debray bestehe. Ich erzähle ihm von den Übersetzungen ihrer Werke, den Postern in Buchläden, der Oper, die beim Holland Festival aufgeführt werden wird. Er wirkt leicht überrascht, aber ich weiß nicht, ob das daher kommt, daß seine tägliche Morgenzeitung in modische Poster und eine Oper (eine Oper!) übersetzt wird, oder einfach daher, daß sein Standort vielleicht doch mehr Glamour besitzt, als er gedacht hat.

Und was denke ich? Mein ganzer Aufenthalt hier hat etwas Unvorstellbares. Man liegt auf dem Bett in seinem hölzernen Hotelzimmer und liest einen Artikel von einem englischen Journalisten, der gleichzeitig mit Bustos und Debray verhaftet, geschlagen, bedroht, verhört und wieder geschlagen wurde. Man liest, daß es möglicherweise wieder Guerilleros in Gebieten gibt, in die man nicht fahren darf. *Aber sie sind in diesem Land.* Man liest Guevaras verzweifeltes Tagebuch, die monatlichen Schlußfolgerungen, eine Geschichte von Mut, Kleinigkeiten, Elend, Schlamm, Krankheit, Regen, Hitze, Mißtrauen – und sie geschieht in den Tropen *dieses* Landes. Man liest, was Guevara über Debray schreibt (El Frances, Danton), und weiß, daß der immer noch in diesem Land gefangengehalten wird, in dem Barrientos und Ovando und jene anderen Hauptakteure, die Indios, ebenfalls herumlaufen. Und dann geht man hinaus in die Kulissen des Stücks, läßt sich für ein paar Pesos (1 peso boliviano = 30 Pfennig) in auseinanderfallenden amerikanischen Wagen von Ministerium zu Institut zu Ministerium befördern, um endlose Stunden für Interviews und Genehmigungen zu antichambrieren, die nie erteilt werden, sieht irgendwo drei Indios wie versteinerte Inka reglos in ein Schaufenster mit Schreibmaschinen starren, liest auf einer Mauer »Wir wollen eine Universität ohne politisches Sektierertum, wir sind für den Kampf der Ideen, aber hassen Feigheit, Haß, Verbrechen«, was auch immer das bedeuten mag, wandert die steilen Straßen hinauf und hinunter, hält Ausschau nach der Realität und wartet darauf, daß es Pater Jaime wieder besser geht, dem es nicht besser geht. Ich lerne den Direktor eines großen niederländischen Unternehmens kennen, der mir erzählt, daß er mit Harry Mulisch in derselben Klasse gewesen ist. Bei seinem letzten Urlaub hat er M. getroffen, der ihm freundlich mitgeteilt hat, »daß auch sein Weltkonzern, zusammen mit dem Rest, eines Tages aus Südamerika gejagt werden wird«. Um ihn über diese für ihn etwas blasse Aussicht hinwegzutrösten, schenke ich ihm M.'s Buch über Kuba.[8] Im Tausch dafür bekomme ich eine Platte mit wunderbarer, trostloser indianischer Flötenmusik vom Altiplano und, was wichtiger ist, für ein paar Tage leihweise einen alten Mercedes mitsamt indianischem Chauffeur, um das Bergwerk und die Patres im Landesinneren zu besuchen, die per Funk von unserem Kommen unterrichtet werden.

Am nächsten Tag fahren wir früh los. Schon vor den letzten Häusern der Stadt endet die Asphaltstraße. Staub. Braun, gelb, scharf, trocken. Auf einer Mauer: Obreros al Poder. Arbeiter an die Macht. Wir kommen zum ersten Kontrollposten, *tranca*. Ein Schlagbaum quer über der Straße. Offene Lastwagen voll mit schweigenden, starrenden Indios. Sämtliche Papiere werden kontrolliert, wir werden gezählt, aufgeschrieben und an die nächste *tranca* weitergegeben. Eine einfache, zweckmäßige Methode. So kommt einem niemand abhanden, und wenn einem doch jemand abhanden kommt, weiß man wenigstens, um wen es sich handelt. Der Schlagbaum geht hoch, wir fahren in die Berge hinein.

Die Indios vor uns auf der Ladefläche des japanischen Last-wagens – fast alle Autos kommen aus Japan, *und* die Reifen *und* das Telefon *und* der Reisanbau, warum bloß wird immer nur von den Amerikanern gesprochen? Die Japaner machen das sehr schön, unsichtbar und schweigend – sind in einer soliden Staubwolke verborgen, was noch schlimmer wird, als wir sie überholen.

Es ist eine seltsame, wilde Fahrt. Nur sehr wenige Wagen sind im Staub unterwegs. Es geht bergauf. Hin und wieder Menschen am Straßenrand, unter schweren Lasten gebeugt. Rot gefärbt sitzt in einer toten Bergwand eine ewige Squaw. Und Hunde, überall Hunde. Die traurigsten, verlassensten Hunde, die ich je gesehen habe. Sie hocken, von einer Staubschicht bedeckt, am Straßenrand, schauen auf das Auto oder rennen eine Weile neben uns her. Nirgends ein Haus oder ein Herr, zu dem sie gehören könnten. Vielleicht leben sie von dem, was ihnen zugeworfen wird. Wir sehen Dutzende von ihnen. Die Berge sind schrecklich, grausam und kalt. Auf den Feldern wächst eine Art hartes, trockenes Papier, kaum höher als eine Hand. Hier und da sind Gestalten darin zu entdecken, dann hat sich jemand bemüht, dort etwas anzubauen. Später sehen wir auch Lamas und Alpakas, wie hochmütige spanische Bischöfe auf dem Weg zu einem unergründlichen Konzil. Der Chauffeur heißt Santiago. Er umschifft die Haarnadelkurven mit dem Mercedes und lacht, wenn er merkt, daß wir den Atem anhalten. Ich versuche, die Zeitung zu lesen. Barrientos sagt, daß es wieder Guerilleros gibt, die Armee weiß von nichts. Ich frage Santiago, was er davon hält. Er sieht mich im Rückspiegel an und sagt: »Es por sacar plata a los americanos« (»das sagt Barrientos, um mehr Geld von den Amerikanern loszueisen«). Dicht unterhalb des Gipfels liegt ein Indianerfriedhof. Tote in der Landschaft des Todes. Ich steige aus. Außerhalb des Autos ist der Wind plötzlich hart und kalt. Auf dem ausgedörrten Boden aus Steinen aufgeschichtete Sarkophage. Ein wenig vertrocknetes Stroh, Blumen? Kaum zu entziffernde Namen, verweht, verwischt. Verlassen gelebt im verlassensten Land ganz Amerikas. Am Gipfel ebenfalls überall kleine Steinhaufen. »Fürs Glück«, sagt Santiago. Jeder, der zu Fuß vorbeikommt, legt einen Stein dazu oder fängt einen neuen Haufen an. Ich lege einen Stein auf einen kleinen Haufen. Er lacht und bleibt neben dem Auto stehen. Eddy fotografiert die Wüste, die überall um uns herum aufragt. Ich werde blind von dem Schnee über mir und habe Probleme mit dem Atmen. Mein Standort liegt höher als die höchsten Gipfel Europas. Natürlich gibt es auch hier wieder eine Christusfigur, ausgeführt in denselben Todesfarben, klar zum Sprung. Dann geht es bergab, und wieder der Staub, der einem in Augen und Mund dringt. Nach einer Weile deutet Santiago auf ein dünnes Stück Holz. Ein Baum. Mehr. Und es wird grüner. Wärmer. Bis eine Stunde später das Unvorstellbare eingetreten ist, die ganze Welt ist voll von schwellendem, feuchtem Grün, Blumen in unbändigen Farben, fette Blätter, der dampfende Duft der Tropen. Da sind wir bereits vorbei an Unauavi (»Control de tránsito de todas las Yungas«). Zwei Stangen quer über der Straße mit Reklameschildern amerikanischer Firmen, und sonst nichts, was an das 20. Jahrhundert erinnert, abgesehen von der Kontrolle selbst. Alles ist unvorstellbar schmutzig, Frauen, Kinder, Töpfe, Hütten. Gekocht wird im Freien in rostigen Dosen. Ich gehe auf eine öffentliche Toilette, werde aber zurückgejagt von einem meterbreiten Fladen aus menschlichem Mist. Natürlich Fliegen. Ein unbeschreiblicher Gestank. Auf all meinen Reisen ist es mir noch nie passiert, daß ich nicht an einer Straßenbude gegessen hätte. Hier kann ich es nicht. Ein Lastwagen, vollgepfropft mit stehenden Indios, kommt vorbei und bedeckt alles mit einer Staubschicht. Ich frage Santiago, was in den Töpfen ist. *Papas*, Kartoffeln. Und Herz. Und Huhn. Aber ich sehe nirgends etwas, das Ähnlichkeit mit Huhn hat. Wir fahren weiter. Gesichter drehen sich weg, um nicht fotografiert zu werden, Münder haben auf Quechua über uns gesprochen, heute nachmittag ist Santiago mit zwei Gringos vorbeigekommen. Wir fahren in das Tal hinein, das immer grüner wird. Hier und da an der Straße ein Kreuz, wo sich ein tödlicher Unfall ereignet hat.

Das Bergwerk befindet sich hinter einem meterhohen roten Eisentor mitten in der Landschaft. Eine Welt in der Welt. Es öffnet sich vor uns und schließt sich hinter uns. Schienen. Kleine Züge. Ein Loch in der Bergwand. Indianergesichter unter Grubenhelmen. Aus Holz und Blech zusammengeschusterte kleine Hütten, einen Raum groß. Die Kantine. Der Laden. (Die Grubenarbeiter werden, ob sie wollen oder nicht, zum großen Teil in Waren ausbezahlt. Die können sie sich mit Bergwerksgutscheinen im Bergwerksladen holen. Es steht eine Schlange davor.)

Der Pater erwartet uns. Ein kräftiger Brabanter. In Zivil. Kleines Kreuz am Revers. Wir essen etwas und trinken Bier. Danach führt er uns herum. Aber was gibt es hier schon herumzuführen? Wer solche Wohnungen nie gesehen hat, kann sich wahrscheinlich auch keine Vorstellung davon machen. Ganze Familien müssen in so etwas wie einem Schuppen hausen, den sie aus allem möglichen Material zusammengeschustert haben. Der Pater geht uns voran, läßt uns gelegentlich irgendwo hineinschauen, zwei weiße Señores, die mit eigenen Augen sehen dürfen, wie Sklaven im 20. Jahrhundert leben. Die Kinder rufen ihm *padrecito* zu, und er streicht ihnen über den Kopf. Paterchen. Hier und da wechselt er ein paar Worte mit Frauen, die vor den Hütten sitzen. Dann zeigt er irgendwohin: Dort baut das Bergwerk neue Häuser. Gußstücke aus Beton. Ich gehe in eines hinein. Sie haben nur einen Raum. Ist das für ganze Familien gedacht? Ja. Das Bergwerk erzielt einen Gewinn von eineinhalb Millionen Dollar pro Jahr. Wir begegnen einem sehr betrunkenen alten Mann, der uns eine lange Geschichte erzählt. Der Pater lacht. Zuviel *chicha* getrunken, sagt er. Darin sind sie groß. Ein Fest ist kein Fest, wenn nicht alle sturzbetrunken sind. Ich frage, wie lange er schon hier ist. Lang. »Früher waren wir hier zu zweit, aber heutzutage haben wir keine Leute mehr. Es wird weniger.« Der einzige andere Europäer ist ein englischer Bergbauingenieur. Wir sehen die Zinnwäsche. Maschinen, Männer mit nacktem Oberkörper, die uns leicht verlegen anlachen. Wie zwei Königinnen Juliana werden wir von einem jungen Bolivianer herumgeführt, der gut Englisch spricht. Was verdient ein Grubenarbeiter? Dreihundert Pesos. Ein kleines Land. Alles, was man sieht: Grube. Eine umschlossene Welt. Draußen wirkt alles grün und undurchdringlich. Die Schule. Kinder in Weiß. Der Lehrer setzt sich ans Klavier, und die Kinder beginnen mit hohen, schrillen Stimmen zu singen, wobei sie langsam im Kreis tanzen. Die asiatischen kleinen Gesichter strahlen über den weißen einheitlichen Schürzen. Doch ich habe die Behausungen gesehen, in die sie gleich zurückmüssen. Und selbst wenn sie einen Schulabschluß haben, was fangen sie hier damit an? Und wenn sie älter sind – wo sollen sie Hausaufgaben machen? Ich frage den Pater. Er schüttelt den Kopf. Wir folgen ihm einen schlammigen Hügelweg hinauf. Er will uns sein Haus zeigen. Er ist sehr stolz darauf. Es ist kahl, ein wenig dunkel. Ein paar alte Möbel stehen darin. Er führt es vor, als wäre es eine reiche Villa. Auf einem Tisch liegt ein Buch von Robert Adolfs: *Het graf van God* (Das Grab Gottes). Ich frage, ob er es gelesen hat. Er lacht und sagt: »Nein.« Nichts kann weiter weg sein als das Land, aus dem sich dieses Buch seines früheren Ordensbruders hierher verirrt hat. Wir trinken Bier. Er wird munter, und ich werde traurig. Wir sprechen über das Bergwerk, über die Indios. Revolution? Er weiß es nicht. Das dauert noch fünfhundert Jahre, sagt er leicht niedergeschlagen, und diesmal entgegne ich nichts. Was soll ich schon zu jemandem sagen, der hier lebt, der da lebt, worüber die anderen alle reden. Ich frage ihn, ob er sich oft allein fühlt, und er sagt: »Manchmal.« Ich verspüre eine Art Zögern, aufzubrechen, als hielte mich hier etwas fest. Doch Santiago kommt, um uns abzuholen, und er wird die Patres in Chulumani grüßen. Dann fahren wir. Er bleibt zurück in seiner Grube. Noch eine Weile winkt er uns nach, ein etwas korpulenter Mann aus Holland, der durchaus sein ganzes Leben lang in Schijndel hätte Autos verkaufen können.

Die weitere Fahrt ist ein Wettrennen gegen die Dunkelheit. Santiago betrachtet die Strecke als seinen persönlichen Riesenslalom und jagt mit uns an einer immer tropischer werdenden Vegetation vorbei, entlang steilen Bergwänden, einem strudelnden Flüßchen, in dem die allergeduldigsten Menschen der Welt auch noch nach Erz suchen, nach Chulumani. Das einzige Hotel entstammt einem Roman. Drei finstere Gestalten fläzen sich in Korbsesseln, die Füße auf dem Galeriegeländer. Sie sind unrasiert und sehen uns an, ohne die geringste Bewegung zu machen. Wir schauen einigermaßen unsicher zurück und lassen uns dann von Santiago doch lieber gleich zu den Patres fahren. Wahnsinnige Klaustrophobie überfällt mich kurzzeitig, als ich das *claustrum* betrete, doch dann schleift die bolivianische Ewigkeit auch das wieder ab. Die Patres, das sind ein Pater und ein Bruder, die ich jetzt mal Marcellus und Johannes nennen will. Die Nachricht von unserem Kommen ist über die Anden geweht, und Johannes hat eine umfangreiche niederländische Mahlzeit bereitet. In seiner großen Kutte sieht er aus wie ein Mensch aus einem Cartoon. Er lebt schon seit über dreißig Jahren in Bolivien, davon dreizehn an einem Stück, denn als er gerade in Urlaub gehen wollte, brach der Krieg aus. »Damals hörte man nichts von seiner Familie. Ein einziges Mal in diesen fünf Jahren habe ich etwas gehört. Meine Schwester hatte einen amerikanischen Piloten versteckt. Als er wegging, gab sie ihm einen Brief mit. Den habe ich bekommen.« Weiter sagt er nicht viel, brummelt hin und wieder etwas, raucht eine endlose Pfeife, scharrt mit den Füßen und sagt, »Ich muß zu meinen Kindern«, verschwindet. Marcellus erklärt, daß Johannes unten einen Spielsaal hat, wohin jeden Abend dreißig oder mehr Kinder kommen, um Karten zu spielen, zu zeichnen, zu spielen.

Später entschuldigt sich auch Marcellus. Er muß über den lokalen Rundfunk zur Kooperative sprechen, einer Agrargenossenschaft, in der sie versuchen, gemeinsam mit den Campesinos zu einer logischeren und rentableren Betriebsführung zu kommen. »Das Wichtigste, was wir tun können, ist, Kredite zu gewähren. Wir tun das zu einem sehr niedrigen Prozentsatz. Sonst fallen sie in die Hände von Wucherern, wie es sie in Europa nicht mehr gibt, Blutsaugern. Das läuft sehr gut, aber unser anderes großes Anliegen, eine freiwillige, sehr niedrige Versicherung, das will ihnen nicht in den Kopf. Sie sehen es nicht ein. Sie finden es jammerschade um das Geld. Warum soll man jetzt Geld ausgeben, weil man in Kürze vielleicht krank wird? Fatalismus. Und der läßt sich nicht durchbrechen.« Er erzählt von einer Schweineseuche in einem der Bergwerke. Die Tiere mußten getötet werden, weil die Krankheit auch für Menschen gefährlich war. Aber sie hatten ihre Schweine überall versteckt. Wir sagten: »Holt eure Schweine raus, sonst sterben eure Kinder«, aber sie blieben vor dem Bett stehen, unter dem sie die Tiere versteckt hatten, und sagten: »Nein, wir können doch sofort wieder ein neues Kind machen, aber wann haben wir je wieder Geld, um ein Schwein zu kaufen?«

Er geht, ein weißhaariger Niederländer, der gleich zu den Indios sprechen wird über den Nutzen von Versicherungen in einem Dorf, von dem kein Mensch auf der Welt je gehört hat. Ich bleibe sitzen, blättere in einem Handbuch über Moraltheologie, lese eine grauenhafte Abhandlung darüber, wie man noch gerade eben mit sich selbst sündigen kann und wie nicht, spüre das Halsband jahrelangen Internatslebens und gehe hinaus auf die Straße. Ein Lautsprecher scheppert über den ordentlich angelegten kleinen Platz. Im bläulichen Neonschein sitzen ein paar Leute und hören zu oder hören nicht zu. Die argumentierende Stimme mit dem niederländischen Akzent folgt mir bis zum Rand des Dorfes, wo nichts mehr ist als Stille und ein unbestimmter Wind in den sich vor dem Nachthimmel wie Scherenschnitte abzeichnenden Bäumen, dann und wann der Schrei eines unsichtbaren Vogels, der einen schrecklichen Traum träumt.

Später am Abend schauen wir bei Johannes herein, der lieb und bedächtig zwischen seinen Kindern umherschreitet, und Marcellus gießt uns einen merkwürdigen Pflaumengenever ein. Er erzählt, wie sie oft für drei, vier Wochen auf Eseln ins Landesinnere ziehen und dann bei den Indios in den Hütten schlafen, auf dem Boden. »Wir werden dann schrecklich von Insekten geplagt. Aber solange man das nicht mitgemacht hat, weiß man nichts von Bolivien.« Johannes tritt ins Zimmer.

»Marcellus, Marcellus.«

»Ja, Johannes?«

»Ich kann heute abend gratis trinken.« Und mit sichtlichem Vergnügen kratzt er am Korken des Limonadenflaschenverschlusses, auf dem steht, daß er sich eine Gratisflasche holen kann. Life in Chulumani. Wir müssen der Insekten wegen bei geschlossenen Fenstern schlafen. Es ist warm. Am nächsten Morgen werden wir von urzeitlichen Rufen wach. »Hallo, La Paz. Hallo, La Paz. Hier Chulumani. Hier Chulumani.« Die Wirklichkeit sieht in diesem Augenblick aus wie weißes Licht in einem leeren Zimmer, in dem mehrere Betten stehen, eine Straße mit einem Mann, Ozelothäute über der Schulter, ein schattiger Innenhof mit sehr langen, dünnen violetten Blumen und einem kleinen Kind, das mich aus seiner Korbwiege heraus totenstill anschaut. Bevor wir nach La Paz zurückkehren, fahren wir noch weiter ins Land hinein bis zu der Stelle, wo die Straße aufhört, zum verlassenen Landgut eines Großgrundbesitzers. »Der hat jetzt gar nichts mehr, nur noch dieses kleine Stück.« Ich fühle mich an Surinam erinnert. Eine große Holzvilla mit Galerie, hohe Bäume, in denen längliche Vogelnester hängen, Sträucher mit Stacheln und blutroten Blüten, Geschrei und Gebrummel von Vögeln und Insekten, flimmernde Hitze über den terrassenförmig abfallenden Hügeln voller Kokapflanzen. Wir essen eine Apfelsine vom Baum und nehmen Abschied. »Grüßen Sie mir La Paz!« »Ja.« »Und Holland.« »Ja.«

Auf dem Rückweg ist ein Stück Berg heruntergekommen.

Die einzige Verbindung mit La Paz ist unterbrochen. Es dauert Stunden, bis die Straße wieder befahrbar ist. Zu beiden Seiten des Lochs warten mit Indios beladene Lastwagen. Die erbarmungslose Sonne prallt an einer unermeßlichen Geduld ab. Der Aufenthalt hier bedeutet, daß wir durch die Nacht hinauf zur Hochebene zurückfahren. Weiß, kalt, einsam, leer, beängstigend. Als wir tief in der Nacht den Cumbre geschafft haben und das Licht von La Paz in seinem Kessel sehen, ist uns, als kämen wir nach Hause.

Am nächsten Tag beginne ich wieder, für das Interview mit Barrientos zu antichambrieren. Eine entmutigende Beschäftigung. Ich bin nicht allein im Wartezimmer. Ein neurotischer Prophet bringt dieselben Stunden wie ich in denselben farblosen Wartezimmern zu. Er schläft, schreckt hoch bei Schritten auf dem Flur, wirft Kippen in endloser Zahl unter seinen Stuhl und sieht mich unstillbar melancholisch an. Von Zeit zu Zeit dürfen wir zu Dr. Solaris, Pressechef des präsidialen Kabinetts, kommen, der uns mitteilt, der Präsident sei plötzlich wieder hierhin oder dorthin geflogen, und das war's dann wieder für diesen Tag. Barrientos ist nie in La Paz, es sei denn, um zu erklären, daß es irgendwo, fern von hier, Guerilleros gibt. Darüber stehen hübsche Karikaturen in den Zeitungen. Unterdessen verstärkt er, Reden schwingend und agierend, seinen nicht geringen Anhang unter den Campesinos. Ich klage Jaime Bailey, dem Chefredakteur von *Presencia*, mein Leid. Als offener und scharfer Kritiker des Regimes hat er manchmal Schwierigkeiten, »but, my friend«, sagt er, wie nur Südamerikaner das sagen können, »this is still Bolivia, so I will phone some people«, und das Telefon klingelt hinter verschanzten Türen, und, was schöner ist, er verspricht mir, mich hinter die am allerbesten verschanzte Tür zu schmuggeln, die, hinter der der ehemalige Innenminister Antonio Arguedas gefangengehalten wird, der Mann, der Guevaras Tagebuch an Castro geschickt und die atemberaubendsten Enthüllungen über die CIA (und sich selbst als deren Angestellten) gemacht hat. Bailey publiziert das alles, und jetzt, da ich dies schreibe, ist in La Paz so etwas wie eine Orgie von Geständnissen in Gang gekommen. *Presencia* veröffentlicht die Fotos von Felix Ramos und Eduardo Gonzales, kubanischen CIA-Agenten, einschließlich sämtlicher Details der Rolle, die sie bei Guevaras Tod gespielt haben. Düstere Gesichter.

An diesem Abend trinke ich mit Bailey ein Bier in der Deutschen Bierhalle, mit bolivianischen Mädchen in Dirndltracht. Er erzählt vom unseligen Chaco-Krieg, einem jener sinnlosen, grausamen Kriege, die wie Krebs in der Geschichte des Landes gewuchert haben. Sechzigtausend Tote in einem Krieg um nichts, umgekommen durch Kugeln, Schlangen, Malaria, Ruhr. Das war zwischen 1932 und 1935. In den vordersten Reihen kämpften apathische Indios, die häufig in Ketten dorthin gebracht worden waren. Mehrere Kilometer dahinter, reichlich versehen mit Essen, Trinken und Damen, kämpften die Offiziere. Die es trotzdem schafften zu sterben, kann man auf dem Friedhof von La Paz in atemberaubenden Sarkophagen besichtigen, Träger vieler Kreuze, gefallen im glorreichen Chaco-Krieg, den Bolivien verlor und der zum Nährboden für Inflation und Unruhen wurde. 1936: Revolution. David Toro enteignet die Standard Oil und wird folglich 1937 abgesetzt. Der nächste Präsident, Germán Busch, droht, die Bergwerke zu verstaatlichen, und tritt gegen das sogenannte Joch auf, die Zinnbarone Patiño, Hochschild, Aramayo. Er begeht Selbstmord. Auch sein Sarkophag ist auf dem Friedhof zu finden, eine Art Hauptbahnhof aus Marmor, hochgestimmte Verwesung. Sein Porträt hängt in Barrientos' Zimmer. Unerfüllte Ambitionen, ungleicher Kampf, ohnmächtiges Gezerre an der Geschichte eines Landes, das aus den Interessen einiger weniger besteht. Es folgt Peñaranda, der Standard Oil eine Abfindung von 1 500 000 Dollar anbietet. Im Tausch dafür bekommt er Kredite, um die Eisenbahn wieder auf Vordermann zu bringen, doch das ist sie noch immer nicht. Und Geld für den Bau von Autostraßen, nur: Sechsunddreißig Jahre später gibt es noch immer keine Asphaltstraße.

Und dann, 1942, wird die Wunde geschlagen, die noch immer nicht verheilt ist und in diesem Jahrhundert auch nicht mehr heilen wird. Der Mord an sechstausend Minenarbeitern in Catavi. Endlich haben sie rebelliert gegen barbarische Arbeitsmethoden, Löhne von weniger als zwei Mark am Tag und die Aussicht auf einen frühen Tod. Endlich rebelliert, und sofort niedergeschossen, Männer, Frauen, Kinder. Das gleiche passiert, in kleinerem Maßstab, 1967 unter Barrientos. Noch aber sind wir im Jahr 1942. Peñaranda wird von Villaroel abgelöst, der die ersten sechs Monate seiner Amtszeit von Amerika nicht anerkannt wird. Zwei Jahre später beendet er sein Leben, gelyncht und an den Füßen aufgehängt an dem berühmten Laternenpfahl. Aus dem Chaos tritt langsam eine neue Gestalt hervor. Victor Paz Estenssoro, Exilant in Argentinien. Er wird 1951 gewählt, die Opposition weigert sich, ihn anzuerkennen, wieder ein Aufstand, Blut und Kugeln, dreitausend Tote. Washington zögert, erkennt ihn nach drei Monaten an. Paz löst sein

Versprechen ein und verstaatlicht das Zinn. Die Enteignung findet in Catavi statt, Schauplatz des Massenmordes von 1942. Doch während der Weltmarktpreis für Zinn von 1,21 auf 0,82 Dollar sinkt, steigen, endlich, die Löhne in den verstaatlichten Bergbaubetrieben. Ein neuer Akt des Dramas beginnt. Ausländische Techniker tun, was sie immer tun: Sie gehen weg. Aber Paz macht weiter. Er enteignet die Grundbesitzer. Dies ist für Südamerika eine wirkliche Revolution. Die *reforma agraria.* Ganz La Paz spricht darüber. Sie, und nicht Kuba, waren die ersten. Ein Gesetz, das aus einem, der jahrhundertelang Sklave war, plötzlich einen Eigentümer macht, hat aber keinen Sinn, wenn es nicht von umfassenden politischen Maßnahmen flankiert wird. So kam es zum grenzenlosen Zerfall von *latifundia* (Großgrundbesitz) in *minifundia* (Kleingrundbesitz). Die Indios ließ dies ungerührt. Sie bestellten ihr eigenes kleines Stück nach mittelalterlicher Manier und ließen es sein, wenn sie genug zu essen hatten. Und so ist es noch heute. In diesem Sinne wird eine revolutionäre Tat zu einer leidenschaftlichen, moralischen, aber leeren Geste. Resultat: Bolivien muß noch viel mehr Nahrung importieren als vor der Revolution. Und die Schadenfrohen lachen.

Wir verlassen die Bierhalle. Steinhäger und andere deutsche Gerüche bleiben zurück. Bailey packt mich am Arm und sagt: »You see, my friend, sometimes this country seems to destroy everybody . . .« Es ist eine Schlangengrube. Der chaotische Villaroel versucht, etwas für die Indios und die Cholos des Hochlands zu tun, rechtsgerichtete Elemente agieren dagegen, er wird vernichtet. Busch trinkt sich zugrunde und verübt Selbstmord. Paz fängt großartig an, stellt eine Grubenarbeitermiliz auf, schafft die Sklaverei ab (ein Landeigentümer konnte zusammen mit dem Boden auch seine *peones*, Arbeiter, verkaufen), gibt jedem das Wahlrecht, endet jedoch mit Konzentrationslagern, dem mysteriösen Verschwinden von Gegnern, mit Aufständen, Streiks, Korruption in den Bergbaubetrieben, einem Putsch von Barrientos und dem Exil.

Wir kommen in die Redaktionsräume seiner Zeitung, der *Presencia*. Inmitten eines Papierchaos in seinem unscheinbaren hölzernen Zimmer, wo es nach Zeitung riecht, steht er, ein kleiner Mann mit scharfen blauen Augen, und legt mit Leidenschaft dar, daß man zuallererst versuchen müsse, die Bevölkerung aus ihrer Rückständigkeit herauszuholen, politisch bewußt zu machen. Er zeigt mir eine Zeitung, die er für die Campesinos herausgibt. Sehr große Buchstaben, sehr deutliche Fotos. Sie heißt *Acción*. Auf der Titelseite der Ausgabe, die er mir gibt, ein kniender Indio. Mit großen Lettern quer darüber: AUFSTEHEN!

»Es gibt keine größere Schande als Untertänigkeit. Abhängig zu sein vom Willen und den Interessen anderer. Nicht frei zu sein. Der Kolonialismus ist das ungerechteste aller Systeme, weil er ganze Bevölkerungen dem Willen einer kleinen Gruppe von Menschen unterwirft.«

Er deutet auf ein Innenblatt. »Dies ist unser größter Erfolg.« Ein wöchentlicher, in einfacher Handschrift geschriebener Brief aus dem Bergwerk Siglo XX, in dem Grubenarbeitergedanken auf Grubenarbeitermanier beschrieben werden. Er wird gelesen. Irgendwo anders steht: »Wenn Bolivien Amerika um Geld bittet, dann diktiert dieses die Bedingungen, genau wie früher die Spanier.«

Er fragt mich, ob ich am kommenden Sonntag zu einem »Projekt« mitwill, bei dem er und andere, in erster Linie Studenten, mit den Bewohnern von Armutsvierteln am Bau von Häusern, Abwasserleitungen, Latrinen, allem zusammenarbeiten. »Wir übernehmen nicht die Leitung. Alles wird mit den Leuten besprochen. Sie tun, was der Staat nicht tut, und weil sie es eigenhändig getan haben, fühlen sie sich dafür verantwortlich. Das ist dann das erste Mal in ihrem Leben, daß sie sich für etwas verantwortlich fühlen, das nicht nur ihnen allein gehört.«

Am nächsten Tag kann ich es sehen. Ich werde von zwei Studenten abgeholt. Wir fahren in einen entlegenen Außenbezirk, hoch in den blinden Hügeln. Von allen Seiten rücken kleine Gruppen mit Spaten und Schubkarren an. An einem bestimmten Punkt muß ich warten. Sie gehen den indianischen Leiter dieses Projekts fragen, ob ich mir das ansehen darf. »Wir wollen ihnen nie unseren Willen aufdrängen oder eine Initiative nicht zuerst besprechen.«

Nach einer Weile gibt man mir einen Wink, daß ich kommen darf. Langsam klettere ich den steilen Hügel hinauf. Ein etwa vierzigjähriger Mann kommt mir entgegen. Er erklärt mir, was sie hier machen: eine Kloake graben für eine öffentliche Toilette. Ich versuche, ein Wort für seine Haltung zu finden, und komme nicht weiter als »langsame Würde«.

Die Studenten graben zusammen mit den anderen. Das Mädchen schiebt eine schwere Karre mit Steinen. Die anderen Arbeiter stellen sich zu uns und fragen, wie Holland aussieht. Überhaupt keine Berge, darüber wird schrecklich gelacht. Sie zeigen mir die Projekte, die bereits fertiggestellt sind, und erzählen, was sie noch vorhaben. Dann machen sie sich wieder an die Arbeit, und ich gehe den Hügel hinunter. Unten drehe ich mich noch einmal um. Sie winken. Ich winke zurück und frage mich, ob es nicht besser ist, *eine* Kloake auszuheben, als zehn Artikel zu schreiben.

Apotheose! Ich bekomme mein Gespräch mit Barrientos. Und mit Studenten. Man wird mich ins Gefängnis einschmuggeln, in dem Arguedas sitzt. Und das alles an *einem* Tag. Diesmal weichen die kleinen roten Soldaten beiseite, und wir betreten das Terrarium des bolivianischen Establishments. Im Presseraum hängt ein kleines Schild: »Laßt uns nach Mitteln suchen, wie wir der Freiheit der Meinungsäußerung auf der ganzen Welt zum Sieg verhelfen können.« Ein Beamter erscheint und sagt: »Sie bekommen zwanzig Minuten.« Wir rücken *ein* Zimmer vor. Draußen ertönt Marschmusik. Auf allen Spiegeln das Wappen Boliviens. Parkettboden, goldene Decken, Säulen, Jugendstildamen mit knospenden Brüsten halten einen Strauß Lampen hoch. Allerlei Militär mit weißen Handschuhen und dunklen Sonnenbrillen läuft hin und her, nichts wird der Phantasie überlassen. Dann dürfen wir zwei Obristen folgen.

In einem Raum aus Gold, schönem Holz und Fahnen sitzt Barrientos an seinem Schreibtisch, steht auf, als wir eintreten. Nicht groß, kräftig gebaut, eine Art Bürstenschnitt, klare, wache Augen. Er mustert uns genauso wie wir ihn. Einundzwanzig Flugzeugunglücke, davon zehn schwere. Mehrere Attentate, von denen einige mit Sicherheit von ihm selbst organisiert waren. Zahllose Husarenstücke, zum Beispiel Landung in Cochabamba bei Dunkelheit, als er die Unterstützung seiner Campesinos brauchte. Oder, als es Beschwerden über die Fallschirme der Luftwaffe gab, den erstbesten vom Stapel nehmen und abspringen. Beispiele für *machismo*, Krafthuberei, die in diesem Teil der Welt bestens ankommen. Castro kann da mitreden.

Der Präsident sitzt vor der bolivianischen Fahne. Links und rechts die Porträts von Busch und Villaroel, düstere Vorzeichen. Als Eddy klickend zu fotografieren beginnt, Schuß um Schuß, sagt er: »Wenn Sie Castro wären, wäre ich jetzt tot.«

Also Castro. »Er hat seine Revolution, wir die unsrige. Er soll nicht versuchen, seine hier zu importieren. Auf wessen Befehl ist Guevara ermordet worden? Nicht auf meinen. Aber er war ein Eindringling, ein Ausländer. Das mögen wir nicht. Er hat nicht die Sprache der Campesinos gesprochen. Sie haben ihm nicht vertraut.«

Sind die Verhältnisse in Kuba trotz der Blockade relativ gesehen nicht besser als hier? »Unsere Probleme sind viel größer. Und Castro wird von den Russen gestützt.« Wie viele amerikanische Militärberater gibt es bei seinen Elitetruppen? »Sechs.« (Vierzig, sagt der amerikanische Botschafter zwei Stunden später.) Stellt er sich 1970 zur Wiederwahl? »Nein.« Was wird er dann tun? »Die Campesinos anführen.«

Es folgt eine Darlegung dessen, was bereits erreicht wurde und was noch zu tun ist. Warum liefert sich das Land amerikanischem Kapital so restlos aus? Dagegen regt sich doch viel Widerstand? »Wir nehmen jede Hilfe an, jede Investition; auch vom Ostblock, auch von Rußland.« Das ist ja eine Neuigkeit, sage ich. Er nickt. Es folgt ein Lobgesang auf die Reichtümer des Landes. »Somos un mendigo sobre una silla de oro.« Ein Bettler auf einem goldenen Stuhl. Entwicklung, Entwicklung. Ein Kampf gegen die Zeit.

Der Adjutant beginnt bereits zu winken. Ich frage Barrientos nach seinem Freund Arguedas. Rein rechtlich gesehen muß dieser sich vor dem Kongreß verantworten. Warum also steht er vor dem Militärgericht? Das entzieht sich seiner Befugnis. Und Debray? Debray hat es gut. Seine Frau darf ihn besuchen, er bekommt Whiskey, er hat es gut. Und die Ranger: Was sind das? Die von den Amerikanern ausgebildeten Elitetruppen, die 1967 auf die Grubenarbeiter geschossen haben. Provoziert von Agitatoren. Und die Jagd auf die Guerilleros machen. »Die heißen nicht Ranger. Das ist der Grupo de Defenso Nacional.« Darf ich das Geheimlager sehen?

Der Adjutant fällt fast in Ohnmacht, aber ich darf. Barrientos drückt auf einen Knopf. Ein Marineoffizier (kein Meer!) eilt herein. »Diese Herren besuchen heute nachmittag um fünf Uhr das Lager des Grupo de Etcetera.« Er erhebt sich, schiebt seine Teetasse beiseite, ein eiserner Händedruck, das war's.

Nächstes Kapitel. Ein Mann trifft sich mit uns in einem Café. Er wird mich in Arguedas' Gefängnis einschmuggeln. Ich folge ihm durch die schmalen Straßen. Wenn ich Herzklopfen habe, dann von der Höhe. Ein großer Innenhof. Große Buchstaben. DIC. Geheimpolizei. Voll von durcheinanderlaufenden Menschen. Ich sehe natürlich sofort, wer Bittsteller, Spion, Denunziant und Henker ist. Mein Führer blickt sich von Zeit zu Zeit scheu um, und wir betreten einen Holzgang, auf dem laue Herren auf Bänken kurz vor dem Einschlafen sind. Er geht auf eine Tür zu. Im letzten Moment weht plötzlich jemand in einem weißen Anzug zwischen uns. Mein Mann ist weg. Was ich hier will? Arguedas interviewen. Papiere, Paß, alles wird mir abgenommen. Warteraum. Stunden. Ich bekomme alles zurück und darf gehen. Nur das Innenministerium kann die Genehmigung erteilen. Dies wird eine tagelange Komödie, ein Wettkampf, den ich verliere. Das Ministerium schickt mich zur Polizei, die Polizei zum Ministerium, das zum Gericht und schließlich zum Obersten Militärgerichtshof. Ich weiß längst, daß ich ihn nie zu Gesicht bekommen werde, lasse aber aus neugieriger Dickköpfigkeit nicht locker.

Schließlich bekomme ich einen Brief des Obersten Richters, in dem steht, daß ich Capitán Arguedas Mendieta in seiner Zelle aufsuchen darf, falls er das wünscht. Ich gehe wieder zum Gefängnis – mittlerweile viele Tage später. Capitán Arguedas wünscht nicht. Warum nicht? Das steinerne Gesicht vis-à-vis von mir ist erstaunt über soviel Stupidität. Er gibt schon zu viele Interviews, sagt es kichernd. Aber ich weiß, daß Arguedas bereits seit drei Monaten *incommunicado* ist.

In der amerikanischen Botschaft läuft alles anders. Eine Welt voller geschäftiger Leute. Noch nie habe ich so stark das Gefühl eines Imperiums gehabt wie in dem Moment, als der *marine*, die Augen kaum sichtbar unter der riesigen weißen Mütze, und er selbst wieder klein unter der riesigen amerikanischen Fahne, die Angaben aus meinem Paß abschreibt.
Der Botschafter heißt Raul Castro, ein Scherz des State Department. Er selbst scherzt am meisten darüber. Es wird ein fröhliches Gespräch, bei dem Lyndon B. in Farbe von der Wand herab zuschaut. Die bekannten Worte echoen durch den Raum. Entwicklung, Freiheit, Alianza, Hickenlooper amendment. Aber ist es sinnvoll, die Hilfe an Bedingungen zu knüpfen, von denen letztlich nur der Geber profitiert? Sehen Sie sich doch mal in der Welt um, Sie Holländer. Japan macht das gleiche. Rußland macht auf Kuba das gleiche. *Competition.*
Und dann müssen die Zwerge eben zusehen, wie sie sich zwischen den Knien der Riesen durchwursteln. Ihre Rohstoffe gehen billig aus dem Land (Zinn von Grace auf Schiffen von Grace) und kehren als teure Produkte zurück. Kaum Industrie. Nicht einmal eigene Schmelzöfen. Noch

immer das Recht des Stärkeren, und was das, in dieser meinungsbildenden Welt, dann auch noch an hochgestimmtem Blabla über Hand in Hand auf dem Weg zur Freiheit des großen amerikanischen Kontinents impliziert.

Platte abgestellt, Anwesen verlassen. Vor dem Präsidentenpalast wartet der Landrover. Auf zu den Rangers. Hinaus aus der Stadt. Über eine Straße voller Schlaglöcher. Aussteigen. Kontrolle. Und dann passiert das Schreckliche.

Auf einem leeren Sandplatz sind, Maschinengewehr im Anschlag, zweihundert Mann in Tarnanzügen angetreten und warten auf uns. Eddy kann wenigstens noch fotografieren, aber ich bin geliefert. Ein Offizier mit einem australischen Hut mit *einer* hohen Krempe kommt auf mich zu, salutiert und sagt, daß dies die Truppen sind. Mir wird schlagartig bewußt, wie entsetzlich hellblau mein Anzug ist. Die zweihundert Männer starren aus verschlossenen mongolischen Gesichtern. Ich gehe an der Truppe vorbei. Nichts bewegt sich. Mir ist danach, vor lauter Lächerlichkeit in Tränen auszubrechen oder vor Lachen zu brüllen, aber als ich daran denke, daß dies die Männer sind, die Vallegrande Meter für Meter durchkämmt haben, vergehen alle Gefühle. Eddy sagt: »Ich wollte, sie würden sich bewegen«, und mit einer aberwitzigen Art von Autorität sage ich, sie sollen sich »für das Foto« bewegen, und es werden Befehle geschrien, sie gehen in die Knie, strecken die Maschinengewehre vor und verfolgen, auf *einen* Punkt starrend, einen unsichtbaren Feind. Wen? Inti Peredo, El Chino, Che Guevara? Eddy sagt, es reicht. Der Landrover fährt wieder vor, wir bekommen einen Händedruck von den Offizieren, deren Zähne so weiß sind wie ihre T-Shirts, Nooteboom und Posthuma de Boer haben die Truppen inspiziert.

Zu allem Überfluß meldet sich am selben Abend der erste

Student. Er will nicht im Hotel bleiben, sondern geht mit mir durch dunkle Straßen. Pekingkommunist. Castro ist ein *petit bourgeois,* unterstützt die falschen Leute in Südamerika, geht an Rußlands Gängelband. Er flüstert, argumentiert, spricht Pariser Studentenjargon, ist jung, läßt den Mond auf sein begeistertes Gesicht scheinen und gibt mir einen in einen roten Einband gebundenen Brief von Oscar Zamora an Castro, der mit den Worten endet: »Zweifellos werden Sie Ihre Intrigen und Hetzkampagnen fortsetzen.« Ich frage ihn, ob er nicht findet, daß Castro und Guevara viel für Südamerika getan haben, aber er findet, längst nicht genug. Guevara hat sich geirrt, und Castro unterstützt die Revisionisten, unterstützt die offizielle Partei in Bolivien, die gegen die Revolution ist, unterstützt den Verräter Monje, »der am liebsten will, daß das Leiden der Unterdrückten ewig fortdauert«.

Was hat er selbst vor? Demnächst ins Landesinnere. Brandherde anlegen vom flachen Land aus, aber nicht an den falschen Stellen wie Che, und nie mit der Unterstützung der Verräter von der offiziellen kommunistischen Partei. Und damit verschwindet er in die Nacht.

Der zweite spricht ein aberwitziges Deutsch und weigert sich, spanisch mit mir zu sprechen. Er sieht aus wie ein bleicher Seminarist, ist Christdemokrat, allerdings nicht so wie der »verkaufte Frey« in Chile, er ist ein Anhänger von Camillo Torres. Er ist dabei, sich auf Guerillaaktivitäten vorzubereiten. Geht oft auf den Altiplano, bleibt dort tagelang in den Hütten der Indios, will sie gründlich kennenlernen, betrinkt sich absichtlich mit ihnen, lernt Quechua (sonst hat es keinen Sinn). Woher bekommen sie Geld? Das stehlen wir. Will er mit den Kommunisten zusammenarbeiten? Ja, solange es nötig ist. Und danach? Wenn sie uns nicht folgen wollen, werden sie an die Wand gestellt. Ist das nicht etwas hart? In der Revolution gibt es keine Gefühle. Es geht darum, dem Land auf die Beine zu helfen, nicht darum, es wieder zum Sklaven Rußlands oder Chinas zu machen. Aber Bolivien kann sich nicht selbst ernähren, ohne Hilfe von außen wird es auch nach einer Revolution nie zu schaffen sein. Ganz Lateinamerika muß sich erheben, gemeinsam sind wir eine große Macht. Sie können uns nicht alle vernichten. Und wenn es nötig ist, werden wir sterben, wie Torres, wie Guevara. Andere werden den Kampf fortführen.

Er läßt mich mit dem Salto zurück, den ich an diesem Tag geschlagen habe. Barrientos, Arguedas, Rangers, Peking, Torres. Der Strudel eines Kontinents, der an seiner Kette zerrt. Einer Kette, die fester gezurrt wird, je schwächer die einzelnen Glieder werden. Einer Kette, deren Bruch wir noch erleben werden. Oder nicht.

Am letzten Tag bringt H. uns zum Titicacasee. Eine Wahnsinnsfahrt über das leere Hochland, vorbei an den geheimnisvollen Tempeln der Sonne, den Steinen in Menschengestalt, unter denen Menschen zu Tode gedrückt wurden, bis zum letzten, leeren Grenzort, an dem das Schiff nach Peru abfährt, bis zu den kalten, wilden Ufern des stahlblauen Sees. Ein Mann kommt in seinem aus Schilf geflochtenen Boot angefahren, eine Ankunft aus vorgeschichtlicher Zeit. Ein paar kleine schwarze Schweine fressen den nassen, kalten Schlamm am Strand. Seine Frau lädt hohes grünes Schilf auf einen zu Gott schreienden Esel. Der Mann steigt aus. H. schießt Enten, und das Geräusch bricht sich an allen Bergen. Ich gehe auf den Fischer zu, aber er spricht kein Spanisch. Wir stehen ganz still nebeneinander. Ich deute auf die Sonne und sage »Sol«. Er lacht und zeigt auch auf sie. Er sagt

»Inte«. So geben wir allem einen Namen. Der leeren Hochebene, den armseligen Hütten, den Schweinen, der Frau,
den herabstürzenden Enten, den Bergen Perus, dem Wasser,
dem weißen Schnee des Illimani. Ich koste die fremden kurzen Wörter der Sprache, die die Inka gesprochen haben, auf
der Zunge. Am nächsten Tag, als ich nach Hause fliege und
die Sonne sehe, die auf den Mond unter mir scheint, denke
ich an sein Gesicht und wie er das sagte. Inte. Am selben
Abend schlägt ein berittener Polizist in New York bei einer
Anti-Wallace-Demonstration ein Loch in das Taxi, das
mich zu meinem Hotel bringt. Ich bin wieder zu Hause.
Auf Regalen in Schränken in Moskau, Washington, Paris,
Havanna, Peking wuchert es weiter, das Dossier Bolivien,
eine Geschichte von Blut, Geld und schlechten Zahlen.

1968/69

1 Braniff: bolivianische Fluggesellschaft.
2 Jules Régis Debray (geb. 1940): französischer Schriftsteller, Philo-
   soph und Essayist. Beteiligte sich in den 60er Jahren als Dozent an
   der revolutionären Bewegung in Kuba und Bolivien. Wurde 1967
   in Bolivien wegen angeblicher Vorbereitung von Guerillaaktionen
   zu 30 Jahren Haft verurteilt, 1970 jedoch, nachdem sich Charles
   de Gaulle, André Malraux und Jean-Paul Sartre dafür einsetzten,
   wieder auf freien Fuß gesetzt.
3 General René Barrientos Ortuño (1919-1969): damaliger Präsident
   von Bolivien (1964-1965; zusammen mit Alfredo Ovando Candia
   1965-1966; 1966-1969).
4 Eddy Posthuma de Boer, der Fotograf, mit dem Nooteboom im
   Laufe der Jahre unzählige Reisen unternahm.
5 *tokeh*: malaiisch für Gecko.
6 Illimani: Berg bei La Paz, mit 6 882 m der höchste Berg der Anden.
7 Camillo Torres (1929-1966): kolumbianischer Priester und Revolutionär.
8 Harry Mulisch, *Het woord bij de daad: Getuigenissen van de revolutie op
   Cuba*, 1968.

Trommeln, Pfeifen, böse Geister

Garten

Sehr früh am Morgen. Ich bin aufgestanden und blicke vom Balkon meines Hotels auf den Strand von Copacabana. Der Neger, der dort jeden Tag seine adlerförmigen Drachen verkauft, steht schon an seinem Platz. Einen Drachen nach dem anderen steckt er in den Sand, orangefarbene, gelbe, blaue, rote. Das Licht ist weiß, aber man sieht keine Sonne. Massiver Nebel liegt auf den äußersten Enden der Bucht, in der die grünen, wolligen Inseln wie schläfrige Monster ruhen. Zwei Meter hohe Wellen brechen am Strand, ich schaue ihnen zu und lausche ihrem Klang. Außer dem Neger sehe ich noch niemanden. Später, als die Sonne herauskommt, liegen schöne Menschen dicht an dicht auf dem Strand, Eis- und Ananasverkäufer wühlen sich zwischen ihnen hindurch, rufen mit hohen Stimmen, gefaltetes Papiergeld zwischen allen Fingern der linken Hand, überall wird Fußball gespielt, harte Schüsse mit bloßen Füßen, hin und wieder springt das Meer zu weit aufs Land und spritzt eine Gruppe klatschnaß, die Sonne hält das Paradies instand, und ich liege im Sand und sehe den wilden Wolken zu und höre eine Sprache, die ich kaum verstehe.

Als die Wolken die Oberhand gewinnen, ziehe ich mich mit allen anderen zurück. Die Taxis sind hier Volkswagen und Dauphines, ich lasse mich zum Botanischen Garten fahren. Der Wächter schiebt mich durch ein Drehkreuz, und ich stehe in den Tropen in den Tropen – denn es ist doppelt gemoppelt, nicht nur, daß die Luft hier heiß ist, auch die dazugehörigen Bäume und Pflanzen sind alle versammelt, Palmen und Bambus, Orchideen und fleischfressende Monster, all das mit seinem Überfluß an Farbe schwankt leicht im Winde, und doch ist es ganz still. Niemand ist zu sehen. Ich kann meine Schritte zählen. Hin und wieder komme ich an der Büste eines längst dahingegangenen Pflanzendoktors vorbei, der sich inmitten des selbstbenannten ewigen Grüns einer Art Unsterblichkeit erfreut. Ich notiere mir seinen Namen, auch die von Blumen und Bäumen, ich schreibe auf, was ich sehe, aber später verliere ich meine Notizen, so daß das Gesehene verschwunden ist. Nur daß plötzlich eine Schlange neben mir durchs kurze, harte Gras huschte, das weiß ich noch, und daß es eine irrwitzig große Blüte gab, die aussah wie aneinander aufgehängte, kleine blutende Vögel, unvorstellbar rot. Aber wenn ich die Augen schließe, sehe ich doch noch anderes, die wirklich fast sichtbare Stille unter einer eigenartig gebogenen Bambusstaude, den Kolibri, der einen Augenblick vibrierend an einer Stelle hing, zwischen seinen rasend schlagenden, schwirrenden Flügelchen, und dann vollständig in einem weißblauen Blütenkelch verschwand, ein Vogel in einer Blüte. Wasser murmelt, jetzt tauchen plötzlich auch Menschen auf, zwei alte Damen, die über eine unvergeßliche Erinnerung sprechen, ein Negerjunge auf bloßen Füßen, den Arm voller Flaschen, ein bleichgesichtiger junger Mann, der unter einem kirchenhohen heiligen Farn jetzt schon unsterbliche Worte an ein Mädchen richtet, das mit den schwärzesten Augen der Welt in meine Richtung blickt, ohne mich zu sehen. In der Ferne steht ein aufwendig verzierter Torbogen, aber als ich näher komme, erweist er sich als Tor, das nirgendwohin führt, ein kleiner Triumphbogen, der schon fertig war, als der Triumph ausblieb, und so steht er nun vor einer blinden, gelben Mauer, und weil ich auf der anderen Seite Menschen höre, will ich sehen, was sich dort abspielt, und ziehe mich an ihr hoch.

Es ist eine Straße. Eine Negerin in langem Kleid, die auf dem Gehsteig sitzt, verkauft Frikadellen aus gemahlenem Maniok. Hier ist die steinerne Stadt zu Ende und beginnen die Favelas, Elendsviertel aus selbstgebauten Schuppen und Holzhäuschen, die Quartiere der Armen. Es müssen viele sein, denn diese Bruchbuden ziehen sich wie eine lange Girlande des Verfalls über die Hügel, so weit das Auge reicht. Als mein Blick wieder zu der Negerin zurückkirrt, sehe ich, was in großen roten Lettern auf der Wand hinter ihr steht: *Die Idee Che Guevaras wird weiterleben.*

November 1967

Friedhof

Märkte und Friedhöfe, Sammelplätze von Lebenden und Toten – das sind die Orte, an denen man eine Stadt kennenlernt. Gestern habe ich beschlossen, heute einen Friedhof zu besuchen, und jetzt, da ich aufstehe und die Jalousien meines Hotelzimmers hochziehe, sehe ich übers Meer das dazu passende Wetter kommen: eine graue Armee, die ins Land einfällt. Guten Morgen, Soldaten! Guten Morgen, General! Die Soldaten klopfen an die Fensterscheibe, und der General bekommt eine große orangene Papaya zum Frühstück. Eine halbe Stunde später bin ich auf der Straße und halte ein Taxi an, eines dieser Monster, die ein Geräusch machen, als würden sie mit getrockneten Hülsenfrüchten betrieben. Der Fahrer fragt, wo ich hinmöchte.

Zu einem Friedhof.

Zu welchem?

Egal.

Sein abergläubischer Nacken zeigt mir, daß er weiß, daß ich verrückt bin, und er beobachtet mich im Rückspiegel, während er mich mit rasender Geschwindigkeit zu einem großen, gelben, mit gekreuzten Knochen verzierten Tor fährt. Davor steht auf einem kleinen Karren ein bemalter Sarg. Das Holz ist sehr dünn. Hier wird nichts dem Zufall überlassen, überlege ich und gehe hinter einer trauernden Negerfamilie her durch das Tor. Es beginnt etwas stärker zu regnen, die Familie biegt in einen Seitenweg ein, und ich gehe geradeaus bis zu einer Kreuzung, an der Kerzen brennen. Auf beiden Seiten erheben sich Pyramiden für die vornehmen Toten von Rio. Soldaten, Engel, Jungfrauen und Götter wachen in theatralischen Posen. Der einzige Ort, an dem man solche Haltungen noch live sehen kann, ist die Oper. Gräber mit Säulenstümpfen, halbe Villen, Apartmenthäuser, gewöhnliche Schachteln, Tempel, eine Weltausstellung sonderbarer Bauten, in denen die Hautevolee Brasiliens das Ende der Zeiten erwartet.

Die Negerfamilie habe ich zwischen all den verzierten Wolkenkratzern schon aus den Augen verloren, die muß ganz woanders sein, in den Außenbezirken, wo man genauso einsam, aber in bescheideneren Verhältnissen genauso gründlich zerfällt. Bei den brennenden Kerzen stehen viele Leute. Die Packungen mit den Kerzen liegen auf einem Rost bereit, zusammen mit Dutzenden von Streichholzschachteln. Geflüsterte Gebete, das Zischeln von Flammen im Regen, Blumen mit Tränen, der Wachsgeruch der erloschenen Kerzen, die leckenden Flämmchen, kniende, starr blickende Menschen, eingefaßt in ihren eigenen Schmerz, ein eiserner Kasten, in dem Geld verschwindet – Menschen des zwanzigsten Jahrhunderts vor dem Rätsel des Todes. Solange ich dort stehe, wird es nicht gelöst, also gehe ich weiter, schon tüchtig durchnäßt, und sehe, wie sich ein Arbeiter aus seinem Grab erhebt und eine Kippe wegwirft. Dann bückt er sich nach seinem Maurerwerkzeug. Ein paar Gräber weiter ist es ein alter Mann unter einem Regenschirm, der sich erhebt und einen Blumenstrauß ordnet, und noch einmal ordnet, und noch einmal.

In der Ferne ziehen die Nebel durch die Hügel, die auch hier wieder mit Elendsquartieren besetzt sind, dem Leben vor dem Tod. Sie haben Aussicht auf Mauern, wie es sie in allen romanischen Ländern gibt, Mauern voller Schachteln, in denen ebenfalls Tote liegen. Die Mauer, vor der ich nun stehe, ist für die Kinder, und es ist eine alte Mauer, voller Kinder, die jetzt schon viel länger nicht mehr leben, als sie gelebt haben, wie etwa Joaquín Dias da Silva, gestorben am 9. 1. 1925. Von der Mauer aus, die oberhalb einer Treppe steht, kann ich die steinerne Ebene gut überblicken. Engel, die Fackeln und erloschene Kerzen tragen, geben den Ton an. In alle Himmelsrichtungen strecken sie ihre beschwörenden, trauernden, ergebenen, zeigenden Arme aus.

Ich steige wieder hinab, vorbei am Grab des Generals Carlos Eugênio de Andrade Guimarães (1851-1920 – seine Ritterorden, seine traurigen Augen, der Federbusch an seinem versteinerten Zweispitz), vorbei an Amalia und Oscar Trompowsky, George Washington de Souza, Estefania O'Grady und Dr. Germano Haslocher (Journalist und Parlamentarier), und mir kommt der Gedanke, daß Cornelis

Nooteboom gar nicht so schlecht in diese polyglotte Serie passen würde: der Grund, weshalb ich dieses Wohnviertel der Ewigkeit dann vielleicht doch etwas schnelleren Schrittes verlasse. Es kann auch wegen des inzwischen noch heftiger gewordenen Regens gewesen sein.

Rio de Janeiro, November 1967

Candomblé

Ich weiß schon lange nicht mehr, wo wir sind. Das Auto hat das Zentrum Bahias hinter sich gelassen, die Straßenbeleuchtung wird spärlicher, die Straßen selbst sind aus Sand und an diesem Abend schlammig, es hat stark geregnet. Wir halten bei einem alten Baum, dessen Stamm zwei Menschen nicht umspannen könnten. Die Luft ist feucht und schwül. Eine Gruppe Neger betrachtet uns gleichgültig. Wir folgen unserem Führer zu einem niedrigen weißen Gebäude. Von der Umgebung sehe ich nichts; die Nacht ist schwarz, mondlos. Die Frauen werden von den Männern getrennt, und die Männer sitzen dem Thron direkt gegenüber, oder dem Altar, oder was immer es sein mag.
Der Thron, das ist ein breiter Stuhl, grün gestrichen, gepolstert mit giftig glänzendem, viperngrünem Plastik. Darauf sitzt, unbeweglich, eine unglaublich dicke Negerin. Über ihrem Kopf leuchtet eine Neonröhre, die Augen hinter ihrer Brille sehen uns an, als wäre ihr Inneres ganz mit dem härtesten Gestein gefüllt, das man auf der Erde findet. Ein paar Schritte von ihr entfernt hat sich ein etwas verbrauchter Mann von der Farbe stark gealterten Elfenbeins niedergelassen, graue Haare, gesenkter Blick. Zwischen den beiden ein Stilleben aus weißen Blumen, kleinen silber-

nen Skulpturen und der grellfarbenen Tonfigur eines Reiters, umgeben von bunten Lämpchen.

Der Brasilianer, der uns begleitet, flüstert mir zu, daß der Mann einen Gott darstellt oder Gott ist, er weiß es auch nicht genau. Auf jeden Fall trägt Gott diesen Abend einen hellgrauen Anzug mit hellblauer Krawatte. Er stößt einen leisen Schrei aus, und in die Gruppe der Negerfrauen, die links von der unbeweglichen Urmutter sitzen, kommt Bewegung. Sie beugen sich zum Boden hinab, strecken die Arme dem grünen Thron entgegen, berühren wieder den Boden, dann ihren Kopf, und schließlich müssen sie ein unsichtbares, machtvolles Zeichen empfangen haben, denn sie erheben sich und beginnen langsam im Kreis zu tanzen. Der Gesang ist eintönig, die Schritte sind langsam, die Frauen tragen weite Reifröcke, farbige Tücher um die Taille, weiße Spitzenblusen. Bloße Füße, passive Gesichter. Drei weißgekleidete Männer schlagen den Takt, ohne Schwung und doch mit einem Beiklang von Wildheit. Sie blicken zu den Frauen hin, ohne sie zu sehen. Sonst geschieht nichts. Die Trommeln, das langsame Tanzen, die unbeweglichen Götter, ein paar Gesichter, die durchs offene Fenster hereinstarren, grüne und weiße Fransengirlanden an der Decke mit ihrem Neonlicht – Candomblé. Ein afrikanischer Kult, von den Sklaven aus Afrika mitgebracht, verwandt mit Voodoo, vom Katholizismus beeinflußt, aber das ist hier nicht zu erkennen.
Ich betrachte die Gesichter der Frauen, einige sind weit über siebzig, aber ob jung oder alt, alle haben einen abwesenden Ausdruck, in sich oder nirgendwohin gekehrt – nirgends eine Antwort auf eine Frage, die ich nicht einmal kenne. Ich weiß, daß es schön ist, daß es wirklich ist und

daß ich nicht dazugehöre. Ein Zeichen vom Thron, die Musik wird lebhafter, die Bewegungen kaum.

Die dicke Frau sitzt wie ein fetter, aufgetakelter, aus der Unendlichkeit des Himmels gestürzter Meteorit auf ihrem Thron und wedelt mit dem Arm. Kalten Blicks lenkt sie die Tanzenden. Plötzlich löst sich eine junge Frau aus der Gruppe und beginnt zu zucken. Ihr Gesicht ist von einer schrecklichen Traurigkeit, das *Inbild* des Leids, ein kaum zu ertragender Anblick. Eine andere, kleinere Frau bittet die Göttin oder Priesterin um ihre Einwilligung, sie bekommt sie und führt dann die Zuckende behutsam im Kreis herum, wobei sie ihr die Kleider löst und von neuem, nun aber viel lockerer, befestigt. Dann läßt sie die Frau allein, und das Zucken wird wilder. Der Trommelrhythmus hat jetzt ein neues Element, einen heftigen, brutalen Schlag, einen Peitschenknall, der Kopf der Frau beginnt hin und her zu rollen, aber ihr Gesicht behält diesen Ausdruck von geistesabwesendem Kummer.
Als ich den Blick von ihrem Gesicht löse und die langen, starken Beine betrachte, die den Körper jetzt im Kreis drehen, kommt mir der Gedanke an ein leidendes Tier, das seine Last nicht abschütteln kann. Hin und wieder löst sich ein Schrei aus ihrem Inneren, aber die anderen Frauen tanzen weiter passiv und träge im Kreis um sie herum, bis zum Schluß. Als die Trommeln verstummen, bleibt sie in der Mitte stehen, mit leerem Blick, im wahrsten Sinne des Wortes abwesend, und wird weggeführt, während man das Rauschen der Röcke und das leise Klatschen nackter Füße auf Stein hört.
Der Geruch im Raum, der erst süßlich und würzig war, ist jetzt scharf und säuerlich, der Schweiß der Tanzenden ver-

mischt mit irgendeinem Kraut. Die Gesichter verschwinden immer mehr in sich selbst, die Trommeln haben bis zu den Füßen von mir Besitz ergriffen, das hohe Singen setzt wieder ein, Wellen unverständlicher Texte, die doch etwas bedeuten, mit jeder Sekunde werden wir überflüssiger, ein Haufen Voyeure, in einem Winkel des viel zu kleinen Raums zusammengetrieben; von draußen dringt, durch alles andere hindurch, der noch höhere Ton der Grillen an mein Ohr, und als es innen wieder still wird, stehen wir auf und gehen.

Niemand sagt etwas, aber wenig später sehe ich in einer Türöffnung ein paar Schritte weiter einen alten Mann stehen, der leise pfeifend sein Jackett auszieht. Es ist Gott, und er ist dabei, sich umzuziehen. Ich komme zu dem Schluß, daß ich nicht weiß, was ich an diesem Abend gesehen habe, und setze mich unter den Baum und warte darauf, daß das Auto zurückkommt.

Bahia, November 1967

Bahia

Die warme Luft des Flugplatzes wickelt uns ein, es riecht hier anders als in Rio, ich suche in meiner Erinnerung und finde Surinam. Etwas von Verhängnis haftet solchen kleinen tropischen Flughäfen an. Zu der einsamen Gruppe, die jetzt vom verlassenen Flugzeug zum Flughafengebäude geht, gehören Geheimagenten von John le Carré, Graham Greene und Ian Fleming, und darum steht hier natürlich auch dieser Lastwagen voller bewaffneter Soldaten, finstere Gesichter unter erbarmungslosen Helmen.

Ein Bus, auf dem *Breda* steht, fährt uns in die Stadt. Zur Linken ununterbrochen menschenleere Strände. Auf dem Meer hier und dort ein Fischerboot, ein ausgehöhlter Baumstamm mit einem Segel, das sich nach achtern neigt wie eine topplastige Gänsefeder.

Eine Stunde später gehe ich über den großen, überdachten Markt. Erst jetzt bin ich *anderswo* angekommen. Rio ist Europa, eine wohltuende Variante. Dies sind die Tropen, samt der durchdringenden Geräusche und Gerüche, die dazugehören – gedörrtes Fleisch und Flaschen voller Pfefferschoten, halbierte Fische und getrocknete Kräuter, Körbe voll träge kämpfender schwarzer Krabben, Felle, bizarre Knollen, Käfige, in denen traurige Vögel sitzen, kleine ausgestopfte Krokodile, alles ist da. Plötzlich höre ich durch all das hindurch ein Geräusch, das vorher nicht da war, nasse Menschen kommen hereingestürzt, und in der Ferne sehe ich den Grund dafür: einen Vorhang aus Regen, der donnernd über den kleinen Binnenhafen fegt.

Es wird voller, das Gedränge bekommt etwas Tänzerisches. An kleinen Ständen kann man essen, und ich sehe Teller, hoch beladen mit Bohnen, Reis und Fleischstücken in orangefarbener Soße. Ich selbst esse bei einem alten Mann ein paar Schalentiere, die man in eine brennend scharfe Pfeffersoße eintunken muß. Als er sieht, daß mir die Tränen kommen, reicht er mir mit grunzendem Lachen eine Riesenflasche eiskaltes Bier. Wie immer auf Märkten fühle ich mich glücklich und streife weiter durch die dunklen, schmalen, von den Ständen gebildeten Straßen. Man sieht mehr Neger als Weiße. Ich kaufe keinen roten Fisch, keine Lederweste aus dem Landesinneren, kein ausgestopftes Nagetier, kein silbernes Amulett, keinen grübelnd vor sich hinstarrenden ausgebluteten Ziegenkopf, keine Kette aus Schweinezähnen, keine Blumen, und schließlich komme ich zu einem ganz kleinen, versteckt gelegenen Stand, an dem gerade niemand etwas kauft. Er trägt die Aufschrift *Na. Sa. da Conceição*, Unsere Liebe Frau von der Empfängnis, aber das wäre dann auch alles, was ich identifizieren kann.

Der düstere, aus schwarzem Leder zusammengesetzte Dichter, der zwischen seinen Waren steht, erklärt mir, was er verkauft. Säckchen, die ein grobes Pulver gegen böse Geister enthalten. Die soll ich in meiner Wohnung auslegen. Weiche Kreidestücke, mit denen ich negative Einflüsse abwehren kann. Ein großer, frisch abgehackter tropischer Strunk für mein Badewasser. Kräuter, Talismane, kleine Schachteln gefüllt mit Weihrauch, Zweige, geheimnisvolle Fläschchen. Ich bekomme Lust, das ganze Zeug auf einmal zu kaufen, in allen Autos und Flugzeugen, in denen ich noch sitzen werde, Pulver auszustreuen, es säckeweise in mein Badewasser zu kippen, mich mit allem einzureiben und wenn nötig sämtliche Talismane um den Hals zu tragen, mit einem kräftigen Kreidestrich alle, die mich hassen, für immer unschädlich zu machen, um endlich als vollkommen glücklicher und unverwundbarer Mensch durchs Leben zu gehen, eine Spur besiegter Feinde und schmollend zurückgewichener böser Geister hinter mir lassend.
Je mehr ich kaufe, desto zuvorkommender wird er, es beginnt schon zu wirken. Er packt alles zu rührenden winzigen Päckchen zusammen, und vollständig von schützenden Mächten umgeben, trete ich wieder ins Freie, wo der Regen augenblicklich aufhört. Die Sonne springt gerade noch rechtzeitig an ihren Platz, sonst hätte sie es auch schwer bereut, und auch auf andere Weise tut die Welt ihr Bestes, um sich meinem neuen Status entsprechend zu verhalten. Eine

schrottreife weiße Arche Noah löst sich unter dem aufgereg-
ten Geschrei schwarzer Matrosen vom Ufer, und zwischen
den Farben blitzschnell wieder ausgelegter orangener Papayas, knallgrüner Zitronen und all der Körbe voller Blätter
und Früchte, deren Namen ich nicht kenne, sehe ich, wie
sich das Schiff unvorstellbar langsam entfernt, einem Ort
entgegen, den ich nicht kenne und zu dem ich nie kommen
werde.

Bahia, Dezember 1967

Ein Morgen in Bahia

Ein Niederländer, der hier wohnt, nimmt mich mit zu den
Favelas – Elendsvierteln, die sich hier nicht wie in Rio an
den Hügeln hochziehen, sondern auf Pfählen im Wasser
errichtet wurden. Als wir aufbrechen, kommt gleichzeitig
mit der Nacht der tropische Regen, und beide ungestüm
und schnell. Die Windschutzscheibe verflüssigt sich, die
Lichter des Gegenverkehrs schmelzen, dann plötzlich ist
der Regen vorbei, aber das Dunkel bleibt. Wir verlassen
die Stadt und fahren über Sandstraßen, die jetzt ein einziger
Morast sind. Vor uns wühlen sich große Busse durch den
Matsch, schleudern ihn in die Höhe, links und rechts sehe
ich niedrige Häuser, Läden, Bars. Die Dunkelheit ist uns zu-
vorgekommen, heute abend keine Favelas mehr. Von einem
Hügel aus kann ich die ganze Geschwulst, die Nebenstadt,
im Wasser liegen sehen: Hütten und Baracken auf Pfählen,
hundertdreißigtausend Einwohner, das andere Gesicht des
schönsten Landes der Welt.

Armut, das haben Spanien, Griechenland oder Sizilien bewiesen, ist pittoresk. Der Mensch aus dem Westen, an ihren Anblick nicht mehr gewöhnt, starrt sie an wie eine schreckenerregende Berglandschaft. Kaum wagt er sich ihr zu nähern. Von allen Seiten bekommt man hier zu hören: Geh nicht in die Favelas, geh wenigstens nicht allein in die Favelas, und das eine Mal, als ich in Rio am Ende einer Straße plötzlich auf eine Favela stieß, habe ich gezögert. Aus den Hütten, diesen Konstruktionen aus Kisten und Blech, kamen Frauen, um an einer Pumpe Wasser zu holen. Ein kleines Stück ging ich in eine der Gassen hinein. Drei Empfindungen: Angst, Scham und Abscheu. Und ich machte mich davon.

Diesmal ist es anders. Die goldfingrige Abenddämmerung, soll heißen: das die Schrecken verhüllende Dämmerlicht umgibt diese ganze flache Landschaft der Trostlosigkeit mit seinem fotogenen Glanz. Von hier oben betrachtet, scheint das bunt schillernde Wasser sanft zwischen den angefressenen Pfählen hindurchzuplätschern, und den Gestank, von dem ich weiß, daß er da ist, kann ich hier nicht riechen.

Am nächsten Morgen ist das nicht mehr so. Das Licht ist schon so weiß, daß ihm keine Einzelheit entkommt. Dasselbe Auto fährt vor. Wir fahren durch dieselben Schlammpfützen. Der Fotograf Eddy Posthuma de Boer begleitet uns, wir sind jetzt noch auffälliger und peinlicher. Unser Gastgeber fährt, bis er nicht mehr weiter kann. Das erste, was ich sehe, ist der schwarze Schlamm unter den Häusern. Und es stinkt. Zwei Gerüche – der des seichten, schlammschwarzen Wassers, und, süßlicher, der Geruch der Armut selbst, nicht genauer zu definieren, einfach ein Faktum. Unser Führer, holländisch stur und glücklicherweise selbstsicher, geht uns auf den schmalen Stegen voran. Der große Journalist Nooteboom konzentriert sich ganz auf seine in Paris erstandenen, letzte Nacht von einem Hotelangestellten auf Hochglanz polierten Schuhe. Wenn er das nicht tut, blickt er anderen Menschen in die Augen, die etwas ausdrücken, für das er bis jetzt nicht den passenden Ausdruck gefunden hat. Der Fotograf bleibt stehen und läßt es von seiner Kamera schlucken, die Unbefangenheit der Kinder, die passive Gleichgültigkeit der Frauen, die Aggressivität der Männer. Die Bewohner der Favelas sind stolz. Sie wollen nicht, daß ein anderer ihre Armut sieht, und die sehen wir, diese Armut, die noch nicht einmal die des nördlichen Brasilien ist, wo man in manchen Jahren an Hunger stirbt, die Armut der Zigtausenden, die in der Hoffnung auf ein besseres Leben in die Küstenregionen gekommen sind, im wahrsten Sinne des Wortes Lumpenproletariat, für das gar nicht so weit von hier ein Argentinier einen erbärmlichen Tod gestorben ist, in bester lateinamerikanischer Tradition.

Wir gehen zurück. Der Holländer bekennt jetzt, daß er, der seit drei Jahren hier wohnt, die Favelas auch noch nie betreten hatte. Weil man das nicht tut. Ein anderer erzählt mir, daß es in Indien schlimmer sei. Und ein Brasilianer sagt, daß die Favelados gar nicht in Häusern wohnen *wollen*. So wird es wohl sein. Eins ist sicher, mit Rhetorik, auch dieser, und Wohltätigkeit, zu der solche Rhetorik anstiftet, kommt man einer Lösung nicht näher. Brasilien ist ein grandioses, aber auch ein schwer heimgesuchtes Land, heimgesucht von Korruption, von der Unfähigkeit unbedeutender Führer und von Problemen aberwitzigen Ausmaßes. Gerade seine Größe, die es so mächtig wirken läßt, macht es unregierbar, auch für ein eventuelles revolutionäres Regime. Verglichen mit diesem Koloß ist Kuba ein Haustier, um nicht zu sagen: ein Mensch. Für den, der nicht an Guevaras Idee der drei, vier Vietnams in Südamerika glaubt oder dem sie Angst macht (ein Todeslos, das schlimmer sein muß als jeder Hunger), gibt es nur eins, will er seine Würde als Bewohner dieser Erde wahren: aufwachen aus dem betäubungsähnlichen Schlummer, aus dem Idiotentraum, in dem sich irgendwie schon alles findet. Denn ohne daß die Menschen etwas zu fressen bekommen, wird sich gar nichts finden. Und ansonsten müssen vor allem die Ökonomen eine Antwort auf all das geben, dann die betroffenen Menschen und ganz zuletzt erst diese lebenden Fossilien, diese ewigen Traumata, die Politiker des neunzehnten und die sektiererischen Dogmatiker des zwanzigsten Jahrhunderts mit ihren Waffen aus dem einundzwanzigsten.

Zwischen den Costas Ricas

Es gibt die Avenida Central und die Calle Central. Südlich der Avenida Central haben sämtliche *avenidas* gerade Nummern, nördlich davon ungerade. Die Nummern sämtlicher *calles* in Richtung Westen sind gerade, die in Richtung Süden ungerade: San José ist ein über sanft gewellte Hügel gelegtes Gitterwerk zwischen relativ hohen Hügeln und fernen Bergen. Der Wind dort ist mild, und abends ist es kühl; ein gesegnetes Klima. Keine Erinnerungen an eine koloniale Vergangenheit, keine barbarischen Hochhäuser, eine freundliche Stadt, in der der Reisende von ewiger Frühlings- und Sommerluft umfächelt umherspaziert. Er ist nie allein auf den Straßen. Eine fröhliche Menschenmenge schiebt sich an ihm vorbei, auf ihn zu, vor ihm her, mit allerlei mathematischen Gleichungen beschäftigt: beinahe alles ist quadratisch oder rechteckig, jeder sucht sich für den Heimweg seine eigene Route. Nur der Reisende braucht keine Route; er wählt seine 90-Grad-Winkel willkürlich, entdeckt jeden Augenblick etwas Neues.
Manchmal setzt er sich zu Füßen einer der dramatischen Statuen, die an einen längst vergessenen Akt des Heroismus erinnern, und sieht zu, wie es wie purpurrote, weiße, knallrote Juwelen langsam von den tropischen Bäumen tropft, liest in *La Nación* über Unruhen in einem Nachbarland, die eines Tages in noch mehr Statuen münden werden, beobachtet die Leute, die auf weiter entfernten Bänken die gleiche Zeitung lesen. Er ist zufrieden, der Reisende.
Überall um ihn herum erklingt mal lauter, mal leiser die beschwingte Variante des Spanischen, die in diesem Teil der

Welt gesprochen wird. An den Straßenecken stehen kleine Karren, von denen Eis und Schnitze tropischer Früchte verkauft werden. Man hat ihm gesagt, die Frauen, die er vorübergehen sieht, seien die schönsten in ganz Lateinamerika, doch das ist ihm schon selbst aufgefallen. Vögel zwitschern, alles ist grün, während in seinem Land alles kahl ist. Die Luft ist von Frieden erfüllt. Er hat Papayas gefrühstückt, Guaven und Wassermelone. Der Friede, der die Luft erfüllt, ist ein flüchtiges Element. Pflücke den Tag.

Beim Gang westwärts über die Avenida 2 sehe ich vor dem Palace-Kino eine Menschenmenge (überall auf der Welt gibt es ein Palace-Kino). Ich habe immer noch die Geräusche im Ohr, die dazugehören: Verkehrslärm und das Schaben von Eis. Letzteres ist etwas, das man in Holland nie zu hören bekommt. Das Eis wird geschabt und in Gläsern mit purpurroter, rötlichbrauner, hellgrüner Limonade serviert. *»Helados, helados, cinco colores!«*
Unter einer Palme steht ein Prophet. Er sieht aus wie Jesus in den amerikanischen Filmen der dreißiger Jahre: jung, bärtig, in einem grobleinenen, rostfarbenen Gewand, mit einem Stab. Doch er hat auch etwas, was Jesus nicht hatte – eine Congamuschel, in die er hineinbläst, ein weithin hörbarer, melancholischer Ton, der die Menge anzieht. Er legt heilende Hände auf; dies sind längst vergangene Zeiten. Eine Frau kommt auf ihn zu, die Leute recken die Köpfe, um besser sehen zu können. Sie ist schüchtern, flüstert ihm ihren Kummer ins Ohr. Er hat teichfarbene Augen von der Schattierung glänzenden Schlamms. Man kann nicht sehr tief in sie hineinblicken. Er legt ihr eine Hand auf den Kopf, streicht mit der anderen an ihrem Körper entlang, legt seinen Stab beiseite. Danach kommt ein Mann

von ungefähr Vierzig, mit unbewegtem indianischem Gesicht. Er hat Augen für niemanden, nur für den Wunderheiler. Seine Hand umklammert krampfhaft eine gelbe Plastiktüte. Der Zauberer – wie sonst soll ich ihn nennen – deutet auf eine Stelle am Bein des Mannes, und der Mann nickt, ja, dort sitzt er, der Schmerz, die Qual, der Teufel. Der gerade noch zeigende Finger wird drohend und vertreibt das Böse aus dem Bein, schau dir das an, setz' dich einfach, hier, du kannst es sehen, beide Beine haben wieder die gleiche Länge. Applaus, Applaus. Er bläst auf seiner Muschel und ruft »halleluja«, und alle stimmen ein, »halleluja, halleluja«. Manche winken und heben die Arme zum Himmel, zu den ausladenden hohen Bäumen mit ihren winzigen gelben Blüten.

Die Snackbars, die man den ganzen Tag über aufsuchen kann, werden *sodas* genannt, was man dort bekommt, sind *arreglados*, *tamales*, *empanadas*. Ich kann die Leute nicht verstehen, die in ihren Hotels essen. Die Kleinigkeiten, die gratis zu den Getränken gereicht werden, heißen *bocas*, ein Mundvoll.

Mittags esse ich in einem *soda* auf dem großen, überdachten Markt, balanciere auf einem Barhocker hinter Herd und Backofen. Die Frau, die mich bedient, schöpft Tintenfisch mit Knoblauch oder Shrimps aus großen Plastikbehältern, mischt rohen Kohl dazwischen und rührt das Ganze mit ein wenig Öl in einem Wok hin und her. Dazu kann man die seltsamsten Säfte trinken, *cebada*, ein Getränk aus Gerstenmehl, *pinolillo*, aus geröstetem Mais, *chan*, das nach etwas schmeckt, wofür noch kein Name erfunden wurde.

Überall um einen herum werden Marktgeschäfte abgewickelt, weht der Duft von frisch geröstetem Kaffee und Kakao über Fische und bunte Früchte. So ein Essen kostet im allgemeinen nicht viel mehr als einen Dollar, und man sitzt da, als wäre man in eine große Familie aufgenommen und selbst zum Tico (Costa Ricaner) geworden.

Freunde wollen uns zu einer Besichtigung des Vulkans mitnehmen, zum Poás – ein schönes Wort, das sich anhört wie ein Peitschenknall. Wir brechen früh auf, denn nach elf überzieht sich Poás gewöhnlich mit einer Wolkendecke, und er liegt in einiger Entfernung. Die Landschaft auf dem Weg dorthin ist freundlich, nichts verrät, daß der Vulkan seine Peitsche hin und wieder ernsthaft knallen läßt. Es ist kalt hier oben auf 2500 Metern. Zur Linken sind Hügel zu sehen, die mit tiefgrüner tropischer Vegetation überwachsen sind. Vor uns, zu unseren Füßen, eine Wolkenmasse wie beim Blick aus einem Flugzeug, von metallischer Farbe, prall, schwer. Der Krater selbst ist nicht von Wolken verdeckt. Es ist nicht erlaubt, zu nahe heranzugehen, wir stehen hinter einer hölzernen Absperrung und starren hinein. Es ist etwas Seltsames an den Menschen, die schweigend herumstehen; in unseren Blicken liegt Respekt, Respekt oder Angst vor der Gewalt, die dort unten schlummert. Die Schattierung des Wassers im Krater ist nicht zu beschreiben, ein schwefliges Grünlich-Weiß, in dem nicht das geringste zu erkennen ist, als wäre die Oberfläche mit Farbe versiegelt. Ich kann den Schwefel auf der Zunge schmecken. An zwei Stellen steigt schauriger weißer Rauch auf und weht davon, in die Welt hinein. In dieser Stille, in der kein Mensch ein Wort sagt, hat das Funktionieren der Erde etwas Mysteriöses; die Vorstellung, daß da etwas geschieht, was sich unserer Kontrolle entzieht. Plötzlich stellt man fest, daß das Element, auf dem man so sorglos herumgeht und -fährt, etwas Lebendiges ist mit seinen eigenen Launen und Ausbrüchen.

Langsam verdichten sich die Wolken, es ist zehn Uhr morgens, in einer kleinen Weile wird alles bedeckt sein. Zu unserer Rechten ist die Erde tiefschwarz, hie und da verstreute Auswüchse gräulich-weißer Felsen, sogar aus dem Boden, auf dem wir stehen, steigt sachte Dampf auf, wir befinden uns ein klein wenig in der Hölle.

1910 wurden an dieser Stelle 640 000 Tonnen feurige Masse und Asche in die Luft geschleudert, und 1953 brach der Poás noch einmal aus. In dem kleinen Museum neben dem Eingang sind die angesengten Fotos zu sehen. Zum Glück kann man auch sehen, wie reich Costa Rica ist. Achthundert Farnarten, mehr als auf Neuguinea, das fünfmal so groß ist; hundertdreißig Froscharten, während es in Michigan nur zwölf gibt; fünfzehntausend verschiedene Mottenarten, mehr als in ganz Afrika. Die gigantische Artenvielfalt ist das Ergebnis der unterschiedlichen Höhen über dem Meeresspiegel zwischen Küste und Landesinnerem – auf dem Weg von der Pazifikküste zum Poás durchquert man die gleichen Klimazonen wie auf der Reise von Costa Rica nach Alaska.

Diesen Nachmittag, habe ich beschlossen, werde ich die Erste Straße ablaufen, die Calle 1, vom einen Ende bis zum anderen. Und mich gleichzeitig verwöhnen. Ich habe mir eine *Flor de Nicaragua* angezündet, eine riesige Zigarre, die mich sanft, aber unerbittlich weiterzieht. Hin und wieder bleibe ich stehen und notiere sämtliche Inschriften, die mir ins Auge fallen. Zusammengenommen ergeben sie ein Klanggedicht, alles, was ich jetzt tun müßte, ist es in Musik zu setzen. Jemand heißt Lenin Rojas López Zeledon, was mich an die Kinder erinnert, die während des Krieges von ihren fehlgeleiteten Eltern Adolf Benito genannt wurden. Fábrica de Trofeos, Pacific Lumber Company, worin liegt genaugenommen die Faszination solcher Worte?

An der Ecke zur Calle 2: Refugio de Esperanza Armada de Salud, dort kann man übernachten, wenn man gestrandet ist. In der Academia Choferes Koky Jiménez kann man Autofahren lernen, im Soda La Crystal Kaffee trinken und in der Academia de Belleza Melba sich verschönern lassen, in der Zapatería La Isla Absätze unter seine Schuhe genagelt bekommen, in der Clinica para Muñecas seine Puppen reparieren lassen. Die Welt, in Worte gefaßt.

Am Ende der Straße, neben einer Hecke aus leuchtend blauen Orchideen, erhebt sich blödsinnig aus einem üppigen, weiblich gerundeten Basaltbrocken eine Statue. Gekrönt von dem gedankenverlorenen Haupt des Cleto González Víquez, wer immer das gewesen sein mag. Das Vaterland ist ihm dankbar, doch es sagt nicht, wofür. Wie alle Lateinamerikaner haben die Ticos eine Leidenschaft für Statuen, Plaketten, Denkmäler.

Das langsame tropische Dahinschlendern, die Gangart des Flaneurs, das ist die beste Methode, ein Land kennenzulernen. Ich lese und schreibe und spüre, wie das Land träge in mich hineinsickert – Hast ist fatal für den Reisenden. Vor der Beethoven Bar – buchstabiert »Ludwig Beetoven« – erhebt sich ein Denkmal für Carlos Gardel, den größten Tangosänger, den die Welt je gesehen hat, überall, wo Spanisch gesprochen wird, ein Heiliger. Als er 1935 starb, war ganz Südamerika in Aufruhr. Zu Hause habe ich seine Schallplatten, reine, unverfälschte Melancholie in einer hohen Stimmlage, ein samtiges Lamento, das durch die Patina einer längst vergangenen Zeit sogar noch schöner geworden ist, Kummer, so schwarz wie die 78er Platten, auf die er gepreßt wurde. Das Denkmal ist mit sechs Inschriften versehen, zwei davon von der Republik Argentinien, die eine anläßlich seines fünfundzwanzigsten, die andere anläßlich seines fünfzigsten Todestages. Das nenne ich Ruhm. Was fehlt, ist allein die Stimme selbst, die tatsächlich mit dem dunkler werdenden Himmel harmonieren würde, mit dem Abend, der sich von allen Seiten von den Hügeln herabsenkt wie eine Trauerprozession.

Ich setze mich unter einen Baum mit einer Rinde wie versteinerte Elefantenhaut, aus der bösartige Kakteen wachsen. Der Bus nach Guadalupe fährt vorbei, er trägt den Namen *Apocalipsis*, es paßt alles zusammen. Die Busse sind gelb und tragen ihre Namen auf der Stirn, die Menschen stehen in langen englischen Schlangen an den Bushaltestellen an, in Wolken scheußlicher Dieselabgase gehüllt, ich höre die Glocken der Kathedrale und lasse mich treiben, dem Abend entgegen, der inzwischen pechschwarz geworden ist.

Die Arme Costa Ricas sehen aus wie eine Zeichnung von Saul Steinberg[1], nicht dem Stil, aber dem Konzept nach. Man kann zwei Ozeane sehen, dazwischen eine schmale grüne Landenge, auf der sich drei hohe, vulkanartige Berge erheben. Das Land hätte eigentlich Costas Ricas heißen sollen, aber natürlich konnte Kolumbus unmöglich wissen, daß es noch eine zweite Küste gab. Er landete auf der karibischen Seite; um den Pazifik zu erreichen, hätte er über diese drei Berggipfel klettern müssen.

Ich möchte beide Küsten besuchen und fange mit der östlichen an. Zuerst gibt es da noch eine vierspurige Autobahn aus San José hinaus, doch die verengt sich schnell.

Grün ist das Land, immer noch liegt ein Schimmer von Tau über allem, auf den Kaffeeplantagen, den anmutigen Hügeln. Zunächst ähnelt es noch irgendwie Österreich, aber es wird schnell heißer, tropischer. Plötzlich fliegt ein Habicht in die Windschutzscheibe. Im einen Moment sehe ich noch seinen stolzen, grausamen Kopf auf das Glas geätzt, dann wird er in die Luft gewirbelt. Von ängstlichen Vorahnungen erfüllt halte ich auf dem Seitenstreifen an. Niemand stößt gerne mit einem Raubvogel zusammen, aber als ich aussteige, um nach ihm zu suchen, ist das einzige, was ich finden kann, eine große Maus, seine tote Beute, der Jäger selbst ist davongekommen.

Wie furchteinflößend Religion sein kann. Ich stehe in der Basílica de Nuestra Señora in Cartago. Vermutlich ist dies die älteste Kirche Costa Ricas, doch sie sieht nicht so aus; es handelt sich um ein erstaunlich lichtes Bauwerk, das nach einem meisterhaften Bauplan errichtet wurde. Ein Kreuzgang unter einer quadratischen Kuppel, die diagonal zu dem rechten Winkel des Kirchenschiffs angelegt wurde, das seinerseits genausolang ist wie die Seitenschiffe, so daß das ganze Gebäude zu drei Vierteln symmetrisch ist. Das Innere ist ganz aus Holz mit vielen Fenstern, so daß das helle Licht von allen Seiten hereinströmt. Es scheint, als schwebe die gesamte hölzerne Konstruktion, als hätte ein ultramoderner Architekt sie in Licht getaucht.
Eine Prozession von Zwergen kommt hereingehoppelt, die Gesichter vor Emotionen verzerrt. Ich nähere mich ihnen, um besser sehen zu können, und stelle fest, daß es sich um Kinder und alte Frauen handelt, die langsam auf Knien Richtung Altar vorrücken. Ihre Gesichter sind verloren in einer Art Ekstase, ihre Blicke nach vorne auf das dunkle, in-

dianische Gesicht von La Negrita geheftet, der schwarzen Jungfrau von Cartago.

Besonders für die alten Frauen dauert diese demütigende Reise eine Ewigkeit. Sie werden rechts und links überholt von Kindern, die auf dem glattpolierten Boden nach vorne flitzen. Vor zweitausend Jahren gebar eine Jüdin im Mittleren Osten ein Kind, und heute kriechen die Nachkommen von Spaniern und Indianern auf Knien durch eine von byzantinischer Architektur inspirierte Basilika, die an einem Ort steht, der nach der Stadt Hannibals benannt ist. Ursache und Wirkung.

An der Küste ist plötzlich alles anders: karibisch, afrikanisch, ein Land im Land. Die Menschen hier sind schwarz und sprechen englisch. Widersprüchliche Wahrnehmungen: Die Musik ist schneller und die Zeit langsamer, wer nicht tanzt, trödelt herum. Ich habe das Auto an einem endlosen leeren Strand geparkt. Ein schwarzer Jugendlicher sitzt mit seiner Freundin an einen Baumstrunk gelehnt. Weiter vorne ist bis zum Horizont keine Menschenseele zu sehen. In weiter Ferne macht der Strand eine leichte Biegung; der Dunst der Brandung hängt unter einer Wand aus Kokospalmen. Ich spüre, wie der holländische Winter von mir abfällt und wate auf der Suche nach Muscheln barfuß durch das lauwarme Wasser, beobachte die Pelikane, die sich wie Kampfflugzeuge ins Wasser stürzen. Frieden.

Hinter mir, unter den Palmen, ertönt von der Bar-Soda Romance Moderno der Klang von Congas, und das ist genau das, was auch ich gerne hätte, eine Romanze *moderno*, aber niemand ist dafür zur Stelle. Zwei alte Neger sitzen an separaten Tischen voller Bierflaschen. Ein dritter, wesentlich jünger, aber auch sehr viel fetter, tanzt einen frenetischen Salsa, der die ganze baufällige Terrasse zum Wackeln bringt. Afrika, Jamaika, Louisiana, und so bleibt es die nächsten Tage in der stickigen Hitze von Puerto Limón.

Mein Zimmer geht auf den Mercado Central. Wenn ich morgens aufwache, schaue ich direkt in die Augen der Geier, deren Zentralkomitee auf dem Dach des Marktes eine wichtige Konferenz abhält. Es ist nicht Regenzeit und doch regnet es, das Wasser fällt senkrecht aus dem schweren Himmel auf den Asphalt, es ist nur scheinbar in Bewegung und immer, wenn es aufhört, fängt die Straße sachte an zu dampfen und man hört von überall das Geräusch von Gummi auf nassem Asphalt. In *La Prensa* lese ich von Gefechten am Río Colorado, marodierenden Sandinistenbanden, die nicht mehr länger den Befehlen Managuas gehorchen.

Auf der Karte entdecke ich, daß sich direkt hinter der Küste ein langer, schmaler Kanal durch den dichten Wald zieht. Per Boot kann man zwischen den kompakten Wällen aus unberührtem Urwald leicht bis in die Region des Río San Juan reisen, wo Costa Rica an Nicaragua grenzt. Doch es gibt Tage für Wälder und Tage für Parks, und heute optiere ich für letztere. Hinter der hohen Kaimauer von Puerto Limón liegt der Parque Vargas. Die Stämme der Palmen sind unten weiß gestrichen; sie stehen aufgereiht da wie eine zerlumpte Armee. Weiter oben, hinter dem zerfetzten grünen Vorhang, in dem der Wind rauscht, leben Faultiere, obwohl ich sie nicht sehen kann.

Am Pier liegt ein Schiff der Nordama Lines. In der stürmischen Luft eine Ahnung von Donner. Körper bewegen sich langsam über die Kaimauer wie in einem endlosen Spiel, und auch ich, von Trägheit ergriffen, setze mich auf eine steinerne Parkbank als wollte ich zur Statue werden. Ein junges schwarzes Mädchen kommt und setzt sich mit ihrem Baby neben mich. »Das ist Dennis«, sagt sie, und sie erlaubt mir, Dennis eine Weile auf meinem Schoß sitzen zu lassen. »Gibst du mir was, damit ich für Dennis Milch kaufen kann?« fragt sie.

Dennis und ich mustern einander wie Männer von Welt. Ich schätze, er ist ungefähr zwei, doch seinem zwingenden Blick nach zu urteilen ist er entschlossen, Bürgermeister von Puerto Limón zu werden. Er verfolgt die ökonomische Transaktion zwischen mir und seiner anbetungswürdigen Mutter mit konzentrierter Aufmerksamkeit und macht sich Gedanken über meinen Charakter. Ich sage zu ihm, daß ich eines Tages, wenn ich alt und bedürftig bin, zurückkommen und ihn um ein Glas Milch bitten werde, und ich sehe, wie er denkt: »Das werden wir sehen, wenn es soweit ist.« Genau dann fängt es an zu regnen, und wir suchen alle drei Zuflucht in einem Musik-Café.

An jenem Abend sehe ich die Mutter unter ganz anderen Umständen wieder; sie wedelt mit den Armen in der Luft herum und frohlockt aus vollen Lungen. Ich bin in eine Seitenstraße eingebogen, vorbei an einem Geschäft, das mit Synthetikfell ausgeschlagene Särge verkauft, dem Geräusch eines lauter werdenden Chors folgend. *Templo de Dios* lautet die Inschrift an einem niedrigen Holzgebäude, Tempel Gottes. Die Türen stehen sperrangelweit offen, und niemand schenkt mir die geringste Beachtung, als ich auf den hinteren Bänken Platz nehme. Sie sind mit anderen Dingen beschäftigt, die da schwanken wie ein Kornfeld im Wind. Ein junger Neger tanzt auf der Bühne, die Gitarre bereit. Hin und wieder bleibt er einen Augenblick stehen und ruft: »¡La Gloria!«, und sie antworten einstimmig:

»¡La Gloria!«

»¡Dios no está muerto!«

»Gott ist nicht tot!«

»¡Hallelujah!«

»¡Hallelujah!«

Die ganze Kirche schwankt, winkt, hüpft. Man sieht sie überall in Zentralamerika heutzutage, die Erweckungskirchen. Rom kann damit nicht Schritt halten, Rom tanzt nicht. Ich schaue in die glänzenden, ekstatischen Gesichter, auf die rockenden Hinterteile in Blue Jeans, und trete neidisch den Rückzug an, summe und tanze aus dieser Festung des guten Willens hinaus. Um die Ecke warten noch immer die sinisteren Särge mit ihrem mausgrauen Kunstpelzfutter. Es muß furchterregend sein, in so einem Ding dahinzugehen.

Am nächsten Tag sind die Regenfälle vorbei. Ich fahre aus der Stadt hinaus, am chinesischen Friedhof vorbei in Richtung Süden. Bananenbäume erstrecken sich bis an den Rand des fernen Urwalds, ihre seltsamen gespaltenen Blätter flattern im Wind wie Segel. Hier ist es leer, und die Straße führt nach Cahuita, Puerto Viejo und Bri-Bri. Dies ist die Domäne der United Fruit Company, eine eigene Welt. Ich fahre ein Stück weit hinein – eigene Dörfer, ein eigener Flugplatz, eine eigene Hitze. Jenseits der Straße erstrecken sich die weißen Strände. Die Städte sind unbedeutend, noch kaum berührt vom Tourismus. Der eine oder andere Spät-Hippie wandert durch den Schlamm einer Dorfstraße. Ich parke das Auto und spaziere auf einem ausgetretenen Pfad direkt hinter dem Strand durch den Wald. Er ist aufgeweicht, ich habe die Schuhe ausgezogen und rutsche durch den Sumpf. Zwischen den Baumstrünken kann ich den

Strand sehen, wo zwischen den ausgedörrten Luftwurzeln verstreut Kokosnüsse herumliegen wie aufgeplatzte Schädel in verschiedenen Stadien der Fäulnis. Es ist still, ein wenig bedrohlich.

Neben einer Hütte im Wald liegt ein beinahe weißer Schwarzer in einer Hängematte, zwei alte Männer sitzen auf einem Baumstumpf und beobachten mich mit gelben Augen, als ich, die Turnschuhe in der Hand, an ihnen vorüberwate. In einem hübschen kleinen Buch, *What Happen*, erzählt Paula Palmer die Geschichte der Schwarzen an der Atlantikküste, ihrer Isolierung, als San José noch Tagesreisen entfernt war. Sie lebten von den Kokospalmen, aber mit dem zunehmenden Tourismus ist diese Art von Leben inzwischen gefährdet, ihre Plantagen wurden in Naturparks verwandelt, über die diese Menschen keine Rechte mehr haben, während die weit entfernte Regierung der Meinung ist, das Heil liege im Tourismus.

Zum jetzigen Zeitpunkt ist davon nichts zu merken, die Einrichtungen hier sind mit denen an der Pazifikküste nicht zu vergleichen, auch wenn für einen Reisenden anderen Typs genau darin ihr Charme liegen mag. Heute fahre ich bis nach Bri-Bri, einer Kreuzung mit vier hölzernen Restaurants und mittendrin der gelbe Bus nach Sixaola. Die Straßen hier sind nicht mehr asphaltiert; jenseits des Rio Yorkin, der im späten Abendlicht eilig und eisengrau dahinströmt, liegen die schweren, dunkelgrünen Hügel von Panama.

Der Reisende nach Osten und Süden wird ein Reisender nach Westen und Norden. Andere Strände, andere Grenzen. Nun also das trockene Weideland von Guanacaste, endlose Haciendas auf leicht hügeligen Ebenen. Am Meer soll es eine Kleinstadt geben mit dem Namen Puerto Soley, doch dort stehen nur zwei Häuser. Ein junger Mann bittet um eine Mitfahrgelegenheit nach Santa Cruz. Ich frage ihn, wo genau Nicaragua liegt. Er deutet auf eine dünne Rauchfahne zwischen den Hügeln und weist dann direkt über das Wasser. Ich erkundige mich, ob die Leute manchmal nach Costa Rica herüberschwimmen. Er lacht und macht eine Geste, als schösse er ins Wasser. Deshalb lassen sie es. Gemeinsam betrachten wir die sich sachte auflösende Rauchwolke. »Peng, peng«, sagt er, »nicht gut.«

Peng, peng hörte man hier schon einmal, im letzten Jahrhundert, als ein Haufen amerikanischer Freibeuter Costa Rica zu erobern versuchte und bei der Hacienda de Santa Rosa geschlagen wurde. Diese Hacienda ist heute ein Nationalmonument inmitten eines Nationalparks, der aus trockenem Tropenwald besteht.

Auf den Stufen zum Museum sitzend, sinniere ich über all die verschiedenen Landschaftstypen, die ich in den letzten Tagen gesehen habe – kahle Berge, karibische Strände, tropische Regenwälder, Prärien. Hier ist wieder alles anders. Es gibt keine Besucher, ich sitze in der Stille und der verblüffenden Hitze und horche auf den Wind, der den ausgetrockneten Wald rascheln läßt wie ein riesiges Percussionsinstrument. Als ich zum Monument hinaufsteige, segeln Raubvögel unter mir dahin auf der Suche nach Beute. Bei jedem Schritt, den ich mache, raschelt es. Manchmal sehe ich fette alte Iguanas, die sich nicht einmal mehr die Mühe machen, vor mir die Flucht zu ergreifen. Ein seltsamer Elsternvogel ruft immer wieder den Namen einer Kognakmarke. Im Museum lese ich die Namen der Gefallenen und die Daten ihrer kurzen Leben. Ich würde gerne hierbleiben und über einen dieser Wege in Richtung Meer marschieren, wo zu dieser Jahreszeit die Schildkröten am Strand

ihre Eier ablegen, doch es gibt viel zu viel zu sehen in Costa
Rica; ein ganzer Monat auf dieser Insel würde nicht ausrei-
chen.

1987

1   Saul Steinberg (1914–1999): Karikaturist für den *New Yorker*.

Mexikanische Fragmente

Guadalajara

Am Vorabend meiner Reise Bilder aus dem mexikanischen Parlament. Raufende Abgeordnete, ungestümes Temperament, Fausthiebe, Straßenschläger mit Krawatte. Die Opposition hält die Tribüne besetzt, auf der laut Verfassung der neue Präsident in sein Amt eingeführt werden soll. Die Partei des neuen Präsidenten will verhindern, daß diese Zeremonie verhindert wird. Mexiko hat eine bewegte Geschichte, ein Abenteuer mit zwei Präsidenten hat darin auch noch Platz. Ich freue mich auf morgen. Es bleibt während des gesamten elfstündigen Flugs hell, die ganze Welt unter einer Wolkendecke, der Ozean, Grönland, Neufundland, Kansas, Chihuahua, überall Wolken in Formation, graue Geschwader, langsam vorrückende Volksarmeen, zuweilen auch phantastische, groteske Einzelkämpfer, die über der Masse dahinziehen, Wolken, mit denen ich gern mal reden würde.

Am Tag darauf ist es für mich noch immer gestern. In Guadalajara ist es Abend, für mich tiefe Nacht. Mein *anfitrión*, wie man hier sagt, steht mit dem Wagen der FIL bereit, der Feria Internacional de Libros, des großen Bücherfests. Er ist Professor an der Universität Guadalajara und bringt mich in mein Hotel. Subtropische Dunkelheit, endlose Straßen. Ich habe nicht gewußt, daß Guadalajara so groß ist. Fünf Millionen Einwohner, sagt er, aber es könnten auch mehr sein. Die Menschen, die an den Rändern der stetig wachsenden Stadt Land besetzen und dem zufolge keine Strom- und Wasserversorgung haben, werden nicht mitgezählt. Die Pattsituation im Parlament dauert an, wie ich auf den Fernsehschirmen sehe, als ich das Hotel betrete. Drei Tage schon kampieren die Abgeordneten auf der heiligen Tribüne. Jetzt hat das Land drei Präsidenten. Fox, Calderón und López Obrador. Der erste muß bleiben, bis der zweite in sein Amt eingeführt ist, und der dritte sagt, nicht der zweite, sondern er selbst sei der rechtmäßige Nachfolger, da der Wahlsieger Betrug begangen habe.

Nächster Tag. Die Fahrt ins Zentrum dauert fast eine Stunde. Die Stadt ist so groß, daß ich nicht weiß, wo ich anfangen soll. In der Dritten Welt taucht man immer in eine andere Zeit ein. Das stimmt so natürlich nicht, es ist die eigene Zeit, nur laufen die beiden nicht synchron. Was ich als erstes sehe: Auf einem Bürgersteig in der Nähe des Gerichtsgebäudes sitzen *echte* Schreiber, keine Schriftsteller, sondern solche, die von anderen gebraucht werden, um für sie zu schreiben. Es hat ein wenig Ähnlichkeit mit Beichten. Der Schreiber sitzt hinter seiner Maschine unter dem Säulengang, vor ihm der Beichtende mit seiner Geschichte. Er selbst kann nicht schreiben, das muß der andere für ihn tun, der hat das gelernt. Die Selbstverständlichkeit ist dahin, es gibt zwar Worte, aber keine Schrift. Ich weiß nicht, warum diese Szene mich so rührt. Worum geht es? Ein Plädoyer, ein Gesuch, einen Liebesbrief? Man muß einem anderen schon sehr vertrauen, wenn man bereit ist, sich so auszuliefern. Und der andere? Der könnte natürlich ein Buch über all das schreiben, was er so hört, doch das tut er nicht, er ist auch so schon Schreibender genug.

Die Kathedrale. Mächtig, barock. Überragt alles, der Moloch, der hier alle früheren Götter verdrängt hat. Drinnen ist es kühl. Ein Mann umklammert die Knöchel eines barfüßigen Heiligen und bittet ihn um etwas, weltverloren, ein Mann, der zu einer Statue spricht. Wie immer ist mein Blick durch kürzlich Gelesenes verformt. In *The History of Love* von Nicole Krauss gibt es eine Passage über Hände, über die Vielzahl möglicher Bewegungen, die man mit den feinen Knochen von Fingern und Händen ausführen kann. Auf einmal sehe ich die Heiligenfiguren um mich herum mit anderen Augen. Christus am Kreuz hat die Hände nicht frei, aber auch so drücken sie immensen Schmerz aus; Franziskus faltet sie, andere Figuren segnen, legen dar, fragen, das große Theater menschlicher Gebärden. Nur bei den Buddhisten findet man das sonst noch, Muslime und Protestanten haben die Darstellung von Menschen abgeschafft und damit die Distanz zum menschlichen Maß vergrößert. Ein alter Mann fegt den ohnehin schon so sauberen Boden um den Altar, bis er eine glänzende Eisfläche ist, ich starre auf die uralten Geschichten in der Sprache des spanischen neunzehnten Jahrhunderts mit ihrer Grammatik aus Gips und süßlichen Farben und höre durch die offenen Türen das schwere Dröhnen der Stadtbusse, auf deren Konto die Hälfte des erstickenden Smogs geht.

Gemüse, Gräser, Kräuter, Früchte, Düfte und Farben in tropischer Üppigkeit, bleiche Käselaibe, so groß wie Wagenräder. Der Markt, Zentrum des Alltagslebens. Eines wird man hier nicht finden: die Scheinheiligkeit der Leugnung, die im entwickelten Norden inzwischen allgemein verbreitet ist. Bei uns hat ein Tier vielleicht gerade noch eine Leber, doch schon lange keinen Magen, keine Eingeweide, kein

Euter, keinen Kopf mehr. Man sieht es den nördlichen Reisenden, Amerikanern, Europäern an. Wie sie beim Anblick des Innenlebens von Bruder Bock oder Schwester Kuh zurückschaudern, eine Angst, die im Grunde die Angst vor dem Tod ist. Wir haben uns der Wirklichkeit dessen, was wir essen, entfremdet, nichts darf mehr zu erkennen sein. Da liegen sie, verschüchtert und verwaist, aber in großer Schönheit, die rosa Kuhfüße mit ihren gespaltenen Hufen, die langen Girlanden glänzender Därme und die geometrischen Waben der Magenwände, die dahängen wie frischgewaschener Molton. Die Preisliste läßt keinen Zweifel offen, weder hinsichtlich der Günstigkeit noch in bezug auf die Ware selbst, Kopf, Euter, Maul, Zunge, Lippe, *cabeza 3,50 pesos, tripa/ubre 4,50, labio, trompa 4,50, lengua 6,00*, und im Vergleich dazu das Beefsteak für lediglich *5 pesos*. Nichts von alldem wird man noch in einem amerikanischen Supermarkt finden. Dort sah ich Leber, Nieren, Herz und Lammhackfleisch in der Abteilung für Katze und Hund. Wir haben dafür nur noch marokkanische Schlachter. Auf Märkten ist auch heute noch viel zu lernen.

Noch immer in Guadalajara. Manchmal, wenn ich die Augen vor den so anderen Bäumen und die Ohren vor dem so anderen Spanisch der Leute um mich herum schließe, wähne ich mich in Spanien. Ich gehe über den offenen Tapatía-Platz zum streng neoklassizistischen Bau des Hospicio Cabañas. Autos dürfen hier nicht fahren, dafür spielen Kinder in Kreisen, Reihen von bronzenen Fröschen spritzen Wasserbögen in die schwüle Luft. Ein moderner Künstler hat eine goldfarbene Königsgestalt entworfen, auf deren Schoß man sitzen und aufs Hospicio blicken kann. Streng ist es, das stimmt, aber auch wohltuend durch die Reinheit der Linien, den Anblick von Klarheit im Chaos der Stadt, einer Klarheit, die sich innen fortsetzt. Mit seiner gigantischen Kuppel und den dreiundzwanzig Innenhöfen ist dies das größte Kolonialgebäude ganz Lateinamerikas, 1805 von Bischof Juan Cruz Ruiz de Cabañas als Waisenhaus gegründet und von Manuel Tolsá[1] erbaut. Wie muß sich der Maler José Clemente Orozco[2] gefühlt haben, als ihm 1937 das gesamte Innere der früheren Kapelle für seine Fresken zur Verfügung gestellt wurde? Es ist das rhetorische Zeugnis eines Künstlers mit einem Anliegen, Terror, Kolonisierung, Gewalt, die dramatische Geschichte seines Landes schreit in Schwarz, Bleigrau und Rot von den Wänden, es läßt einen nicht unberührt. In der hohen Kuppel brennt *El hombre de fuego*, der Flammenmann, umringt von drei riesigen grauen Männergestalten, die um den Mann im Feuer kreisen wie in einem Sternbild. Siebenundzwanzig Meter über einem lodert diese Darstellung, man möchte sich fast auf den Boden legen, um alles besser zu sehen. An den Seitenwänden Philipp II., der sich an ein Kreuz klammert, Bilder von Eroberung, Fremdherrschaft und Diktatur, von Folter und Stacheldraht, den »Phantasmen der Religion im Bund mit dem Militarismus«, dem »Karneval der Ideologien«, dieser Maler wußte, was er sagen wollte, und zu wem.

Draußen, auf den Innenhöfen, herrscht plötzlich eine unirdische Ruhe, Symmetrie ohne irgendeine andere ideologische Botschaft als sich selbst, Säulenreihen, beschwingte neoklassizistische Bögen wie ein Andante von Mozart, rechteckige Wasserbecken, in denen sich der azurblaue Himmel ohne die geringste Kräuselung spiegelt. Die Großstadt summt in der Ferne, die Geschichte hat Ferien.

Auf gut Glück einen Bus genommen. Manchmal erinnert mich die Architektur an Los Angeles, aber natürlich verhält es sich andersherum: Der Süden ist in den Norden vorgedrungen. Mit den Menschen geht auch die Sprache und die Architektur. Die Grenze ist porös, das nördliche Nachbarland eine Festung, die nicht zu verteidigen ist, die langsame Osmose der schleichenden Völkerwanderung ist dort genausowenig aufzuhalten wie in Europa. Und als müßte dafür der Beweis erbracht werden, komme ich etwas später an diesem Tag am amerikanischen Konsulat vorbei. Eine lange Schlange Wartender vor den hohen Gittern. Draußen hängen riesige Schilder mit Listen all dessen, was man nicht mit ins Gebäude nehmen darf, wenn man einen Visumantrag stellen will. Die Liste riecht nach Angst, sie führt fünfzig Gegenstände auf: Handys, Regenschirme, Feuerzeuge, Medikamente, Parfüm, Spielzeug, Zigaretten, Streichhölzer, Kameras ... Die Verteidigung einer Supermacht gegen Spazierstöcke, Krücken und Feuerzeuge.

Wer etwas über die Lebenden wissen will, muß die Toten aufsuchen. Friedhöfe sind immer Romane, dieser freilich, Belén (Bethlehem), ist ein Roman aus den letzten beiden Jahrhunderten und eigentlich selbst am offensichtlichsten tot. Anscheinend wird hier schon seit Jahren niemand mehr beerdigt. Am Eingang steht eine fröhliche Puppe mit grinsendem Totenkopf, in den Armen eine schwarzgekleidete elegante Frau, als würden sie tanzen gehen. Mexikaner haben ein seltsames Verhältnis zu Freund Hein, sie haben ihn (im Spanischen ist der Tod allerdings eine Frau, *la calavera*, was dem Tanzpaar etwas Eigenartiges gibt) tief in ihr Leben eindringen lassen, er hat zwar eine Sense, ist aber doch ein fröhlicher Typ, vor dem man keine Angst zu haben braucht. Alles hier ist ein Dorado für Ruinenliebhaber. Abgesackte Grabmale mit verblichenen Namen, manche Grabplatten schamlos offen, Sandboden unter den Eukalyptusbäumen, wer hier liegt, ist doppelt tot. Kleine Tauben fliegen umher, Kinder spielen zwischen den windschiefen Gräbern, eine schneeweiße Katze putzt sich auf einem bemoosten Sarkophag, ich lese Bruchstücke von Namen und vergangenen Titeln, Beschwörungen des Jenseits, halb ausgelöschte Jahreszahlen, als wollte jemand beweisen, daß an diesem Ort die Zeit nicht mehr gilt. Ich kann nichts dafür, ich finde es hier behaglich, zwischen all diesen Ruinen herrscht die unweltliche Ruhe eines Traums ohne Ende.

Die große Buchmesse wird abgebaut. Manchmal ist Abbau die beste Methode, etwas zu sehen. Ein Bücherfest in einem Land, in dem viele nicht lesen können. Die Menge will noch nicht weg, auch ich nicht. Menschen liegen auf orangegefarbenen Kissen und lesen, oder schlafen, ein Buch in den Armen, ermüdet von so viel Angebot. Für Kinder gibt es eigene Räume, wo sie schreiben, lesen, zeichnen können. Ich spaziere unter hoch aufgehängten Schriftstellerporträts und Gazetüchern, auf die Seen und verschneite mexikanische Landschaften projiziert sind. Das Imperium ist auch hier präsent: Google, Microsoft, McGraw Hill, Thomson, MacMillan, aber was ich nie vergessen werde, sind die Gier, das so sichtbare Verlangen nach Wissen, und all die Bücher, die nie in Europa ankommen werden, Lokalgeschichte, Gedichte in indianischen Sprachen, die den Ozean nicht überqueren werden, das Festhalten an einer eigenen Welt, die von der Globalisierungsgewalt noch nicht ins Abseits geschoben wurde. Draußen berichtet ein schreiendes Radio

auf einem Gerüst über riesige Lautsprecher von der sound-
sovielten Wendung im Präsidentendrama, es ist Vollmond,
Indiofrauen verkaufen an kleinen Wagen verschiedene Eßwaren, und gemeinsam mit dem Rest der Menge treibe ich
weiter über die Avenida de las Rosas. Morgen lasse ich den
Trubel hinter mir und reise nach Uruapan, in die Stille des
Sees von Pátzcuaro und des Landes außerhalb der Stadt.

Pátzcuaro

Da steht sie, alt, entschlossen und böse in ihrem violetten
T-Shirt, auf der Plaza Vasco de Quiroga in Pátzcuaro. Sie
hat eine Beschwerde, und die steht in großen Lettern auf
dem Plakat, das sie vor dem Tor des Rathauses in die Höhe
hält, damit jeder es lesen kann. Bürgermeisterin Mercedes
Calderón ist korrupt, das Wahlvolk wurde von den Korrup-
ten in die Falle gelockt, und gekapert hat die kostbaren Stimmen Mercedes. Die Zeitung von heute hat nationale, größere Sorgen. Es gibt nach wie vor einen Gegenpräsidenten,
der Aufruhr der Linken in Oaxaca ist noch nicht beendet, Drogenbanden haben irgendwo im Westen die Polizei
mit Maschinengewehren angegriffen, ein richtiger Krieg.
Hier auf dem großen Platz ist davon nichts zu merken.
Vasco de Quiroga, der Bischof, der die Stadt vor Jahrhunderten gegründet hat, steht auf einem hohen Sockel in einem
großen Wasserbassin, an dessen Rand sitzen Mädchen und
erzählen sich gegenseitig Geschichten, die er nicht hören
kann. Alte Männer mit Gitarren und Geigen, weiße Hüte
auf dem Kopf, gehen unter den hohen Bäumen umher, Kinder kaufen ein Eis bei der Nevería la Pacanda, alles ist friedlich und ruhig bis auf die kleine Demonstration vor dem

registro cívico. Ich bin durch Michoacán hierhergefahren.
Weite Landschaften, unendliches Grasland mit schwarzem
Vieh, ein großer, stiller See von der Ausdehnung einer niederländischen Provinz. In der Posada de Don Vasco habe
ich Quartier bezogen. Ich hätte auch La Casa Encantada
nehmen können, das Verzauberte Haus, oder La Mansión
de los Sueños, das Große Haus der Träume, aber es ist gut
hier, etwas außerhalb der Stadt, Galerien mit roten Sand-
steinsäulen um einen ruhigen Innenhof, Blumen, Palmen,
Schatten, Ruhe und Stille. Die Straßen sind schmal, dies
ist das alte indianische Herzland, Pátzcuaro der bedeutend-
ste Ort für die Menschen vom großen See. Nach Guadalajara ist dies ein anderes Mexiko, ich habe das Gefühl, erst
jetzt angekommen zu sein. Als ich weit vom Zentrum ab-
komme, sehe ich in der Ferne die Berge. Bei der großen Basilika ist Jahrmarkt mit lautstarker Musik, Buden voll rosa
Puppen und Weihnachtskugeln, doch ein paar Straßen weiter ist davon schon nichts mehr zu merken. Ich besuche das
Haus der Elf Innenhöfe und lande in einem uralten Spanien,
in dieser Stille könnte man Stunden zwischen den Blumen
sitzen und denken, es sei noch immer 1600. Es gibt alles
mögliche zu kaufen, indianische Web- und Töpferwaren,
Erzeugnisse des Kupferschmieds, Körbe aus geflochtenem
Schilf, aber niemand behelligt einen. Einst lebte hier eine
alte Nonne, die geglaubt haben muß, das Paradies befinde
sich auf Erden. Auch in der nahegelegenen Kirche ist die
Zeit stehengeblieben, die Heiligenfiguren sind bekleidet
wie richtige Menschen, und vielleicht wirkt deshalb das
Leiden so echt, Christus ist ein Mann in Violett, der vor
Schmerzen vergeht, man verspürt die Neigung, ihn zu berühren. Das gesamte Pantheon steht hier in den vorge-
schriebenen Haltungen parat mit den jeweiligen Attributen

der Unschuld und des Märtyrertums, die in hundert Jahren niemand mehr erkennen wird. Das Banner des himmlischen Sieges, der Sohn Gottes jetzt in einer anderen Gestalt, sein Herz wie ein Gegenstand vorn auf der Brust, der Engel mit den Fledermausflügeln und der Lanze, um den wütenden Drachen zu seinen Füßen zu töten, Märchenfiguren aus einer anderen Kultur, die die Mythologie der Indios abgelöst hat. Wie das vor sich gegangen ist, sieht man in der Biblioteca Gertrudis Bocanegra. Auf dem Wandgemälde Worte, die genauso direkt sind wie das Plakat der alten Frau auf dem Platz, hier nimmt man kein Blatt vor den Mund. Der Raum unter dem Tonnengewölbe ist lang und schmal. Es gibt Lesepulte, aber das Licht darüber funktioniert nicht. Der Katalog befindet sich in schmalen Schubladen mit abgegriffenen maschinegeschriebenen Karteikarten. Der Bibliothekar ist eingeschlafen, den Kopf auf den Armen. Die Bücher riechen nach sehr alten Büchern, lediglich in einer entfernten Ecke stehen drei Computer, der Geist des Wandgemäldes von 1941 ist ein Geist geblieben, voll guter Absichten und hochfliegender Rhetorik, doch die Wirklichkeit draußen ist nach wie vor eine Wirklichkeit nie eingelöster Versprechen. Das Wandgemälde selbst, an der Mauer dessen, was früher die Apsis der Kirche gewesen sein muß, erzählt die Geschichte des Volkes, der Purépecha, das hier früher gelebt hat und die Sonne und den Mond als Götter verehrte. Die Sonne befruchtete tagsüber die Pflanzen, der Mond hielt nachts Wache, ein Ehepaar, das auf erotische Genüsse verzichtete, um die Welt in Gang zu halten. Die Geschichte läuft von oben nach unten, der Vulkan, die ersten Indiostämme, die hierherkommen und sich rund um den vielfarbigen See ansiedeln, in dessen Mitte die Insel namens Janitzio liegt, »das trockene Haar des Maiskolbens«.

Der gesamte Kosmos der Purépecha ist hier dargestellt, der Grabhügel, in dem sie die Gefangenen ihrer fortwährenden Kriege bestatteten, die lieber hatten sterben wollen, als Sklaven zu werden. Später kommen andere Gegner, die spanischen Konquistadoren mit ihren grauenhaften Folterpraktiken, mit denen sie entgegen ihrem Versprechen den letzten König der Purépecha zu Tode brachten. Sein Ende ist ebenfalls dargestellt, der an einen Pfahl gebundene König wird auf Befehl des Sadisten Nuño de Guzmán mit der Garrotte erwürgt, einem eisernen Band, das langsam immer fester angezogen wurde. Spanische Traditionen sterben langsam. Bis in die zweite Hälfte des vorigen Jahrhunderts hinein wurden Menschen während des Franco-Regimes auf diese Weise umgebracht. Das gemalte Unheil nimmt kein Ende. Rechts von mir, fast auf Augenhöhe, sehe ich Cortés, der sämtliche Dokumente und Chroniken der indianischen Völker verbrennen ließ, die der Nachwelt etwas über die Zeit vor der Eroberung durch die Spanier hätten berichten können. Farbe auf einer Wand, die die Geschichte eines Landes und eines Volkes erzählt, den Unabhängigkeitskampf gegen die Spanier, die ihren gestohlenen Besitz nicht wieder hergeben wollten, Hidalgos[3] Schrei, der 1810 die Unabhängigkeit Mexikos einleitete, den Märtyrertod der Indiofrau Gertrudis Bocanegra, die ihren Namen dieser Bibliothek gegeben hat und einst, 1817, auf ebendiesem friedlichen Platz hingerichtet wurde, auf dem der Bischof noch immer auf seinem Sockel steht. Daß er anders gehandelt hätte, will das Gemälde auch noch erzählen. Die Kirche ist hier nach wie vor mächtig. Zwei scheinheilige, korrupte Spanier knien vor ihm, doch er deutet auf *Utopia*, das Buch seines Beinahe-Zeitgenossen Thomas More, der hinter ihm steht.

Die Utopie hat sich für Mexiko nicht erfüllt. Aus der Brust von Gertrudis Bocanegra strömt Blut, ohne Blut geht hier gar nichts. Auf dem Schild, das neben ihr in die Höhe gehalten wird, steht ein prachtvoller Text aus der ersten mexikanischen Verfassung, und doch stimmt hier etwas nicht. Jetzt, da ich auf Augenhöhe mit ihm stehe, lese ich, daß er die Kirche, die auch heute noch eine gebieterische und konservative Rolle in der Politik Mexikos spielt, so ungefähr für heilig erklärt, weil sie das einheimische »Götzentum« ausgerottet hat. Das konnte sie freilich nur Hand in Hand mit den Eroberern tun. Ein anderes Schild, das merkwürdigerweise im Begleitführer nicht erwähnt wird, aber so niedrig hängt, daß ich den Text lesen kann, sagt es ganz ungeschminkt: Die Konquistadoren haben die Indios zu Märtyrern gemacht, ausgeraubt und zu Sklaven und Bettlern erniedrigt.

Einige Stunden später sitze ich zwischen deren Nachfahren in einem der langen, schmalen Boote, die über den See zur Insel Janitzio und wieder zurück fahren. Auf Janitzio und in den Dörfern rund um den See wird alljährlich zu Allerseelen ein indianischer Totenkult begangen, dessentwegen Leute aus ganz Mexiko auf die Insel kommen, wer dabeisein will, muß schon Monate vorher einen Platz bestellen. In der Nacht fahren die Boote mit singenden Menschen auf dem See hin und her, geschmückt mit brennenden Kerzen und Blumen. Es ist die Nacht der Toten, sie werden gerufen, bekommen Geschenke, man läßt sie nicht allein in ihren Gräbern, jeder besucht sie. Die Indiofrauen um mich herum haben sich in ihre gewebten Umschlagtücher gehüllt. Die Insel liegt als vager Schemen in der Ferne, das Wasser glänzt wie ein polierter Glasfußboden. Wir warten. Die Frau neben mir hat ein Gesicht aus tausend Falten über einem karminroten Tuch. Sie sitzt während der ganzen Fahrt unbeweglich da. Ich lese die Namen der anderen Boote, *Gaviota*, *Victoria III*, *Zezanguri*. Ein fröhlicher Eismann kommt an Bord. Auf seiner Holzkiste steht, daß das Eis von Puzumaro in der ganzen Welt berühmt ist. »¿Pruebas?« fragt er, und das bedeutet, daß wir alle einen Happen zum Probieren bekommen. Das Wasser schwappt gegen die Stahlwände des Bootes. Es hat kein Ruderhaus, nur einen Stuhl hinter dem Steuer mit einem kleinen Spiegel darüber, an dem ein Kruzifix schaukelt. Ich lese die Zeitung vom Morgen. Dieses Jahr bisher 700 Tote im Drogenkrieg.

Unterwegs weiße Reiher zwischen den Schilfstengeln im bräunlichen Wasser. Als wir ankommen, entpuppt sich die Insel als überraschend hoch. Über allem ragt die Statue von Morelos[4] auf, dem Priester, der gemeinsam mit Hidalgo der große Held der mexikanischen Geschichte ist. Wer zu ihm will, muß endlose Treppen erklimmen, man sieht den See immer tiefer unter sich, kommt vorbei an einem Friedhof mit hellfarbenen Gräbern, als gäbe es hier jeden Tag ein Fest, und schließlich, gerade als man aufgeben will, steht man oben vor dem Standbild eines Riesen, das aus Quadern erbaut ist. Sogar die Hand, mit der der steinerne Gigant die Verfassung Mexikos schrieb, ist zu einer Faust geballt, die aussieht wie ein quadratischer Block. Zu seinen Füßen Kanonen und ein bronzenes Buch, größer als ein Mensch, in dem die Sätze seiner Verfassung geschmiedet stehen. Sein Kopf ragt weit in den blauen Himmel hinein, aus dieser Höhe muß er ganz Mexiko überblicken können. Ob er zufrieden wäre mit dem, was er sähe? Würde er es wiedererkennen? *Labyrinth der Einsamkeit* hat der Dichter Octavio

Paz sein Land einmal genannt. Der Weg, den es seit Morelos' Tod zurückgelegt hat, ist gewaltig, eine Geschichte von Entwicklung, aber auch von Korruption, von Reichtum und Modernität, aber auch von Krieg und Revolution, Ausbeutung und Armut und deren Folgen, ein verborgener Guerillakrieg im Süden und die offene Flucht in das andere Amerika im Norden. Ich erinnere mich an ein Gespräch mit einem Freund in Mexico City. Er hatte mich vor Überfällen gewarnt, die manchmal auf Landstraßen vorkommen, zugleich aber gesagt, er betrachte das als eine Art Steuereintreibung, »weil wir nun mal keine Steuern zahlen«. Danach hatte sich das Gespräch den unvorstellbaren Kunstschätzen aus präkolumbischer Zeit zugewandt und der Geschichte der Azteken und Maya. Alles schön und gut, sagte er, aber du weißt ja, Geschichte kann man nicht essen und Ruinen auch nicht. Von beidem haben wir genug, und wir sind stolz darauf. Aber auch Stolz kann man nicht essen. Darum ziehen sie nach Norden, dort gibt es weniger Geschichte, aber mehr Geld.

Die Ruinen von Tzintzuntzan

Manche Wörter sind unwiderstehlich. »Tzintzuntzan«, wenn ich es laut ausspreche, habe ich das Gefühl, drei Treppen auf einmal hinaufzufliegen. Hier befand sich einst, lange bevor die Spanier kamen, die Hauptstadt der Tarasken, einer hochentwickelten Kultur, die in ständigem Krieg mit den Azteken lag. Ihre Nachfahren leben in den fast ausschließlich indianischen Dörfern rund um den See, ihre Sprache, das Purépecha, das noch immer gesprochen wird, stammt vom alten Tarascan ab. Tzintzuntzan bedeutet »Ort der Kolibris«. Ich wandere zwischen den Überresten der ehemaligen Hauptstadt umher. Es ist die tote Stunde des Mittags, die Kirche, in der der Christus liegt, der jedes Jahr aus seinem gläsernen Sarg gehoben wird, um von neuem gekreuzigt zu werden, ist geschlossen. Die Arme der Figur lassen sich ausstrecken, die Beine übereinanderschlagen, Pilger aus dem ganzen Land kommen in Ketten hierher, Freunde haben mir von den apokalyptischen Bildern erzählt, wenn der Leichnam des Gekreuzigten durch die dunklen Straßen des Dorfes zum großen verfallenen Garten an der Kirche von San Francisco getragen wird, eine makabre Prozession, die unter den unvorstellbar alten Olivenbäumen endet, die der Überlieferung zufolge im sechzehnten Jahrhundert gepflanzt worden sind. Man glaubt es sofort. Auf einem Podest im Freien sitzt eine große Klasse von Kindern, denen vorgelesen wird, ich höre den Singsang der Lehrerin im mexikanischen Spanisch und denke, so würde ich auch gern unterrichtet werden, mit einer menschlichen Stimme um mich, im Freien, unter fünfhundert Jahre alten Bäumen, die aus dem Spanien Karls V. von dem Bischof hergebracht worden sind, der auch heute noch auf dem großen Platz von Pátzcuaro steht. Außerhalb des Dorfes liegen die Ruinen, die ihre fernen Vorfahren hinterlassen haben, Las Yácatas, geheimnisvolle Konstruktionen aus Basalt und Vulkangestein auf einer weiten, freien Fläche hoch über dem See. Es ist hier sehr still, die anderen Besucher sind Figuren in der Ferne. In der Sprache der Purépecha und auf englisch wird einem auf großen Tafeln das Rätsel dieser Bauten näherzubringen versucht, eine Geschichte von Schädeln der Feinde, die man als heiligen Vorrat bewahrte, von Stapelplätzen, in denen die Könige beigesetzt wurden, doch alles, was ich sehe, sind gewaltige Bauten ohne Zugang und damit ohne irgendeinen anderen Inhalt als Erde und Schutt, Formen menschlicher Ordnung in der zufälligen Ordnung der Natur, runde, von Menschen aus Steinen errichtete Hügel, trapezförmige Terrassen, die auf düsteren, ohne Zement übereinandergeschichteten Basaltblöcken ruhen. Es gibt keinen Zugang und keine Antwort auf das, was man gern fragen würde, ein anderes Denksystem hat hier auf einer freien, hochgelegenen Fläche über dem ringsum ausgebreiteten Land und dem See mit den fernen Inseln da unten ein Zeichen gesetzt, das man am besten als das akzeptiert, was es ist – man legt die Hand an einen der großen Steine und denkt daran, daß andere Hände sie einst vor Jahrhunderten hingesetzt haben, einen nach dem anderen, und daß man so mit diesen menschlichen Händen verbunden ist, ohne daß je ein Kontakt zustande käme.

Morelia

Die heilige Jungfrau von Guadalupe ist die Schutzpatronin Mexikos. Ihre Kirche in Morelia muß daher schöner sein als alle anderen. Wenn Gold schön ist, dann stimmt das, denn in dieser Kirche ist alles aus Gold, es tanzt einem vor den Augen in Schnörkeln, Mustern, Rahmen, Decken, Tafelbildern, orgiastisch, in geometrischen Linien und Flächen angeordnet und gerade durch diese Ordnung hysterisch, ich habe das Gefühl, daß ich es einatme, daß ich innerlich mit Gold beschlagen werde.

Der Weg zur Kirche ist ein steinerner Weg, Stein von der Farbe der Landschaft draußen, karg, arm wie die Farbe der Ebene. Dann sehe ich, wie er näher kommt, auf dem langen Weg, den er ab dem Aquädukt auf Knien zur Kirche zurücklegen muß. Er ist etwa vierzig, kräftig gebaut, und er hat seinen Freund dabei. Er befindet sich auf dem Weg zu dem Gold, aber er tut Buße. Jedesmal, wenn er wieder die paar Meter vorangekommen ist, die der Teppich lang ist, hebt sein Freund diesen hinter ihm auf und legt ihn vor ihm wieder auf den Boden. Gold und Armut, Armut und Schmerz, Gold und Macht, durch eine geheimnisvolle Formel ergänzen sie sich hier gegenseitig. Wer kniet, erhebt sich nicht, auch nicht im übertragenen Sinn. Auf seinem T-Shirt die Initialen meiner Bank, ABN AMRO.

In der Kirche ein Wandgemälde des Franciscus Xaverius. Er stößt in heiliger Empörung eine indianische Götzenfigur um. Wer gesiegt hat, bringt den eigenen Gott mit, und diese Kirche ist seine goldene Grotte. Ein indianischer Priester ist im Begriff, ein Opfer zu durchbohren, das mit ausgestreckten Armen fast wie ein Gekreuzigter auf einem großen Stein liegt. Links darüber wird das Kreuz des Sohnes des neuen Gottes aus Spanien errichtet, der sich selbst geopfert hat. Auf dem nächsten Bild steht der Heilige barfüßig in der prachtvollen Landschaft und weist einigen seiner franziskanischen Ordensbrüder den Weg. Die bunten Federn eines indianischen Häuptlings liegen auf der Erde, er wird getauft. Ein ganzes Volk wartet hinter ihm auf dieselbe Behandlung. Im Himmel sieht Maria zu.

Aus Gold auch sie, die Gitter, aber doch Gitter. Wer sich dahinter befindet, ist gefangen, auch wenn er sich selbst eingeschlossen hat. Einst nahm Mexiko Abschied von der Kirche, die, wie immer, wiederkam. Auch die Nonnen gingen, um wieder zurückzukehren. Als sie zum zweitenmal gingen, ließen sie ihre Gitter zurück. Geschichte wird hier mit Blut und Gold geschrieben. An Morelos' Geburtshaus ist in goldenen Lettern zu lesen: »Sterben ist nichts, wenn man für das Vaterland stirbt.« Und so starb er, wie Hidalgo, vor einem Exekutionskommando. »Wo ich geboren bin, dort war der Garten des Neuen Spaniens.« Seine Unterschrift ist ein kalligraphisches Spinnennetz aus goldenen Linien. An der Kathedrale eine in sich gewundene barocke Verzierung. Aus dem Labyrinth gibt es hier kein Entrinnen.

Templo de la Merced, die Kirche der Gnade. Manche Tore sehen so aus, als könne man durch sie nur *ein*treten. *Estípite*[5] heißt der Stil der Pfeiler an dieser Fassade. Sie stehen für sich, als hätten sie nichts mit der Kirche zu tun. Irgendwo in der Mauer aus unbearbeitetem Stein eine durchbrochene Verzierung aus Ton, ein Rad in einem Rad. Ich habe ein halbes Leben in dem Spanien verbracht, das ich hier wiederfinde und das an der Macht über dieses Land festgehalten hat, bis es nicht mehr ging. Das jetzt unabhängige Mexiko führte einen verhängnisvollen Krieg mit Amerika, in dem es Texas und Arizona verlor. Was folgte, war ein unaufhörlicher Kampf zwischen gegensätzlichen Interessen, eine Geschichte von Revolutionen, Diktaturen und Reformen, dreißig Präsidenten in fünfzig Jahren, extremem Egozentrismus und Heldenmut.

Auch die Jesuiten wurden im neunzehnten Jahrhundert vertrieben. Aus ihrer Kirche ist eine Bibliothek geworden. Als ich hineingehe, ist der Straßenlärm plötzlich verschwunden. Aus einer hohen Kuppel fällt Licht. Bücher an allen Wänden, hier möchte ich sofort einziehen und alles lesen. Über mir ein Umgang mit einer hohen Balustrade, Bücher bis hinauf zur Decke. Um mich herum wird gelesen. Ich gehe an den Büchern entlang, jedes von ihnen ein Universum, in dem ich mich verlieren könnte. *Die Annalen Italiens,* 43 Bände. De la Sagra, *Voyage en Hollande.* Lafuente, *Historia de España,* 24 Bände. Cuvier, über fossile Gebeine. Und 23 Bände *Geheime Memoiren.* Ich schlage einen von ihnen auf, aber da steht nicht, von wem die Erinnerungen sind. Geheim ist geheim.

Abend. Ich habe in der Bar de las Rosas gegessen, vier Tische mit Plastikdecken. Geschmortes Schweinefleisch in einer roten, scharfen Soße aus *achiote* und dem Saft von Bitterorangen. Schon seit Tagen steht eine Geige zum Verkauf. Die drei Frauen, die kochen und bedienen, lachen den Fremden an, der schon das dritte Mal hier ist und wieder *zapote* will, Eis, außen grün und innen schwarz. Draußen das trockene Krachen von Feuerwerk, dann die schweren Glocken der Kathedrale. Scheinwerfer setzen den Trachitstein und die blauweißen Kacheln der Kuppel in eine eigenartige Glut, das Auge schweift von Barock zu Klassik und wieder zurück, wie immer denke ich bei solch aufwärtsstrebenden Bauten an eine Raumstation.

Abend in Mazamitla

Auf dem Rückweg nach Guadalajara mache ich in Mazamitla halt. Es liegt in den Bergen, kalt ist es hier. Die Hauptstraße mit dem naßglänzenden Kopfsteinpflaster ist gesperrt, in Mazamitla wird gefeiert. Ein Mann auf einem Pferd zeigt mir den Weg zur »Herberge des Hügels der Nachtigallen«, Cabañas Cotina de los Ruiseñores, Zimmer mit Wänden aus Baumstämmen, ein Gefühl von Wildem Westen. Ich gehe ins Dorf zurück, aus allen Ecken höre ich Trommeln und Trompeten, indianische Gesichter unter großen Hüten und Mützen, eine Kinderarmee auf den Beinen, ernst ziehen sie durch die schmalen Straßen mit den niedrigen weißen Häusern. Dies ist eine Gemeinschaft, die ganz für sich lebt im weiten Land ringsum, anscheinend bin ich der einzige Ausländer, und ich lasse mich mit der lauten Musik zum Hauptplatz und dann zur Kirche mittreiben. Überall riecht es nach Fleisch, das mit scharfen Pfefferschoten in *pulque* geschmort wird. Nonnen, Mädchen mit Blumen, der Priester in vollem Ornat, in der Kirche das hohe, hin und her flutende Wogen des Gesangs. Ich schaue auf all die weltverlorenen indianischen Gesichter und denke an das, was Alberto Manguel über seine Jugend in Buenos Aires gesagt hat: »Wir waren blind für die kupferfarbenen Gesichter, denen wir täglich auf der Straße begegneten und die immer zahlreicher wurden, je weiter wir uns von der Stadt entfernten.« Erst als er die Schriftsteller zu lesen begonnen hatte, die über die Armut seines Kontinents schrieben, waren ihm die Augen aufgegangen, und er konnte die andere Seite der Welt sehen, in der er lebte. Hier ist es nicht anders. Als ich lange nach Mitternacht durch den dichter werdenden Nebel nach Hause gehe, höre ich noch immer den Klang der Trommeln, der mich aus dem Dorf bis in den Schlaf verfolgt.

Die Farben von Campeche

Man kommt aus dem Trubel Mexico Citys angeflogen, die Maschine beschreibt einen weiten Bogen entlang einer flachen Küste, ein paar Stunden später geht man durch eine schmale Straße mit ockerfarbenen, himmelblauen, bonbonrosa und sandfarbenen Häusern und glaubt nicht mehr, daß man sich noch im selben Land befindet. Über all diesen Farben wölbt sich wie eine hohe Decke das Himmelsblau, die gefallsüchtigen Häuser haben kleine geometrische Verzierungen, Fialen, Schnörkel und Kringel, plötzlich ist alles tropisch, die Zeit dehnt sich und läßt es langsamer angehen, man spaziert am Meer entlang und dann zum großen Platz mit den melancholischen hohen Bäumen, auf dem schon wieder ein Fest im Gang ist, Kinder tanzen und malen, Erwachsene lauschen einem Opernsänger bis spät am verzauberten Abend.

Bevor ich dorthin fuhr, hatte ich eine Ausgabe der Zeitschrift *Artes de Mexico* gesehen, die sich mit Campeche befaßte. Der erste Eindruck war der eines Ortes, den es auf Erden nicht wirklich geben konnte, als schwebte die Stadt in einer eigenen Zeiteinheit, der sich der Körper anzupassen hatte. Fremde Städte haben ihr eigenes Gesellschaftsspiel, man kennt weder die Regeln noch die Spieler und bewegt sich hindurch als der Fremdkörper, der man ist, läßt sich von den Geheimnissen umspülen, liest die Lokalzeitung mit der lokalen Erregung, den Intrigen der kleinen und der großen Politik, und genießt, daß man zu alldem keine Meinung haben muß. Man wird Teil des festlich gestimmten Publikums, das herbeiströmt, um den berühmten Sänger aus der Hauptstadt zu hören, sieht den prächtig ausstaffierten Kindern zu, ißt etwas, trinkt etwas, lauscht dem leidenschaftlichen Orchester in einem Tanzschuppen. Die Stadt liegt langgestreckt am stillen Meer, ich höre das Flüstern des Wassers, als ich den endlosen Boulevard, den Malecón, entlanggehe. Die Silhouette der Stadt liegt links von mir, die Kathedrale, die festungsartigen Stadtmauern mit ihren *baluartes*, Bollwerken, aus denen früher Kanonenrohre zum Meer zeigten, gegen die Piraten, die die Stadt regelmäßig plünderten und verwüsteten. Ein Hinterland mit nie ganz befriedeten Indios, eine Bevölkerung aus Sklaven, Mestizen, Spaniern, Mönchen, Söldnern und Abenteurern, tropisches Klima im Regenwald, in dem die geheimnisvollen Ruinen der Maya in Gestalt gigantischer Steinmassen verborgen lagen, ganze und halbe Sätze kommen mit dem Wind aus dem Landesinneren angeweht, alles, was ich lese, hat etwas über die Vergangenheit zu erzählen, ich bin in ein kleines Museum in der *baluarte* San Carlos gegangen, wo ich schaue und lausche. *Haematoxylum campechianum* heißt der Baum, der den Farbstoff *palo de tinte* lieferte, der in jener Zeit weltweit zum Färben von Wolle gebraucht wurde und dem Campeche seinen Reichtum und das anhaltende Interesse von seiten der Spanier und der Piraten zu verdanken hatte. Der berühmteste und grausamste Seeräuber war Laurens Cornelis Boudewijn de Graaf, »Lorencillo«, der 1685 mit 700 Mann und 6 Schiffen die Stadt eroberte und dem Erdboden gleichmachte. Nichts will die Stadt mehr davon wissen, der niederländische Ahne sieht mich aus seinem romantischen Porträt an, als wolle er in seiner und meiner Sprache noch etwas zu mir sagen, doch ich bin bereits weitergeschlendert in eine noch ältere Vergangenheit und starre im Anthropologischen Museum auf das undurchdringbare steinerne Testament der Maya, querköpfige Männer mit Federschmuck, die nie frontal dargestellt

sind, Götter und Krieger, die ich in derselben Woche in Uxmal und Chichén Itzá auf den Mauern ihrer abgebröckelten,
halb im Urwald versunkenen Pyramiden wiedersehen
werde, die einen so klein machen wie einst ihre Gefangenen
und Untertanen.

»Und wenn der Tag gekommen war, versammelten sie sich
im Hof des Tempels; sollte der Sklave mit Pfeilschüssen getötet werden, so zogen sie ihn nackt aus, bestrichen ihm den
Körper mit blauer Farbe und setzten ihm eine Büßermütze
auf den Kopf; nachdem der Teufel ausgetrieben war, voll-
führten die Leute mit ihm einen feierlichen Tanz, wobei
sie alle mit Pfeil und Bogen den Holzpfahl umkreisten, während des Tanzes richteten sie ihn am Pfahl auf und banden
ihn fest, dabei tanzten sie immer weiter und blickten ihn
alle an. Der schmutzige Priester, der seine Tracht angelegt
hatte, stieg hinauf und verwundete ihn mit einem Pfeil in
der Schamgegend, gleichgültig, ob es eine Frau oder ein
Mann war; er zapfte Blut ab, stieg herunter und bestrich damit die Gesichter des Teufels; dann gab er den Tänzern ein
bestimmtes Zeichen, und sie liefen wie im Tanz schnell vorbei und beschossen der Reihe nach mit Pfeilen sein Herz,
das mit einem weißen Flecken angegeben war; und solcher-
art richteten sie ihn sogleich dermaßen zu, daß er wie ein
Igel aus Pfeilen aussah.«

Das Wort hat Diego de Landa, der Bischof von Yucatán,
eine der Gestalten, durch die die Gespaltenheit einer Epoche sichtbar wird. Einerseits sind die Maya für ihn Heiden
und Götzendiener, die er bekehren muß. Er ist kein »unhei-
liger«, sondern vielmehr ein heiliger Priester, weil sein Gott

der wahre ist. Andererseits hat er nicht nur Blick für die Kultur der »Wilden«, die er dort vorfindet, sondern auch für das grausame Auftreten der Spanier, seiner Landsleute. Er vertieft sich in Sprache und Bräuche, Geschichte und Religion der Maya, ihr astronomisches Wissen und ihre faszinierende Zeitrechnung, und schreibt zwischen 1563 und 1572 sein Buch. Auf englisch heißt es *An Account of the Things of Yucatán*, und was wir von den Maya wissen, stammt in erster Linie von ihm. Derselbe Mann, der ihre Götzenbilder zerschlug, bewahrte gleichzeitig ihre Geschichte für alle Zeiten. Zwei fatale, absolutistische und ihrem Wesen nach grausame Systeme prallten durch die spanische Eroberung Mexikos aufeinander, und diese unglückliche Konfrontation hat das Schicksal Lateinamerikas bis zum heutigen Tag bestimmt. Denn wenn die Indios aus religiösen Gründen grausame Bräuche pflegten – ihre christlichen Beherrscher standen ihnen in nichts nach. De Landa ist der erste Berichterstatter und Chronist dieser Kultur, und seine Schilderungen vermitteln ein Bild von der sinnlosen und bösartigen Gewalt, die man auf diesem Kontinent bis heute nicht vergessen hat. »Die Indios nahmen das Joch der Knechtschaft widerwillig auf sich, doch die Spanier hatten die Orte so gut unter sich aufgeteilt, daß sie sich des ganzen Landes bemächtigten, obwohl es bei den Indios nicht an Aufwieglern fehlte, worauf sehr grausame Strafen verhängt wurden, welche die Leute einschüchterten. Einige Oberhäuptlinge der Provinz Cupul wurden lebendig verbrannt und andere erhängt. Es wurde ein Verfahren gegen die Einwohner von Yobain (...) eingeleitet, und man nahm die Oberhäuptlinge fest, legte ihnen Fußeisen an und sperrte sie in ein Haus, das man anzündete, und mit allergrößter Grausamkeit wurden sie lebendig verbrannt; und ich,

Diego de Landa, kann sagen, ich habe in der Nähe des Ortes einen großen Baum gesehen, an dessen Zweigen ein Hauptmann viele indianische Frauen aufhängte und ihre kleinen Kinder an ihren Füßen. In demselben Ort und in einem zwei Meilen von ihm entfernten anderen, den sie Verey nennen, erhängte man zwei Indias, eine Jungfrau und eine Neuvermählte, deren einzige Schuld darin bestand, daß sie sehr schön waren und man befürchtete, das spanische Heer würde sich über sie hermachen, und die Indios sollten denken, den Spaniern seien Frauen gleichgültig; dieser zwei Frauen erinnert man sich bei Indios und Spaniern sehr lebhaft, weil sie außerordentlich schön waren und man sie so grausam umgebracht hatte.«

Wer waren die Maya? Bis weit ins neunzehnte Jahrhundert hinein waren die Europäer sich sicher: ein Volk, das von den Juden abstammte, die auf irgendeine Weise nach Mittelamerika gelangt waren, als wären sie einem Moses durchs Rote Meer gefolgt. 1839, 1840, 1841 und 1842 unternehmen John Lloyd Stephens,[6] ein Rechtsanwalt und Diplomat, und der Zeichner und Architekt Frederick Catherwood[7] zu Fuß ein paar lebensgefährliche, Monate dauernde Reisen in den Dschungel von Guatemala und Yucatán, auf denen sie von Malaria, Schlangen und Skorpionen heimgesucht werden. Sie bahnen sich mit Macheten einen Weg durch den Urwald zu den großen Ruinen der bereits Jahrhunderte zuvor untergegangenen Kultur der Maya. Daß diese Ruinen dort lagen, war bekannt, doch Catherwood sollte der erste sein, der im Zeitalter vor der Erfindung der Fotografie die majestätischen, vom Urwald halb überwucherten Relikte zeichnete, die unmenschlich hohen Treppen, die Skulpturen mit den grausamen Göttergestalten, die rätselhaften Reliefs, die sich erst soviel später als Sprache offenbaren sollten, wie auch erst später klar wurde, welch geniale astronomische Kenntnisse die Maya besessen und welche Rolle diese in ihrer großartigen Architektur gespielt hatten.

Säulen, Friese, Kragsteine, ineinander verschlungene geometrische Verzierungen, trotz seiner stets wiederkehrenden Malaria hat Catherwood sie auf mehreren Reisen für immer festgehalten, und als ich jetzt selbst in Uxmal und in Chichén Itzá stehe, versuche ich mir vorzustellen, welchen Anblick sie im Jahr 1840 geboten haben mögen. Es sind dieselben Ruinen, gewiß, und auch heute noch wird man förmlich von ihnen erschlagen, aber es gibt auch Schilder und Hinweise, Absperrgitter und Öffnungszeiten, Wächter und Verkäufer. Ich brauche mir meinen Weg nicht durch den Urwald freizuhauen, denn der ist verschwunden. Heiß ist es, unbestritten, ich komme durch verwahrloste Dörfer, esse in unbeschreiblich armseligen Buden am Straßenrand, doch in der Nähe der großen Tempelanlagen ist alles auf Touristen ausgerichtet, und die sind da. Sie ziehen gehorsam an Treppen, Palästen und Galerien kolossalen Ausmaßes vorbei, blicken in die Gesichter von Kriegern, Königen, Besiegten, Schlangen und Göttern und wissen, wie ich, daß man ein halbes Leben brauchte, um zu verstehen, was sich hier abgespielt hat. Menschen mit dem gleichen Gehirn und vom selben Planeten hatten vor über tausend Jahren eine völlig andere Kosmogonie erdacht, ebenso rational oder irrational wie die unsere, in der eine pyramidenförmige, hierarchische und in gewisser Weise auch kommunistische Gesellschaft durch ein religiöses System zusammengehalten wurde, in dem Menschenopfer ihren Platz hatten.

Unwillkürlich beschleicht einen nach der Lektüre von de Landas Bericht die Frage, ob ihm wohl die Parallele zwischen den zur Buße dargebrachten Menschenopfern und dem stellvertretenden und freiwilligen Sühneopfer seines eigenen Gottes am Kreuz aufgefallen ist? Und wie ist der steinerne Ring für das Ballspiel einzuordnen, der in Chichén Itzá hoch oben aus der Mauer ragt? Man steht in dem langen, jetzt leeren Geviert dessen, was einst ein Spielfeld war, und stellt sich das Gerenne und Geschrei der beiden Mannschaften vor, die beide versuchen, den Gummiball durch dieses steinere Loch zu schlagen. Man sieht, ohne sie zu sehen, die Zuschauer, die Freunde oder Verwandte gewesen sein mögen, man projiziert die Bilder, die man bei Catherwood und im Museum kennengelernt hat, auf die jetzt so leeren Plätze ringsum, die Aufmachung und Haltung von Adligen und Priestern, die grellbunten Federn auf ihren Köpfen, ihren goldenen Schmuck – doch währenddessen weiß man, daß die Verlierer des Spiels nach dem Wettstreit geopfert wurden und daß dies eine ehrenvolle Weise war, zu sterben. Auf einem der Reliefs ist es dargestellt, zwei Sieger töten einen Verlierer, während ein grausamer Gott aus dem Himmel herabsteigt. Diesen Gott gab es aber nicht, genausowenig wie Hermes, Baal, Mithras und den Teufel. Phantasie erschafft stets neue und wieder verschwindende Wirklichkeiten. Doch während der tausend Jahre, die diese Fiktion, diese Mythologie eine gesellschaftliche Realität war, besaß sie eine Logik, zu der das Menschenopfer notwendig gehörte. Man starb nicht zufällig und nicht umsonst. Alles hatte seinen Platz im System. Wir können lediglich die verzierten Ruinen betrachten, in denen sich ihr Leben abspielte. Was man sieht, sind die Gesichter von Göttern und mythischen Tieren, deren Namen wir kaum aussprechen können. Mitten in diesem riesigen Gelände steht die Pyramide des Kukulkán, einst der Hauptgott der Maya, der bei den Azteken Quetzalcoatl heißt, die gefiederte Schlange. Zweimal im Jahr kehrt diese Gott-Schlange auf die Erde zurück, was weniger ein Wunder ist als vielmehr ein Beweis für das phänomenale astrologische Wissen und das geniale architektonische Können der Maya. Es geschieht im Herbst und im Frühjahr, jeweils zur Tagundnachtgleiche. Das schwindende Licht des Nachmittags zaubert durch den Schatten der Pyramidenterrassen das Bild einer Schlange auf die Nordwesttreppe, die beängstigend steil nach oben führt und die man heute nicht mehr besteigen darf. Was *wir* sehen, ist ein Naturphänomen, bei dem Astrologie und Architektur ein Spiel aufführen, was *sie* sahen, war eine riesige Schlange, die langsam die Treppe herunterglitt bis zur untersten Stufe: Der Gott war immer pünktlich. Und jedes Frühjahr brachte er etwas mit: Fruchtbarkeit, die Garantie für eine neue Ernte. Und auch an dem auf die Tagundnachtgleiche folgenden Tag beweist sich noch Jahr für Jahr das Genie der Maya: Eine ganze Viertelstunde lang steht die riesige Pyramide am frühen Morgen zur Hälfte im allesverzehrenden Licht und zur anderen Hälfte im Schatten. Bei der nächsten Tagundnachtgleiche wechseln Licht und Dunkelheit ihren Platz. Die Natur ist eine Uhr, und die Maya wußten, wie spät es war. Ihre Götter sind verschwunden, wie jene der Griechen verschwunden sind, aber ihre Uhr funktioniert immer noch. Sie ist geblieben, wie die Bilder und die Geschichten geblieben sind, zusammen mit den Rätseln, die sie zum Sinn unserer Anwesenheit auf der Erde aufgeben, seit wir wissen, daß die Systeme, in denen wir leben und sterben, genauso vergänglich sind wie wir selbst. Tausend Jahre später teilen wir den Planeten mit menschlichen

Wesen, die in einem Buch gelesen haben, daß sie, wenn sie uns töten, dafür in einem Paradies belohnt werden.

Abend in Mérida. Wie auf einem Gemälde aus der Belle Époque sehe ich die Ober, weiße Hemden, schwarze, auseinanderstrebende Hosenträger, sie starren hinaus in den stürmischen Regen und die tropischen Böen, die in die Bäume auf der Plaza Hidalgo fahren. Hanf machte Mérida zu Beginn des letzten Jahrhunderts reich, das ist überall noch zu sehen. Später, als sich der Wind gelegt hat, gehen die Lichter in den Bäumen wieder an. Palmen schlagen ihre Fächer nach allen Seiten aus, Buchsbaumsträucher haben sich durch die Schere des Gärtners in Würfel verwandelt, Autoreifen zischeln über den nassen Asphalt, Passanten sprechen mit leisen Stimmen, als schlafe jemand, der nicht aus seinem Traum geweckt werden darf. Ich gehe am düsteren, mächtigen Haus der Montejos vorbei, die Yucatán einst für den spanischen König regierten. Nach den Ruinen der Maya wirkt die große Kathedrale plötzlich klein, ein Eindringling, der sich inzwischen schon fast 500 Jahre gehalten hat und seinen eigenen Gott und seine eigenen Priester mitgebracht hat. Die späten Vögel in den Bäumen kümmert es nicht, und auch die Verliebten und die letzten Schuhputzer lassen die zwölf schweren Schläge der Mitternacht Mitternacht sein, ich gehe zurück in mein Zimmer in dem altmodischen Hotel. Unten binden die Ober die Terrassenstühle mit Ketten aneinander, und ich betrachte die Fotos von allem, was ich in den letzten Tagen gesehen habe, die Pyramide des Zauberers, den Thron des Jaguars, den Palast des Gouverneurs, das Haus der Nonnen, Namen wie hilflose Lügen, die die Spätankömmlinge den Bauten in dem Versuch gegeben haben, das Geheimnis einer überwältigenden

Architektur und den ihr zugrundeliegenden Gedanken in Worten einzufangen. Aber es gelingt mir nicht, jetzt genausowenig wie an dem frühen Morgen in Uxmal, als ich davorstand, eine kleine gezeichnete Gestalt auf einem unermeßlich großen Feld, vor mir und links und rechts von mir diese riesigen Bauten in der morgendlichen Stille, gemeißelter Stein voller Masken und Zeichen, die nie etwas anderes erwidern würden als das Geheimnis, aus dem sie bestanden und aus dem die Menschen, die es erschaffen hatten, verschwunden waren und diese Tür aus Stein für immer hinter sich geschlossen hatten.

Ein Abend auf dem Zócalo

Mexico City. Das Land hat noch immer seinen Präsidenten und seinen Gegenpräsidenten, aber gegen das Amt des ersteren kommt letzterer nicht mehr recht an. Es sind die Tage vor Weihnachten. Ich habe die Metro zum Zócalo genommen, dem großen Platz in der Hauptstadt, der das Herz des Landes ist und bereits vor der Ankunft der Spanier das Zentrum der aztekischen Welt war. Ich bin nicht allein, ein paar Millionen Menschen sind auf den Beinen. Die Bürgersteige überfüllt mit Buden und Essensständen, alle fünfzig Meter ein Polizist, Straßenmusiker, und dann auch noch die Autos, die sich durch die gewaltige Menschenmenge zwängen. Aber es geht immer noch schlimmer. Ich werde ganz von selbst, ohne etwas zu tun, wie ein anonymer Teil der Masse auf den großen Platz gespült. Dort herrscht ein Höllenspektakel, soviel ist sicher. In der Ecke gegenüber der Kathedrale das Philharmonische Orchester von Mexiko in einem riesigen Zirkuszelt. Schräg gegenüber davon eine kommunistische Kundgebung mit den goldenen Köpfen von Lenin, Federico Engels, Carlos Marx und José Stalin auf rotem Tuch, die dank dieser spanischen Vornamen gleich viel freundlicher wirken. Ein extrem lautes Mikrophon schreit die verflossene Heilsbotschaft über den Platz, stark gestört durch eine Reihe fast nackter Männer mit Federschmuck, die auf riesige Trommeln schlagen und besessen tanzen. Sie tun das exakt in der Mitte zwischen dem Orchester und der politischen Botschaft, und jeder mit maximaler Lautstärke. Das Orchester probt den »Trepak« aus der Nußknackersuite von Tschaikowski und geht dabei ganz auf die Menge ein, ungefähr so wie wir früher in der Schule »Eine Stunde Musik« hatten: Sie zeigen, wie eine Komposition aufgebaut ist, mit jeweils einer Gruppe von Instrumenten. Das heißt: zuerst die Blechbläser, dann die Holzbläser, dann die Geigen, dann die Celli, um zuletzt die gesamte Suite zu Gehör zu bringen. Die Menge lauscht atemlos den einsamen Celli, dem von merkwürdigen Momenten der Stille umgebenen losdreschenden Schlagzeug, den plötzlich so dünn klingenden Flöten und wartet auf die Auflösung, die hier ja gerade eine *Zusammenführung* all dieser isolierten Klänge werden muß, ein großes, tanzendes Ganzes. Der Dirigent, in dessen Partitur weder die Arien von Marx und Lenin noch die Urgewalt der aztekischen Derwische stehen, klopft immer wieder unbeirrt ab und beginnt neu, bis die Analyse zu Ende geführt ist. Jetzt tauchen die Musiker auf zwei gigantischen Fernsehschirmen auf, so daß die Musik auch zu *sehen* ist, der hundertfach vergrößerte einsame Hornist mit seinen geblähten Wangen, die Bratschisten, die sich vom stets heftiger werdenden Rhythmus der indianischen Trommeln nicht ablenken lassen dürfen, der Dirigent, der das höllische Spektakel anscheinend vorbildlich in der Hand hat und so tut, als gäbe es all die anderen Geräusche nicht, und schließlich den russischen Tanz in all seiner prämarxistischen Bauernfreude über den Platz strömen läßt. Als in diesem Augenblick auch noch die mächtigen Glocken der kolonialen Kathedrale zu läuten beginnen, weiß ich, daß meine Mexiko-Reise zu Ende ist. Pyramiden und Kathedralen, Kommunisten und Prälaten, Tschaikowski und Lenin, Götter und Menschenopfer, für mehr ist kein Platz.

15. Mai 2007

1 Manuel Tolsá Sarrión (1757-1816): spanisch-mexikanischer Baumeister und Bildhauer. Er war Bildhauer an der Königskammer und Vorsitzender des Ausschusses für Handel, Währung und Minen an der Academia de Bellas Artes de San Fernando, Spanien, bevor er 1790 zum Direktor der Real Academia de San Carlos de las Nobles Artes in Mexiko-Stadt bestimmt wurde.

2 José Clemente Orozco (1883-1949): mexikanischer Maler. Er gilt als Begründer der zeitgenössischen mexikanischen Malerei; seine monumentalen Wandgemälde zeigen Themen aus Mexikos Vergangenheit und Gegenwart; neben David Alfaro Siqueiros und Diego Rivera einer der Hauptvertreter des *Muralismo*.

3 Miguel Hidalgo y Costilla (1753-1811): mexikanischer Freiheitskämpfer; Priester in Dolores (Guanajuato). Er rief im September 1810 zum Aufstand gegen die spanischen Kolonialherren, was als »El Grito de Dolores« (Der Schrei von Dolores) in die Geschichte einging. Die Revolte wurde 1811 niedergeschlagen, Hidalgo y Costilla gefangengenommen und erschossen.

4 José María Morelos y Pavón (1765-1815): mexikanischer Freiheitskämpfer. Der Geistliche schloß sich 1811 Hidalgo y Costilla an, übernahm nach dessen Tod die Führung des Aufstandes gegen die spanische Herrschaft und die kreolischen Großgrundbesitzer. Im Oktober 1815 wurde Morelos y Pavón von den Spaniern gefangengenommen und erschossen.

5 *Estípite*: anthropomorpher Wandpfeiler, der mit einer Mastaba – einer flachen Pyramide ohne Spitze – gekrönt ist. Die Grundform

der *estípite* wurde in Mykene und Kreta entwickelt, während der Renaissance wiederentdeckt und im mexikanischen Barock für die Innengestaltung der Kirchen und für die Fassaden verwendet.

6 John Lloyd Stephens (1805-1852): US-amerikanischer Rechtsanwalt, Diplomat, Forschungsreisender und Amateurarchäologe. Er legte durch seine Entdeckungen den Grundstein der modernen Maya-Forschung und wirkte bei der Planung einer Verkehrsverbindung vom Atlantik zum Pazifik durch die mittelamerikanische Landenge mit.

7 Frederick Catherwood (1799-1854): britischer Architekt, Maler, Archäologe und Forschungsreisender. Furore machte er mit seinen detailgetreuen Zeichnungen von wiederentdeckten Maya-Ruinen.

November im Süden, 1984

Berkeley

Das Hotel ist altmodisch, ein bißchen verfallen, die Zimmer haben die Dimensionen einer vergangenen Epoche. Eines Abends, als ich mein Zimmer verlasse, höre ich auf dem Flur gerade noch einen Cowboy in einem Western sagen: »Them bullets flew as thick as July flies«, aber hinter der nächsten Ecke erwarten mich schon andere Szenen. Ein alter Mann in Kinderkleidern kommt aus dem Lift. Eine ockerfarbene, schwarzkarierte Clownshose, ein T-Shirt mit gotischem Schriftzug, weiße Wollsocken in schwarzen Wildlederschuhen. Er kommt direkt aus einem Stück von Beckett. Sein Kopf wackelt und neigt sich unter dem Gewicht seiner deformierten Nase, eine Hand hält er vor den Hosenschlitz, hinter dem sich offensichtlich eigenartige Kunststoffbehälter verbergen, mit der anderen stützt er sich auf einen knorrigen Stock.

»Good night, Herb!« schreit der Greis, der mit ihm zusammen den Aufzug verläßt.

»WHAT?«

»Have a good night!«

»I will. I am going to bed!«

Das war um sechs Uhr. Als ich um ein Uhr nachts wieder mein Zimmer betrete, blökt der Fernseher im Nebenzimmer noch in voller Lautstärke. Um drei rufe ich die Rezeption an, um zu fragen, ob bei meinen Nachbarn der Ton nicht etwas leiser gestellt werden könnte. Bis dahin ist meine Schlaflosigkeit schon um die *Late Nite News*, eine Folge *Dallas* und eine Tonne Werbespots reicher. Dann klingelt das Telefon auf der anderen Seite der Wand, und die Stimme, die sich nach langer Zeit meldet, hat das unverwechselbare Timbre Herbs.

»WHAT? O I AM SORRY!«

Ruhe, denke ich, aber nein, Herb stellt nur den Ton leiser. Aber wollte er nicht ins Bett? Richtig, Herb schläft bei eingeschaltetem Fernseher, und das seit sechs Uhr abends. Herb hat nicht im Dunkeln Angst, er hat Angst in der Stille. Erst um sechs am nächsten Morgen, als Herb aufsteht und einen neuen leeren Tag beginnt, schaltet er aus, denn Herb sieht nicht fern. Er doch nicht, never ever.

Jeden Tag fahre ich zwischen Berkeley und der Stadt auf der anderen Seite des Wassers hin und her. Die Haltestellen sind schön, den Menschen fällt es schwer, sich ihnen anzupassen. Vor allem am späten Abend ist es großartig dort. Dann fahren nicht so viele Züge, und die Wartenden verteilen sich auf diese bühnenartigen Räume aus Marmor und glänzendem Aluminium in einer gefälligen Art, als würden sie bei einer *performance* mitwirken.

Manche liegen, andere kuscheln sich, als ginge das ohne weiteres, in die rund ausgehöhlten Marmorblöcke oder lesen, an Säulen gelehnt, die Berichte über das Verschwinden von Menschen, die ebenso anonym waren wie sie selbst, bis sie durch diese Berichte einen Namen bekamen. »Roberta Lee is Asian, she is 5 ft. 6 inches tall. She weighs 110 pounds and is 21 years old, she wears a dark longsleeved jersey and sneakers with grey stripes. Last time she was seen, Lee was dragged into a brown van by a heavyset man weighing about 220 pounds.«

San Francisco

Eine Ausstellung von *Cubist Prints and Books* in dem Museum, das in einem Heldenpark am Ende der Stadt liegt. Eine Begegnung mit alten Bekannten, davon hat es noch am meisten, mit Verwandten, die man von klein auf kennt, Picasso, Braque, Laboureur, Duchamp. *Der Tod Nervals* von Louis Marcoussis, der Körper des toten Dichters wie ein Rechteck, sein Kopf in der Schlinge wie ein umgeknickter Kegel, Hände wie parallele Linien, die Geometrie des Todes. Ich betrachte die in Einzelteile aufgelöste Gitarre Picassos, und es ist, als würde mein Blick diese Gitarre wieder ganz machen, als wäre dies einfach meine eigene Gitarre, die ich zu Hause liegengelassen hatte und die mir hierhin nachgereist ist, weil sie nun mal zu mir gehört.

Das Museum schließt früher als gewöhnlich, die Wachleute sind nervös, und als ich rauskomme, sehe ich plötzlich die niederländische Fahne, aber es ist dann doch nicht meine, es ist die von Luxemburg. Der Großherzog kommt zu Besuch, eine Musikkapelle ist angetreten, nervöse Polizisten fegen uns auf den leeren Platz. Uns? Zwei Japaner mit ihrem Kind und mich, wir sind die einzigen, die die Sicherheit des Staatsoberhauptes gefährden. Und auch das hier ist großartig, als hätte man es für mich inszeniert (der einsame Reisende wird egozentrisch), denn während dem Blech tragische Klänge entquellen und die große Trommel ihre gedämpften Schluchzer in die sanftmütige Melodie mischt, sehe ich, wie die schwarze Limousine mit der fürstlichen Person angeschlichen kommt und, mit uns vieren als Volk, eine weite Runde über den hochgelegenen Platz dreht, hinter dem ein weit entferntes Meer mit den Inseln des Ostens in Nebelschleiern wogt. Der japanische Vater möchte wissen, welcher Kaiser in dem Trauerwagen sitzt, und die Antwort entstammt der Operette.

»Der Graf von Luxemburg.«

Der Japaner schreibt sich das auf und rasselt mit seiner Filmkamera wie eine übergeschnappte Grille. Später in Nagasaki werden Freunde und Bekannte alles sehen, den Platz, das Meer, das Auto und mich, und gleich darauf kommt, so schüchtern, wie ein Großherzog nur sein kann: der Graf von Luxemburg.

La Jolla, San Diego

Mein Freund Milos kann alles, wenigstens kommt es mir so vor. Er ist Neurologe, hat eine Grafikpresse entworfen, Medizin in Dänemark studiert, Buchdruckkunst im Vatikan, er war Offizier in der tschechischen Armee, reich ist er wohl auch, und auf die Frage, wie das kommt, erhält man die Antwort: »I dream up a few molecules every day.« Wie ein Derwisch tanzt er um die Welt, ich treffe ihn an den seltsamsten Orten, er mich allerdings auch. Er ist erst irgendwo in den Vierzigern, hat aber das Format eines *uomo universale*, einmal sehe ich ihn in seinem Laboratorium tüfteln wie einen jungen Doktor Faust, der brodelnde Flüssigkeiten und die dazugehörigen Grafiken beäugt, dann wieder kann ich ihn dabei beobachten, wie er eine Radierung anfertigt oder malt oder die Schrifttypen für eins der bibliophilen Bücher entwirft, die er herausgibt. Im Gespräch bedient er sich meistens mehrerer Sprachen, wobei aus allen der seufzende Tonfall Mitteleuropas herauszuhören ist. Seine Frau ist Japanerin, schließlich sind wir hier am linken Ufer des Pazifiks, Kalifornien gehört nicht mehr so richtig zum Westen, es ist eher der Osten eines anderen Westens, Chinas, Japans, Hongkongs.

Sein Haus steht abgelegen in den Hügeln von La Jolle, oberhalb von San Diego, Stille herrscht am Schwimmbecken
mit dem spiegelglatten Wasser. Ich bin gerade angekommen, morgen fahren wir in die Wüste, aber zuerst zum
größten Teleskop der Welt auf dem Mount Palomar. Dorthin fährt man auf gewundener Straße durch eine Landschaft, die an die Provence erinnert. Als ich darüberflog,
saß neben mir ein Mann, der ständig lachte, und die Frau,
die zu ihm gehörte, fragte mich hin und wieder nach dem
Aussehen der Landschaft unten, denn sie wollte gern das
Haus ihrer Mutter sehen. Ich beschrieb ihr den Colorado
River, aber dort wohnte ihre Mutter nicht. Gebirge, Wüste,
ein Paß. Die Sonne war schrecklich in ihrem Untergang, ich
sah weiße Nebelfetzen vorüberjagen, und dann, über diesem Leeren im Leeren, ein anderes Flugzeug, blutend im
Sonnenlicht. Der Mann hörte nicht auf zu lachen, und sie
sah, daß ich es sah, und sagte, beachten Sie ihn einfach nicht,
mein Mann leidet an Demenz. Sie nannte den deutschen
Namen der Krankheit, und es schien, als würde er den erkennen, denn er lachte wieder, ein ernster Fünfzigjähriger
mit einem feinen, dunklen Gesicht und einem Lachen ohne
jeden Zusammenhang mit irgend etwas. Wie groß ist die
Wahrscheinlichkeit, daß man im Flugzeug neben so jemandem sitzt, wenn man gerade, wie ich, Bernlefs *Hirngespinste*[1]
liest?

Wahrscheinlichkeit und Zufall. Wir stehen im Ausstellungs-
saal von Mount Palomar, und Milos macht mich auf das
Foto eines Sternhaufens aufmerksam. »Der enthält mehr
als 100 000 Sterne, und alle sind heller als unsere Sonne.
Siehst du, wie kompakt das wirkt, so als wäre das ganze eine
Einheit? Trotzdem wären zwei Apfelsinen, die ohne feste

Bahn durch den Grand Canyon schweben, näher beieinander als diese 100 000 Sterne. Wenn man unsere Galaxie von außen sehen könnte, dann würde unser ganzes Sonnensystem wie ein einzelner Stern aussehen, einer unter vielen Millionen.« Früher haben mir solche Dinge angst gemacht, jetzt reizen sie mich eher zum Lachen. Es ist, als wäre ich Mitglied eines sehr exklusiven Clubs; für mich können es gar nicht genug Millionen und Billionen sein, am liebsten würde ich ein Schaumbad aus Nullen nehmen. »Unsere Sonne mit ihren Planeten«, fährt Milos fort, der auch didaktisch begabt ist und einem Jünger der alten und neuen Sprachen gern noch etwas beibringt, »liegt am äußersten Rand eines Wirbels aus Gas, kosmischem Staub und vielen Milliarden Sternen, von denen nur 6 000 nah genug sind, um für das bloße Auge sichtbar zu sein. Dieser große Wirbel ist unsere Galaxie, und sein Durchmesser beträgt so um die 600 000 000 000 000 000 Meilen.«

Ich kaufe eine Ansichtskarte vom Mars und vom großen Orionnebel, der wie eine explodierte Zuckerstange aussieht. Mars ähnelt auf diesem Foto eher einem Eidotter mit ein bißchen Blut darin. Ein Dotter mit einem Durchmesser von 4 218 Meilen. Wie groß ist dann das Ei, und wie groß das Huhn?

»Ist das denn auch eine richtige Wüste, wenn man da einfach auf einer Straße durchfahren kann?«

»Und ob das eine Wüste ist«, antwortet Milos und lenkt seinen Peugeot entschlossen in den Sand. Ein Weilchen macht das Auto noch mit. Auf der Suche nach harten Stellen unter dem Pulver irren wir von links nach rechts und zurück, und schließlich lassen wir den Wagen bei einer Skulptur aus vertrocknetem Holz stehen, die einmal ein Strauch gewesen ist.

Es ist später Nachmittag, aber es wird nicht mehr lange Nachmittag bleiben. Der erste Staub des Abends dringt ins Licht, etwas Graues, das kein Nebel ist, sich aber trotzdem in alles Sichtbare mischt, die Farben aufsaugt. Erst kommen wir noch an einem Campingbus vorüber, bei dem Menschen um ein Holzfeuer sitzen. Dann wird es still, wir hören nur unsere Schritte, das Einsinken der Schuhe in den Sand. Milos kennt irgendwo eine Stelle, von der aus wir den Sonnenuntergang betrachten sollen, aber die Sonne, das sehe ich schon, wird uns zuvorkommen. Der Sand ist noch warm, und doch spüre ich schon eine leichte Kühle. Sumi, Milos' Frau, hat Mühe, mit uns Schritt zu halten, immer wieder bleibt sie zurück und rennt dann ein Stück, um uns einzuholen, aber Milos scheint es nicht zu merken. Ich habe behalten, worüber wir sprachen. Über den Wahlspruch Karls IV., Kaiser des Heiligen Römischen Reiches. Er war König von Böhmen, stammte aus dem Hause Luxemburg und hatte als Wahlspruch »ich diene«. Das habe ich in der Wüste gelernt, aber welche Wüste das war, weiß ich nicht mehr. Ich diene. Über dem Horizont hängt noch ein großes göttliches Licht, in dem die Sonne ertrunken ist. Milos ist jetzt beim Prinzip der *triangulation in military geometry* angekommen. Mir ist das recht, aber ich sehe auch den Abendstern, und ich kann ihn nie sehen, ohne an Pieter Cornelius Boutens zu denken. Ich versuche, den berühmten Vers zu übersetzen (»und dann auf Westens Schanze blüht der Venus goldne Aster auf«), aber ich glaube nicht, das mir das wirklich gelingt. Wie bringt man im Englischen diesen ganz bestimmten Nebensinn von »Schanze« zum Ausdruck, den Gedanken an Nazis und das alles? Und bewahrt doch die Schönheit dieser Zeile? »Milos«, sage ich, »die Sonne ist schon längst untergegangen.« Wir sind dann eine Stunde gegangen, vielleicht auch länger. Das ganze Sternenzelt fängt an zu glitzern, ich will es gern möglichst schön ausdrücken. Dort oben glitzert es, wimmelt, bewegt sich, funkelt, es muß also etwas wie Nacht sein.

»Vielleicht können wir den Mond aufgehen sehen«, meint Milos. Ich bleibe stehen. Sumi auch. Milos geht noch ein bißchen weiter, er ist ein dickköpfiger Freund.

»Der Mond ist gestern erst um ein Uhr nachts aufgegangen«, lüge ich.

Es ist unvorstellbar still. Ich kann Milos nicht mehr sehen, höre aber, daß er nicht weitergeht.

»Ein Uhr, soso...«, sagt er, aber auf einmal beginnt, nicht weit von uns, ein Kojote zu heulen, hoch, jaulend, ein Ton wie aus Ringen, ein Ton, der uns umkreist. Wo habe ich das schon einmal gehört? Vor langer Zeit, in der Sahara, in Tunesien. Keine Kojoten, Wildhunde. Ich war dort zusammen mit einer, die jetzt tot ist, und ich sehe sie vor mir. Ich drehe mich um und gehe zurück. An den Schritten höre ich, daß die anderen mir folgen. Es ist schwierig, im Dunkeln den Weg zu finden, erst nach gut einer Stunde erreichen wir wieder den Campingbus. Aber schon lange vorher habe ich bei einem Blick über die Schulter gesehen, daß der Mond wie eine angeschnittene Ananas über den Boden gerollt kommt.

Austin, Texas

Wann ist etwas normal und zugleich revolutionär? Das Foto in der *New York Times* zeigt eine Frau und ein Kind. Die Haltung ist klassisch. Die Frau hat die Augen geschlossen, für sie existiert jetzt nichts anderes als dieses Kind. Sie hält es mit beiden Armen umfangen, darunter baumeln die Beinchen. In ihrem Gesicht ist ein Ausdruck von wunschloser

Zufriedenheit und – Glück, das ist es, was es ausstrahlt. Warum ist unter den Tausenden Madonnen mit Kind, die man in allen Kirchen und Museen der Welt sieht, nie ein Bild, auf dem wie hier jetzt das Gesicht des Kindes *nicht* zu sehen ist, nur die Rückseite des kleinen festgehaltenen Körpers? Liebte Maria ihren Jesus denn nicht? Wie auch immer, die Frau ist auf der Titelseite abgebildet und drückt ihr Kind an sich. Was ist daran so besonderes? Nichts, außer daß sie gerade aus dem Weltraum kommt. »Mission Specialist Anna L. Fisher hugs her spacesuited daughter, Kristin, in Houston, where Discovery crew returned after flight.«
Es wirkt so normal, daß man eigentlich gar nichts dazu sagen kann. Aber das *Bild* läßt mich nicht los. So kommen bald Mütter vom Mond zurück.

»What will you do if Ronnie invades Nicaragua?« lese ich auf dem schwarzen Brett des Latin American Institute in Austin, Texas. Dies ist die reichste Universität Amerikas, sogar Öl findet man auf dem Campus. Wenn ich das Wort Campus höre, sehe ich immer die Farbe Grün, fette Weiden. Was das Bild beherrscht, sind Menschen mit großen Körpern, die im Gras liegen, in Sportkleidung joggen, auf Bänken sitzen und reden, mit Büchern unter dem Arm über lange Wege gehen. Fast niemand hier ist alt, man kommt sich merkwürdig vor. Armut in irgendeiner Form oder auch nur etwas wie Spannungen – solche Dinge scheinen hier nicht zu existieren, auf jeden Fall sind sie unsichtbar, abgesehen vielleicht von so einer Frage am schwarzen Brett.
Es ist warm in diesem November, ich habe wieder meine Sommersachen angezogen, die schwere Hitze des Kontinentalklimas lastet auf dem Land, man spürt hier im Süden

schon das Flimmern Mexikos, aber auch das ist weit weg. Das Latin American Institute ist riesig, mit repräsentativen Sälen, luxuriös. In dieser Umgebung nehmen sich die Blätter in den Zeitschriftenregalen etwas merkwürdig aus. Schlecht gedruckte, schäbig aussehende Heftchen aus Kuba, Nicaragua, Pamphlete aus El Salvador und Honduras. *Revolución y Cultura*, La Habana, *Le Nouvelliste, Le plus ancien quotidien d'Haïti*; *An Evaluation Of Lima's First Leftist Mayor*; *The Economist Intelligence Unit: Venezuela, Surinam, Neth. Antilles*. Ich setze mich in einen der tiefblauen Sessel, in denen man eigentlich nur liegen kann, und studiere die an langsamer Auszehrung leidenden Zahlen des *foreign exchange* von Surinam, die Probleme sind mir bekannt, nur ist hier alles in Tabellen umgesetzt. Neben mir liest ein Mädchen mit traurigen Augen und langem blonden Haar etwas über verschwindende Indianervölker in Brasilien. Als sie weg ist, sehe ich mir an, was sie gelesen hat, und verstehe den Ausdruck ihrer Augen, denn es steht schlecht um die Wayapi-Indianer. 1947 lebten noch 2 200 in Französisch-Guayana. Jetzt gibt es noch 120 in der Gegend von Camopi, Alicotó, und noch 180 im Gebiet von Trois-Sauts, wo der Oiapoque entspringt. Und dann der Todesstoß: »An additional group of 23 Indians lives on the Pari river.« Vom Weltraumfoto des Morgens auf dem Mount Palomar bin ich zurückgefallen in den *hortus conclusus* von 23 Menschen, die eine aussterbende Sprache sprechen. Das Unwiderrufliche des Verschwindens, nirgendwo spürt man es deutlicher als hier. Niemand hat je in dieser Sprache geschrieben, nie wird man Inschriften finden. Die Laute, die für Vater und Mutter, Fluß und Affe standen, werden in Instituten wie diesem begraben. Tote Laute. Irgendwer wird noch wissen oder aufgezeichnet haben, was so ein Laut bedeutete, aber was man hört, ist der konservierte Tod selbst. Ich erinnere mich an ein versteinertes Brötchen, das ich einmal im ägyptologischen Museum von Turin gesehen habe. Da lag es in seiner Vitrine, sah aus wie eine gewöhnliche weiche Semmel, sogar seine Farbe erinnerte noch ein bißchen an die von Brot. Ich fragte mich, was denn nun das Tragische an diesem *Ding* dort sei, und konnte mir die Frage selbst beantworten: Dieses Brötchen hätte gegessen werden sollen, an jenem Morgen vor vier- oder sechstausend Jahren, als es warm aus dem Ofen kam. Ich konnte das Holzfeuer noch riechen. Jemand hätte es essen sollen, jemand, der dabei über den Nil geblickt hätte. Statt dessen bekam es einen Platz in einem Grab. Es war das traurigste Brötchen, das ich je gesehen hatte, es war vor Kummer zu Stein geworden.

Die Quechuo Wayno aus Cuzco sagen es so:

> *Qhawarinkicu hagay phuyuta*
> *Qhawarinkicu hagay phuyuta?*
> *K'ancarimuntaq tutayarimuntaq*
> *K'ancarimuntaq tutayaritaq.*

> Siehst du diese Wolke?
> Jetzt glänzt sie,
> Jetzt ist sie dunkel geworden
> Sie glänzt
> Und dann wird sie dunkel.

Als ich draußen gegen den Strom der Menschen schwimme, die zu einem Baseballspiel im heidnischen Stadion von Austin wollen, sehe ich einen Bus der Fünften Internationalen Kirche Christi aus Victoria, der auf der ganzen Länge einen

Schriftzug trägt: *Jesus is Lord*. Mein Stamm lebt noch. Und wieso ist das Stadion heidnisch? Weil es so beängstigend groß ist, errichtet für einen Kult, der unser Vorstellungsvermögen übersteigt. Wie ein großer silberner Schirm steht es da, senkrecht aufragend, ein Epidaurus der Neuzeit. Und es ist kein Stoff, womit dieser hohe Schirm bespannt ist, es sind die Köpfe von Menschen, und diese Köpfe brüllen, kreischen, flehen, Laute der Hölle jagen über die Ebene.

Baton Rouge, Louisiana
Diese Wörter gefallen mir, vor allem, weil ich jetzt hier bin. Vom Fenster meines Zimmers im Faculty Club aus sehe ich eine Zeichnung von Norman Rockwell, die sich bewegt. Schattige Rasen mit unmäßig grünem Gras, Studenten in zwei Farben unter den massigen, tropisch anmutenden Bäumen. Das Bild wirkt verlangsamt und – obwohl das natürlich nur Täuschung sein kann – paradiesisch. Die Jogger mit ihrem tanzenden Haar und den nackten Beinen, die prunkvollen, langsamen Autos, die schwarzen und weißen Körper, lang ausgestreckt lesend, die milden Aromen, die grellen Farben der spät blühenden Pflanzen, all das zwischen blaßroten Backsteingebäuden im Kolonialstil mit beschatteten Veranden hinter hohen weißen Säulen.
Ein violetter Volvo kommt die Auffahrt zum Faculty Club herauf, die Frau hinterm Steuer winkt, und ich gehe raus. Wir fahren an den Häusern mit den Säulen vorbei zu einer Terrasse am Fluß. Es ist, als würde ich Seiten im Buch meiner Erinnerung umblättern.
Meine ersten überwältigenden Leseerfahrungen, William Faulkner und Truman Capote, kamen aus dieser Gegend. Faulkner aus Mississippi, ganz in der Nähe, Capote aus New Orleans, sozusagen an der nächsten Flußbiegung.

Über die ersten Eindrücke von damals haben sich Schichten von Zeit und Reisen gelegt, aber das Wesentliche daran ist nie verschüttet worden, das Bild einer mythischen, fremdartigen Welt, bedrohlich, unheilvoll, feudal und unendlich weit entfernt von meiner niederländischen Wirklichkeit. Ich besitze noch immer die allererste Taschenbuchausgabe von Capotes *Other Voices, Other Rooms*. 25 Dollar-Cent kostete das Büchlein damals! Vom Umschlag strahlte einem rote Glut entgegen: aufgezogene schwere Vorhänge um ein zerbrochenes Fenster. Dahinter war eine Landschaft mit Bäumen zu sehen, Bäumen des Südens. Darüber fünf Vögel, die Geier oder Krähen sein konnten, vielleicht auch Bussarde, etwas Dunkles in der leuchtenden Landschaft. Auf einem sonnenbeschienenen Fleck zwei nackte Kinder, diesseits der zerbrochenen Scheibe in einem Streifen silbrigen Gewebes eine Spinne. Aber was mich am meisten beeindruckte, war das Foto auf der Rückseite. Da lag auf einem Sofa ein Junge, der schon Schriftsteller war. Er trug ein weißes Hemd mit Schleife und eine karierte Weste. Sein Haar, das er später verlieren sollte, war nach vorn gekämmt, seine Brauen wiesen nach oben wie die Flügel eines Bussards, wenn er sich vom Luftstrom tragen läßt, und mit den großen, starrenden Augen darunter ähnelte er ein bißchen einer Eule. Der Mund wirkte sinnlich, und wenn ich das damals auch nicht so ausgedrückt hätte, seine glänzende, geschlossene Form hatte etwas Lockendes, Provozierendes. In seinem Blick lag Schwüle, und er wußte viel, viel mehr als ich.

Nicht viel später lief ich in Amsterdam in einer violetten Jacke herum, die meine Mutter nach meinen Anweisungen genäht hatte. Bei De Bijenkorf hatte ich im Schlußverkauf ein Stückchen orangefarbene Seide gekauft, das ich so in den Kragen meines Hemds fummelte, daß die ausgefransten Kanten nicht zu sehen waren. Den Kragen hatte ich aufgeschlagen, unterm Arm trug ich einen Rohrstock mit einem Hundekopf. Spindeldürr war ich, und ich wurde lautstark verhöhnt, aber das machte mir nichts aus. Was ich ausdrückte, war deutlich: Ich gehörte nicht dazu.

Und jetzt? Die Frau neben mir trinkt einen Rusty Nail und spricht in der Sprache Capotes, mit einem singenden Ton, der ansteigt und dann fällt wie ein Schatten, wenn sich die Dämmerung herabsenkt, der verführerischste Stimmklang, mit dem eine Frau sprechen kann. Es ist, als hätte es nichts mehr mit dem Amerikanischen zu tun, dafür aber alles mit den Tropen: Es ist die Sprache von Miss Bobbit und die von Idabel und Florabel Thompkins, von Dolly Talbo und von Tante Ellen, wenn sie Joel Harrison Knox aus der *Schneekönigin* vorliest, Sprache, die durch ihren Klang verführt, durch Musik, durch die Aussprache, die die Bedeutung der Wörter verändert und in der »ich« nicht mehr *ai* ist, sondern *aah*, so daß sich schon von da an alles verändert, das Gesagte und der, dem es gesagt wird.

Die Sonne geht unter, der Abendstern erscheint am schwärzer werdenden Himmel wie ein Punkt, dessen Satz erst noch geschrieben werden muß, schwarze Jungen machen ein Spiel, bei dem sie vom Deich, dem *levee*, herunterrollen, am Kai ist ein Zerstörer aus dem Zweiten Weltkrieg vertäut, die *U. S. S. Kidd* – regungslos liegt er im Wasser, das ihn schwarz und glänzend umtanzt. Eine ganze Tiepolo-Herde durchstreift den immer dunkler gemalten Himmel, auf der stählernen Eisenbahnbrücke rangiert ein Zug unter lautem Klagen, und es ist, als dürfte ich mein früheres, verflossenes Selbst noch einmal an die Hand nehmen und in eine Welt führen, die mich schon prägte, lange bevor ich sie zum ersten Mal betrat, die etwas zu bieten schien, das ich vorher nicht gekannt hatte und wonach ich so sehr verlangte, eine Freistatt, wo die Phantasie und die wirkliche Welt eins werden konnten und wo man das schon an den Bäumen und den Menschen sah und an den Stimmen hörte.

Die Wirklichkeit war anders, Faulkner hätte mich noch so gut auf sie vorbereiten können, sie hätte mich dennoch verstört, ich kann es noch in meiner eigenen unbeholfenen Prosa von 1957 nachlesen, meinem ersten Amerika-Bericht in *Elsevier*.

Ich war als Matrose auf der *Gran Rio* nach Britisch-Guayana und Surinam gefahren, von dort mit der *Prins Bernhard* nach Trinidad und Curaçao, und auf diese Weise in Miami gelandet. Mit dem Greyhound fuhr ich durch die Südstaaten nach New York. Rassentrennung, natürlich wußte ich, was das war, aber für jemanden, der gerade aus Surinam kam, während der ganzen Fahrt seine Kajüte mit einem schwarzen Matrosen geteilt hatte, mit all der Kameradschaftlichkeit, die dazu gehört, und der jetzt nach New York reiste, um seine Geliebte aus Surinam zu heiraten, die ihn dort erwartete, war der Schock zu groß. Während der Fahrt saßen die Neger hinten, als Weißer mußte man vorn sitzen, und an jeder Station gab es getrennte Toiletten und getrennte Restaurants. Daß diese Schande immerhin der Vergangenheit angehört und inzwischen schon unvorstellbar geworden ist, beweist für mich, daß die Siege des Guten in dem unaufhörlichen Kampf von Gut und Böse, der Amerika ausmacht, von den Feinden Amerikas am leichtesten vergessen werden.

Aber es war damals, und damals ist noch nicht heute. Es wird Nacht und wieder Tag in so einem Bus, und irgendwann mitten in der Nacht stieg eine junge Negerin ein.

Hinten war kein Platz mehr frei, also blieb sie stehen und lehnte sich an der einzigen Stelle an, wo dies möglich war, neben einer Toilette an der Grenzlinie zwischen Weiß und Schwarz. Noch jetzt höre ich diese dünne scharfe weiße Frauenstimme mit dem Akzent des Nordens: »Driver, is she going to stand here all time?« Was folgt, zeigt nicht, wie mutig, sondern wie naiv ich war. Ich stand auf und wurde sofort von dem Mann neben mir, der mir seit einer Stunde erklärt hatte, er sei ein *liberal*, aber alles brauche seine Zeit, wieder in meinen Sitz gerammt. Der Fahrer ließ mich wissen, ich könne den Bus verlassen, wenn ich nicht sitzen bliebe, das Mädchen blickte in die Nacht hinaus, als ginge der Wortwechsel sie nichts an, die weißen Fahrgäste gackerten wie eine Schar aufgeregter Hühner, die Schwarzen hinten reagierten mit keinem Wort, und an der nächsten Station stieg das Mädchen aus.

Die Frau neben mir auf der Terrasse singt: »But that is all so long ago, I wasn't even born then«, und darauf weiß ich nichts zu erwidern und bleibe in der Abendluft als grau gewordenes Geschichtsbuch voll apokrypher Berichte sitzen. Geschichte ist allein das, was für einen selbst wahr ist, die Verfälschung beginnt schon bei den anderen.
Erst als es ganz dunkel geworden ist, brechen wir auf. Die Angestellten dieser Gaststätte tragen Matrosenuniformen, das zumindest brauchte ich damals nicht. Sie sind weiß und schwarz und machen Witze hinter den Palmen in der Bar. Während ich das Mädchen mit den langen schwarzen Beinen (diese Matrosen tragen Shorts) und der schräg auf dem Kraushaar sitzenden weißen Mütze mit goldenen Buchstaben (Louis on the Levee) betrachte, darf ich über Schein und Wirklichkeit nachdenken. Dies sind zwar Ma-

trosen, aber nicht auf einem Schiff. Da unten ist zwar der Fluß, aber wir bewegen uns nicht. Es ist Winter, aber es ist auch warm. Was für ein Geruch ist das, der jetzt durch die offenen Seitenfenster des alten violetten Autos (das einen Frauennamen hat) hereinweht? Ein Geruch nach Fluß, nach faulendem Holz. Ein Geruch nach Bayou, nach Sumpf. Ich hatte ihn schon gerochen, als er noch aus nichts anderem als Buchstaben bestand. Diese Buchstaben stammten von einem Mann, der jetzt tot ist, und wenn es nicht so dumm wäre, würde ich eine Art poetischer Gerechtigkeit darin sehen, daß ich das ausgerechnet hier erfahre. Das große Werk, von dem er so lange gesprochen hat, sein *À la recherche du temps perdu*, ist nicht fertig geworden. »He wrote his last words and left everyone guessing. The magical drape prevailed.« Ich lese dies in meinem stillen Zimmer und betrachte die Fotos, die dabei sind: ein Schriftsteller, von der Welt beschädigt. Er hat stark zugenommen, sein Fleisch ist angeschwollen, der Junge ist darin verschwunden, aufgefressen von dem Dicken, der auf demselben Sofa wie früher sitzt, ein Männlein eigentlich, in einer Art Morgenrock, einem geblümten baumwollenen Hausmantel. Ein koketter nackter Fuß, dessen große Zehe viel kleiner als die anderen ist. Er hat eine Hand in den Nacken gelegt und trägt einen Strohhut. Der Mund hat sich gedehnt, die Lippen, die nicht mehr glänzen, sind breit und dünn geworden und zu einem verächtlichen Lächeln verzogen, die Augen sind zugekniffen, das Gesicht aufgedunsen, zuviel Wasser, ein Doppelkinn hängt daran. Und er posiert noch immer, auch mit diesem Fotografen hat er leichtes Spiel. Er kann nicht demaskiert werden, weil er alles schon weiß. Nach einer Jugend in Louisiana hat es ihn, wie Proust, in die höchsten Kreise des Landes verschlagen. Aber anders als Proust in der *Re-*

cherche will er in *Answered Prayers* seine Modelle nicht ver-
mischen, nicht verschleiern. (»He told Judy Green *Answered
Prayers* was better than Proust because he was more accu-
rate.«) Und doch hatte er als Motto eine Äußerung Camus'
gewählt, die lautete: »Man sagt nie mehr als ein Viertel von
dem, was man weiß. Sonst bricht alles zusammen. Und
dann sagt man so wenig, und trotzdem fangen sie schon
an zu schreien.« Dieses Motto hätte vorn in dem Buch stehen sollen, das nie fertiggestellt wurde, weil das Geschrei
schon begonnen hatte. Seine »Charaktere« rebellierten. »Er
hätte ihre Geschichte nie erzählen dürfen, und wenn er es
trotzdem wollte, hätte er es richtig machen müssen.« Man
schloß ihn aus, lud ihn nicht mehr ein, er wurde geschnit-
ten, Freunde verließen ihren Tisch, wenn er das Restaurant
betrat. Alkohol, Drogen, Probleme mit Freunden, »his de-
sire simply not to write« und die Angst davor, das Buch
zu vollenden, weil er glaubte, daß er danach sterben würde, all das erledigte den Rest. So starb er, bevor es fertig
war.

Bei dem Artikel von Julie Baumgold (»Unanswered Prayers«, *New York Magazine*, Nov. 26) ist ein seitenfüllen-
des Foto. Der Autor ist jetzt ganz schwarz gekleidet, schwarzer Mantel, lose umgeworfener schwarzer Schal, der das
Doppelkinn verhüllt, ein breitkrempiger, hoher schwarzer
Filzhut verdeckt den kahlen Schädel, eine dunkelrosa ge-
tönte Brille läßt die Falten unter den Augen verschwim-
men. In der rechten Hand hält er ein Schnappmesser, mit
dem Zeigefinger seiner Linken prüft er die Schärfe der
Spitze. Er hat nicht mehr damit zugestochen, zwingt mich
aber, sein Foto zu beschreiben. Für seine Freunde mixte
er manchmal einen Drink: Wodka, Whiskey, Gin, Co-

gnac, mit einer Kirsche obendrauf. Das nannte er »Ein Tag
in Louisiana«.

Oktober 1985

1 J. Bernlef (eigentlich Hendrik Jan Marsman, geb. 1937): niederländischer Schriftsteller, dessen Roman *Hersenschimmen* (1984) die innere
   Erfahrungswelt eines Alzheimerkranken schildert.

New York.
Da capo, ad infinitum

New York, die Stadt des Auges. Von *dem* Auge, von einem Auge spricht man, wie zum Beispiel in »etwas ins Auge fassen« oder »ein Auge für etwas haben«. So spricht man auch vom Sehen, vom Blick, vom Gesicht, »er hat einen Blick dafür«, »sie hat das zweite Gesicht«. Auge, Blick, Gesicht, Wörter in der Einzahl – aber das Sehen, das dazugehört, geht mittels zweier Augen vor sich, während sich solche Ausdrücke auf jemanden mit nur einem, allerdings ganz besonderen Auge beziehen, einem Auge, das vielleicht sogar noch mehr sieht als zwei. Es könnte sein, daß die Intensität des Sehens gemeint ist. Ein Zyklop, ein Teleskop, ein Fotograf, die sehen mit einem Auge. Aber vielleicht ja auch ich, wenn ich hier herumlaufe. Ich habe ein Auge für all das. Meine beiden Augen sind zu einem großen verschmolzen, als Auge gehe ich durch die Stadt. Oder als Fotograf, der seine Linse im Gesicht hat, aber nicht, wie ein echter Fotograf, mit Licht schreibt, sondern mit Wörtern.

Sehen ist Ganztagsarbeit. Es fängt schon mit dem rätselhaften Augenblick an, in dem sich das Auge öffnet. Was sieht es zuerst? Den schwarzen Glanz des Telefons auf dem Nachttisch aus dunklem Holz. Daran ist nichts Besonderes. Dieses Hotel, in das ich immer wieder zurückkehre, hat sicher tausend Zimmer. Niemals werde ich sie alle von innen sehen. Sie sind, um mit einem großen Philosophen zu sprechen, gleich und nicht gleich. In jedem Zimmer hat man das Gefühl, schon einmal da gewesen zu sein: die gleichen Telefonapparate, der gleiche ungehörige, von einem unruhigen

Tausendfüßler abgewetzte Fußbodenbelag, die gleichen Lendenschurze vor den mit New Yorker Belag bedeckten Fensterscheiben, die immerhin noch fahles Licht hereinlassen, die graue Kleisterfarbe des Fernsehers, dazu der Geruch, die Geräusche, die Zeitung auf dem Boden neben dem Bett, *meine* Zeitung. Sie ist das erste, was ich morgens sehe, noch bevor ich mich selbst im Spiegel identifizieren muß, ein Haufen bedrucktes Papier, zerknitterte, verrutschte Bogen, die Zeitung von heute, die ich gestern schon gelesen und folglich verdorben habe. Es ist das Dilemma des manischen Zeitungslesers, vor dem er nur in Großstädten steht: Soll er die Zeitung, die eigentlich Zukunft ist (nämlich die Zeitung von *morgen*) jetzt schon beim Nachtportier kaufen? Man weiß, daß man damit jener Trias, mit der jeder neue Tag zu beginnen hat – Tageslicht, starker Kaffee, jungfräuliche Zeitung –, ein wesentliches Element nimmt. Wenn man sie nachts schon gelesen hat, ist sie eine zertretene Blume, man *erinnert* sich an das, was man erst jetzt hätte lesen dürfen, weil das Datum auf der Zeitung erst jetzt stimmt. Mit widerstrebenden Fingern birgt man die ruinierten Blätter, alte Neuigkeiten, ein weitschweifiges Geschichtsbuch. Man knüllt sie zu einem sofort wieder anschwellenden Ball zusammen und zwängt sie in den zu kleinen Papierkorb.

Kurz darauf ist man von der zweiundzwanzigsten Etage hinabgefahren und durch das Treibhaus der Lobby nach draußen gegangen. Großes Hotel, große Lobby. Viele Wartende, deren Augen die Aufzugtüren beobachten. Der Dollar bestimmt unser Äußeres. Es ist ein billiges Hotel, deshalb sieht man nur wenige gutgekleidete Amerikaner. Für Europäer ist es aber wegen des hohen Dollarstands noch ziemlich teuer, deshalb sieht man viele Europäer, die nicht von ihrer

Firma hierhergeschickt werden, also selbst bezahlen müssen und aussehen, als wäre diese Kaserne für sie eigentlich nicht gut genug.

Für die Dritte Welt ist der Dollar noch teurer. Die von dort stammenden Menschen, die sich dieses Hotel leisten können, sind deshalb die vornehmsten hier, denn sie kaufen ihre Kleider zu Hause, und dort steht dann neben jedem Schuh ein Diener.

Das ist eine eigenwillige Soziologie, aber ich habe genau beobachtet, und es stimmt. Hotels sind Dörfer mit ständig wechselnder Bevölkerung, das einzig Beständige sind die Alten, die hier wohnen und den Tag, die halbe Zeit schlummernd, in der Lobby zubringen. Nach wenigen Tagen erkennt man sie.

Draußen ist es kalt. Die Geometrie der Straßenecken schneidet den Wind in viereckige Böen und jagt ihn durch den Canyon der Avenue, man stößt sich an ihm. Ich flüchte mich gleich in den Doughnut-Laden, heute möchte ich mal etwas in Rosa in der klebrigen Teigmasse haben. Morgens ist mir schlechtes Essen nicht unangenehm. *Office boys*, hagere Mädchen, Neonlicht, das an der Haut klebenbleibt und sie durchleuchtet, so daß die Unreinheiten des großstadtgeschädigten Teints wie auch das Nichtvorhandensein einer Seele unmittelbar zu erkennen sind.

Es ist warm hier drin, und man ruft dem Personal Bestellungen zu. Dazu gehören Akzente, denn jeder kommt woanders her, und Varianten, denn in diese weichen Teigbällchen kann einfach alles hinein. Der Kaffee dazu kommt geradewegs aus dem Styx und ist langsam hierhingeflossen. Zu meinem Wesen gehört ein Hang zum Verdorbenen, zum Abscheulichen, und es macht mir auch nichts aus, es in flüssiger Form zu mir zu nehmen.

Die ganze Zeit sieht das Auge. Es liest Schriftzüge, Gesichter, sortiert Schön und Häßlich, Glücklich und Unglücklich. Lieber hier als auf einem Bauernhof, denke ich, lieber hier zwischen den Schweigenden und den Schwätzern, den Gequälten, die heute morgen schon, wer weiß in welcher Frühe, durch die Tunnel der Metro gejagt sind und hier, vielleicht in der größtmöglichen Entfernung von jeglichem denkbaren Paradies, ihren täglichen Doughnut verdienen müssen. Wenn all das nicht beabsichtigt war, warum ist es dann so?

Das wirklich Unvorstellbare, wann sieht man das je? Wir sind ein visuell verwöhntes, überfüttertes Geschlecht. Wir haben die Hölle und den Himmel in Bildern gesehen, und in Science-fiction dazu noch alle möglichen Vorstellungen von Höllen und Himmeln. Was sollte uns da noch wirklich erstaunen?

Auschwitz, der hunderttausendfach vergrößerte Kopf einer Ameise, das Paradies der schweigenden Tiefseefische, abscheuliche Pornographie, die verkommene Welt von *Mondo Cane*[1], Hinrichtungen, Trickaufnahmen, die kleinsten Details eines mittelalterlichen Gemäldes, der Biß des Vampirs, die geöffnete Leiche, eine Geburt, die Fußspur auf dem Mond, ein durchgeschnittenes Auge, die Elendsviertel des Universums?

Alles, was wir sehen, hat sich dadurch, daß wir es sehen, als Möglichkeit erwiesen, in der Wirklichkeit oder der Phantasie. Ein Hochzeitsfest sehr reicher Neger gehört zu den Möglichkeiten, denn es gibt sehr reiche Neger, und daß sie heiraten, ist nicht unvorstellbar. Eher in die Regionen des Zufalls gehört, daß ich gerade zur Stelle bin, als im Central Park ein weißer Rolls-Royce nach dem anderen genau dort hält, wo auch ich eine Verabredung habe. Eine halbe Stunde später, und ich hätte sie nicht gesehen. Hätte mir jemand davon erzählt, dann hätte ich mir eine Vorstellung davon gemacht, aber die würde sich, überlege ich jetzt, mit der Wirklichkeit doch nicht gedeckt haben!

Es war, als gäben diese selbst schon so emblematischen Automobile ein üppiges Blumengemälde frei, Blumen, die offensichtlich laufen konnten und dann auf einmal wie eine ganz besondere Flamingoart aussahen. Das war nun also eine Familie, die es geschafft hatte, soviel stand fest, und das zeigte man auch, in Amerika ist das erlaubt, und dabei war keine Protzerei. Stolz schon, und dieser Stolz gab sich im Gang zu erkennen, in der Haltung, in der Art, wie sie ausschließlich *aneinander* Anteil nahmen, nicht an der schnell anwachsenden Menge der Umstehenden. Die waren zwar da, wurden aber keines Blickes gewürdigt.

Vor langer Zeit hatte ich dieses Verhalten schon einmal beobachtet. Während eines Schriftstellerkongresses in Edinburgh, 1962. In einem großen Raum speiste eine adlige schottische Familie, wohl um die zwanzig Personen. Die Frauen trugen die gleichen undefinierbaren Gewänder wie in Holland weibliche Korpsstudenten, die Männer waren von phantastischer Eigenartigkeit. Kurze, knallrote Jakken, die am unteren Rand des Brustkorbs endeten, Jabots, Spitzenmanschetten, Ordenszeichen, nackte Knie unter dem Kilt ihres Clans, Kniestrümpfe, aus denen das silberne Heft, wenn man das so nennt, der Griff ihres Dolches herausragte, dessen Rest *im* Strumpf steckte, schwarze Lackschuhe mit Silberschnallen, und darauf, man glaubt es kaum, das Familienwappen. Eine ausgestorbene Art. Sie bekamen Speisen gereicht, aber sie sahen nicht, wer das tat, sie sahen *nichts* außer den Angehörigen ihrer Sippe.

Norman Mailer, Henry Miller, Max Frisch, Carol Baker, William Burroughs im Saal – angenommen, sie hätten gewußt, wer das war, sie hätten sie nicht gesehen. Die Außenwelt, die der anderen, war unsichtbar geworden, sie konnten einfach nichts wahrnehmen, in der Natur wären sie schon längst umgekommen, sie existierten nur noch füreinander, und ob sie sich unserer Blicke bewußt waren, war nicht zu erkennen.

Hier im Central Park war es genauso. Sie gehörten zueinander, waren sich vielleicht ihrer Ausnahmestellung bewußt, machten aber keine Show daraus. Die Braut, ganz in Weiß, erhob sich wie ein Schwan aus einem Nest von rosafarbenen, befiederten Schirmen, die Männer, vom Patriarchen bis zum Jüngsten, strahlten ein dynastisches Selbstbewußtsein aus, in dem die Außenwelt keinen Platz hatte.

Und diese Außenwelt? Die Außenwelt sah zu. Nicht mit Neid, eher mit einer gewissen Freude sahen die weißen Gesichter zu, vielleicht ja gerade, weil es *möglich* war, was sich dem Blick hier darbot, als würde dadurch irgendwie eine Schweinerei wie die Sklaverei oder die Armut ausgelöscht, was natürlich nicht der Fall ist, und doch hatte es etwas davon – oder als bekäme durch diesen Glanz der amerikanische Traum, der so manches Mal mit den Alpträumen anderer bezahlt wird, etwas wie nachweisbaren Wirklichkeitsgehalt.

Dies war kein Traum, sie liefen wirklich da herum, die Männer mit ihren schwarzen, eleganten Zylindern und den grauen Jacketts, die bei jeder anderen Hautfarbe eine so tödlich unfestliche Wirkung haben, die Frauen in ihren Wolken aus Rosa wie Wesen von großer Schönheit, die auch unvermittelt wieder davonfliegen und uns in dem öden verregneten Park zurücklassen könnten, der zwischen Meilen aufeinandergewürgter Steinmassen als einziges noch ein bißchen an die Natur erinnert.

Die Stadt des Auges. Diesmal finde ich neben meinem Bett die *New York City Subway Map*, aufreizend hingebreitet. Sie will etwas von mir, etwas, das ich gestern abend selbst noch wollte. In der langen, schlampigen Bar des Hotels habe ich unter dem Riesenbildschirm mit dem endlosen Boxkampf und beim Geschrei betrunkener Iren den Entschluß gefaßt, mit der Metro so weit wie möglich aus der Stadt hinauszufahren, Stillwell Avenue, Coney Island, Brighton Beach, Sheepshead Bay. Daran muß ich mich nun auch halten.

Ich betrachte die Karte. Die Linien der Metro haben Farben, grün, hell- und dunkelblau, gelb, rot, dunkelbraun. Sie fallen, scheint es, vom oberen Rand Manhattans, kreuzen an allerlei Stellen den East River und hetzen dann nach Queens und Brooklyn hinein, bis sie irgendwo am Ozean oder mitten in einem der weißen Flecken der Karte enden, als hätten sie dort eine Hirnblutung erlitten und wären dann in den Sand getaumelt.

Vor allem am unteren Rand von Manhattan drängen sie sich, hängen aus der kleinen Insel heraus wie das Gedärm aus einem ausgeschlachteten Schwein, vereinigen sich in der Gegend von Hoyt Street zu einem Klumpen noch nicht garer Spaghetti und rutschen dann in allen Richtungen davon. Manchmal lande ich in einem Stadtteil, in dem ein Krieg mit biologischen Waffen gewütet hat, dann wieder rase ich mit der Geschwindigkeit des *outer space* an einer Station vorbei, deren Buchstaben sich vor meinen Augen verflüssigen, und immer ist man irgendwie auf allen Erdteilen zugleich, wenn die Haitianer ausgestiegen sind, steigen die

Chinesen ein, bis auch die in ihrem Stadtteil angekommen sind und die Wagen Puertoricanern oder russischen Juden überlassen.

Etwas haben all diese Fahrgäste gemeinsam, aber wie ich das benennen soll, weiß ich nicht, es sei denn in pathologischer Terminologie. Es ist, als ob das Rasen, das Dunkel, die bedrückenden Spuren der Zerstörung in den Wagen und unterirdischen Haltestellen sie schließlich kleingekriegt hätten, jeder ist in Einsamkeit gehüllt, die Einsamkeit der Großstadt, in sich gekehrt, um nur ja nicht zuviel sehen zu müssen.

Die Gesichter sind müde, abweisend, diese gnadenlosen Fahrten sind Alltag, sie zehren aus, und um das nicht zu merken, versucht man, vorübergehend einfach nicht da zu sein. Die anderen sind die Gefahr, man vermeidet Kontakt, liest, schweigt, starrt vor sich hin, der Körper überläßt sich der Wirkung plötzlicher Kurven oder Geschwindigkeitsänderungen, läßt sich stoßen, drehen und wenden, das innere Auge richtet sich auf eine für die anderen unsichtbare Vision, einen Sessel, ein Sofa, einen Fernseher, ein geliebtes Gesicht, das, worauf man jetzt zufährt und wovon alle anderen ausgeschlossen sind.

Wenn dieser Zustand plötzlich ein Ende findet, muß schon etwas passiert sein, und so ein Tag ist heute, ich habe den richtigen Moment erwischt. Irgend etwas ist nicht in Ordnung, in dem großen Irrgarten werden Züge umgeleitet, die Nummern und Buchstaben gehören nicht mehr zu ihrer Richtung und ihrem Ziel, die Fahrgäste verhalten sich wie Ameisen, denen der unverschämte Zufall in Gestalt eines neugierigen oder sadistischen Kindes, das mit einem Stöckchen im Ameisenhaufen stochert, den Weg abschneidet. Sie jammern, bitten einander um Hilfe, starren mit Grauen im

Blick Stationen an, bei denen sie sonst nie vorbeikommen, versuchen die unmenschlichen elektronischen Stimmen zu verstehen, die an den nächsten Haltestellen Umleitungen durchsagen. Eine sonderbare Kameradschaftlichkeit entsteht, die unterschiedlichen Akzente erklären einander, daß sie das nicht mehr mit sich machen lassen, daß sie hier jetzt lieber aussteigen, daß sie nach A zurückfahren, um von dort besser nach B zu kommen.

Ich habe mich in mein Schicksal ergeben, die Karte nützt schon längst nichts mehr, manchmal stehen wir in einem dieser nachtschwarzen Tunnel, und dann tritt eine Stille ein, die mit nichts zu vergleichen ist, die Stille des Bergwerks, des gottverlassenen unterirdischen Schachts. Dann sagt niemand ein Wort, jeder kaut an seiner eigenen Angst und wird erst wieder erlöst, wenn ein fernes Rumoren ankündigt, daß wir gleich wieder losfahren.

Es dauert zwei Stunden, bis ich da bin, der letzte Teil der Fahrt führt oberirdisch durch eine Landschaft, auf der ein Fluch liegt; hier *lagert* man Menschen. Zwei kugelrunde russische Frauen sind jetzt noch im Zug, ihre Gesichter sind von weißen Tüchern umrahmt. Sie fragen mich etwas, aber ich verstehe sie nicht. Der einzige andere Mann im Wagen spricht schreiend mit sich selbst. Dies muß der Punkt der weitesten denkbaren Entfernung vom Tor des Paradieses sein, etwas wie dies muß dessen Eigentümer vorgeschwebt haben, als er uns vertrieb.

Zweihundert Meter vor der Endstation bleibt der Zug noch eine halbe Stunde stehen, die Türen bleiben gnadenlos festgesaugt, der schreiende Mann rennt hin und her wie ein Wolf im Käfig, und weil wir in einer Kurve stehen, kann ich den Rest des Zuges sehen, schäbig, metallfarben, vollgekratzt und vollgesprüht mit obszönen Runen, ein Ding, das unter die Erde gehört, eine ausgebuddelte Leiche, etwas, das kein Tageslicht verträgt.

Endstation. Stillwell Avenue. Ich brauche nur eine kurze Strecke zu gehen und sehe den Ozean, aber was für eine Perversion ist das hier. An einem Ozean kann eigentlich nichts verändert werden, das ist Wasser, das bis in sehr weite Ferne reicht und immer es selbst ist, aber hier stimmt das nicht, hier grenzt die ozeanische Natur unmittelbar an eine Abbruchzone, ausgehöhlte Hotels, Löcher, und wird dadurch selbst entwertet, entweiht, banalisiert. Und doch, und doch ... Während die Schutthaufen die Natur banalisieren, verleiht das Ozeanische des Ozeans (eine seltsame Wendung, aber wenn »ozeanisch« auf irgend etwas anwendbar ist, dann doch wohl auf den Ozean) dem Abrißviertel um mich herum eine groteske Ausstrahlung, als wäre das alles gerade so und nicht anders gedacht, als künstlerische Schöpfung, als Kulisse für einen Film, etwas, das fotografiert zu werden verlangt, und das wird es dann auch.

Zwischen sechs alten Negerinnen esse ich *junk food* bei Nathan's. Im Sommer muß es hier mörderisch sein, aber jetzt sind wir die einzigen. Alles ist gelb und rot gestrichen. Am Fenster geht einer mit einem T-Shirt der Coney Island Hysterical Society vorbei, und als ich wieder rausgehe, steht auf einem verlassenen Feld, zwischen den anderen Toten, ein tief durchgesackter weißer Pontiac, schief, ohne Räder, verrostet, mit weit geöffneter Motorhaube, als würde er schreien.

Der Asphalt auf diesem letzten Stück ist aufgeplatzt, auf dem Gebäude von Stau Baths steht eine alberne Urne, das Bad ist für immer verlassen, früher war es ein vornehmes Etablissement, direkt am Ozean, aus weißen Ziegeln erbaut, jetzt verdreckt, abbröckelnd. Scherben der Fensterscheiben sind auf die Betonplatten des Gehwegs gefallen, in den Fugen wächst diese besondere Art von Gras, gelblich, Verwandter des Untergangs, degeneriert und doch echt, eifrig mit Chlorophyll und Sauerstoff zugange. Rührig, immer bei der Arbeit, Gras, das aussieht, als werde es der letzte Bewohner der Erde sein.

Möwen, zu Geiern herabgesunken, kreisen über den Abfalleimern. Das ist ein unerfreulicher Anblick, Möwen sollen hinter Schiffen herziehen oder sich jagend ins Meer stürzen, und nicht auf mit Hundepisse getränkte Brotkrusten.

Die Welt liefert die Metaphern, der Dichter braucht nur daran vorbeizugehen und sie seinem Arsenal hinzuzufügen. Einmal oder keinmal wird er es gebrauchen, dieses Bild von geschlossenen Toren mit dem Schild, auf dem ein doppelreihig gezähnter Hund bösartig ins Leere bellt: WARNING! *These premises are protected by attack dogs, trained and serviced by Scorpion Patrol Dogs!*

Das Auge sucht, kann aber die bestialischen Bewacher der Kinderkirmes nicht entdecken, sieht nur das stillstehende Riesenrad, die albernen bunten Tiere, die dadurch, daß keine Kinder auf ihnen sitzen, doppelt unecht wirken. Leere Wagen, Geraschel von Plastikfahnen, geschlossene Kassen, nein, hier habe ich nichts zu suchen.

Und doch ist etwas Merkwürdiges an diesem Pier. Er gehört nicht wirklich zum Meer und nicht wirklich zum Land, er ist Niemandsland, eine Freistatt. Hin und wieder höre ich hinter mir die schnellen Schritte eines Joggers auf den losen Planken, und wenn ich mich auf eine Bank an der Landseite setze, kann ich sie sehen, heroische Gestalten, die sich vor der Sonne abzeichnen, gefangen in der olympischen Skulptur ihrer selbst und deshalb ein wenig antik, aus dieser Zeit herausgelöst, beinahe tanzende Menschen mit wogendem Haar.

Wenn ich lange aufs Meer hinausblicke, gewinnt sein Frieden allmählich die Oberhand. Ab und zu setzen sich Menschen auf die Bänke, die näher am Strand stehen. Wie ich verfolgen sie den Flug der Vögel oder den kreisenden Gang eines großen schwarzen Hundes, sie stützen den Kopf in die Hände, sie lesen oder schreiben. Als es mehr geworden sind, erkenne ich ihre Sprache, verstehe sie aber nicht. Es ist Russisch.

Der Teil der Küste, der Brighton Beach heißt, wird auch Odessa genannt. Sechzigtausend russische Juden leben hier. Als ich später die Straßen dieser Vorstadt betrete, sehe ich die Synagogen und die russischen Zeitungen, aber am Pier sieht man es vor allem an den Gaststätten. Gastronom Moscow. Hirsch's Knishes, Balalaikas, heisere Stimmen, Wodka, Exil. Odessa in Amerika. Ich betrachte die alten Leute auf den Bänken, Sonnenschirme aus Stroh, Gespräche im Sonnenlicht, Hocker, Wägelchen, man genießt die Sonne in Erwartung der Winterwinde, die den Pier leerfegen werden.

Der Zufall will wieder mal etwas zum Reimen bringen. Ich habe den Boulevard verlassen und bin, vorbei an einem eigenartigen Tempelchen mit der Aufschrift *Women*, bis ans Wasser gegangen. Ich sehe jemanden, der sich nach seinen Fußspuren umdreht, und als Reaktion darauf blicke auch ich zurück. In dem Augenblick springt das Wasser ein Stück vor, das Meer macht diese leeren, umgekehrten Füße für einen flüchtigen Moment durchscheinend und glänzend und saugt sie dann weg. Zurück bleiben etwas unförmige, plumpe Formen, Klumpfüße, und dann nimmt das Wasser auch die mit sich fort. Wir sind hier gar nicht hergegangen, wir sind in diesem Augenblick geboren worden, vom Himmel herabgestiegen, und hier stehen wir. Wir sehen uns an, lachen, spüren, daß wir beide etwas sagen möchten, kommen zu dem Schluß, daß es besser ist zu schweigen, weil ohnehin völlig klar ist, was wir sagen könnten, etwas von Vergänglichkeit, Abwesenheit, Flüchtigkeit – und dann sind wir schon wieder aneinander vorüber und damit beschäftigt, neue Fußabdrücke zu machen.

Auf dem hölzernen Boulevard sind die Lichter angegangen. Dahinter wird es schwarz, Abend. Die Häßlichkeit der Gebäude verflüchtigt sich, nach und nach werden auch dort in den Zimmern die Lampen eingeschaltet, ein fransiger Nebel zieht auf, dies ist die Stunde, zu der alles, so übel es im Tageslicht auch sein mag, zauberhaft schön wird, die Stunde, wenn der Verurteilte auf Begnadigung hofft.

Ich warte nicht so lange, gehe in das Viertel hinein, höre die schwerfällige Sprechweise in den Hauseingängen, kaufe die unlesbare Zeitung mit den bekannten Porträts und nehme ein Taxi, aber es ist kein Taxi, es ist ein Wohnzimmer. New York hat alle möglichen Sorten Taxis zu bieten – Gefängnisse, in denen man nur durch Gitter hindurch bezahlen kann, Irrenhäuser, deren einziger Bewohner hinter dem Lenkrad tobt, Müllkippen, Bordelle. Jetzt ist es ein Wohnzimmer.

Der Fahrer sitzt bequem in den Polstern, überall hängen und stehen Plastikblumen, über dem Fahrpreisanzeiger starrt mich eine ganze Familie an, eingerahmt, verklärt. Heilige und gute Wünsche beschützen uns, der Familienvater summt vor sich hin, und während wir uns durch den allmählich dickflüssiger werdenden Verkehr schieben, reicht er mir zwei Zettel. »Fußabdrücke« steht oben auf dem einen, und ich denke an meine – der Sand, der die

Form meiner verschwundenen Füße nachzeichnete, schaukelt jetzt in den Wellen hin und her oder ist schon langsam auf den Boden gesunken.

FOOTPRINTS ...

One night a man had a dream. He dreamed he was walking along the beach with the Lord. Across the sky flashed scenes from his life. (Das hätte ich auch gerne, überlege ich, mein Leben als Film an den Himmel projiziert.) *For each scene, he noticed two sets of footprints in the sand: one belonging to him, and the other to the Lord.*

When the last scene of his life flashed before him, he looked back at the footprints in the sand. He noticed that many times along the path of his life there was only one set of footprints. He also noticed that this happened at the very lowest and saddest times in his life.

This really bothered him and he questioned the Lord about it. »Lord, you said that once I decided to follow you, you'd walk with me all the way. But I have noticed that during the most troublesome times in my life, there is only one set of footprints. I don't understand why when I needed you most you would leave me.« The Lord replied, »My son, my precious child, I love you and I would never leave you. During your times of trial and suffering, when you see only one set of footprints, it was then that I carried you.«

Author unknown, steht in den gleichen kalligraphierten Buchstaben darunter. Ich frage mich, ob der Mann, dem ich eben auf dem Strand begegnet bin, vielleicht *the Lord* war, oder, das wäre schließlich auch denkbar, ob in dem Fall, daß *er* dieses Taxi genommen hätte, vielleicht ich *the Lord* wäre.

Der andere Zettel ist kleiner.

To All My Dad's Passengers, His Friends, Hi.

Welcome aboard my dad's taxi. Sit back, relax, and enjoy a safe, pleasant ride. We want to wish you a good day today and always. Thanks for letting my father be of service to you and »God Bless You All«.

Your friendly driver Jack (the Hack) Dym, and daughter Ilene, and family – wife Harriet, Marilyn, Denise, and Adam.

Ich betrachte die fotokopierten Gesichter, die zu diesen Vornamen gehören. »This country has been good to me«, sagt Jack the Hack ohne besonderen Anlaß. *Have a happy day,* steht auf einem dritten Zettel, den er mir jetzt gibt, und was soll ich nun sagen – daß der Wunsch in Erfüllung ging? Ich schnurre schon vor Behagen, aber er auch, er ist polnischer Jude, allem entkommen, glücklich in Amerika. Ich versuche mir die Familie vorzustellen, eine geballte Ladung hoch angereicherten guten Willens, und sitze nun da mit diesen Zetteln in den Händen, ein Fremdling in Jerusalem.

Am letzten Tag meines Aufenthalts will ich von Brooklyn nach Manhattan *gehen*. Es ist der Sommer im Herbst, alle sind draußen, als würde es heute zum letzten Mal so sein. Sonntag, tiefer Friede. Vom Kai aus sehe ich das düstere Fort von Manhattan, die Schlachtordnung Mammons, jetzt im Sonnenlicht glänzend. Die Brücke hängt hoch und einfältig in ihrem eigenen stählernen Netz, hundert Jahre alt. Ich gehe an einem beschmierten Denkmal vorbei (*Our government is a government of laws, not of men,* solche Graffiti sind mir am liebsten) und komme zum Ufer, wo die Menschenkinder auf Bänken im Sonnenlicht hängen, schmusen, lesen, umherschlendern.

Die Panzer und Schilde der Großstadt sind abgelegt, alle sind arglos und verletzlich, die Menge ist ein Kind, wie in diesem Frühjahr, als das hundertjährige Bestehen der Brücke gefeiert wurde und ich unter den Millionen stand, die sich das überwältigende Feuerwerk ansahen, nicht anders als im kleinsten spanischen Dorf, der nächtliche Himmel gefärbt wie die Palette eines übergeschnappten Malers, ein friedlicher Atomkrieg, mit Pulverdampf als Weihrauch.

Jetzt stammt alles Licht von der Sonne, und als ich die Brücke betrete, ist es, als wäre ich selbst auf dem Weg zum Licht. Im Wasser unter mir ein Segelschiff, auf den Planken die Jogger, die Radfahrer, die kostümierten Verrückten. Wie in einer Gondel hängen wir an den glänzenden Stahlseilen. Als ich fast den höchsten Punkt erreicht habe, kommt aus der anderen Richtung ein Mann, der sich in die amerikanische Fahne gewickelt hat. Er ist um die sechzig, dunkel, könnte ein Indianer sein, und er tanzt, macht leichte, schwebende Schritte, streift das Brückengeländer, singt, und die drohende Reihe der Geldhäuser am anderen Ufer schrumpft, wird zur bloßen Kulisse für diesen schwebenden, singenden Toren. Dann breitet er die Fahne weit aus, als ob er losfliegen wollte, dreht sich um die eigene Achse und wickelt sich wieder ein, springt hoch, beugt sich nieder und rennt leise johlend an mir vorbei, vor die Augen der anderen.

August 1984

1 *Mondo Cane* (Hundewelt): Film von Gualtiero Jacopetti und Franco Prosperi von 1962, aufgrund seines Erfolges fortgesetzt; die *Mondo*-Filme zeigen groteske und abstoßende Szenen menschlichen Verhaltens auf drastische Weise und begründeten das neuartige Genre des »*shockumentary*«.

Quellennachweise

Andreas Ecke hat folgende Texte aus dem Niederländischen ins Deutsche übersetzt: *New York, Stadt des Verschwindens*; *Autopia*; *Interstate 93*; *Die Reise des Toten Mannes*; *Trommeln, Pfeifen, böse Geister*; *November im Süden, 1984* und *New York. Da capo, ad infinitum*. Die Reisegeschichte *Zwischen den Costas Ricas* hat Brigitte Heinrich aus dem Englischen übertragen, da das niederländische Original im Unterschied zur englischen Ausgabe nicht mehr greifbar war. Alle anderen Reisegeschichten wurden von Helga van Beuningen übersetzt.

Die für diesen Band ausgewählten Reisegeschichten aus den USA und Mexiko sind Teile und Ausschnitte eines USA-Buches (*De zucht naar het Westen*) bzw. einer Serie von Texten über Mexiko, die im Original unter dem Titel *Vreemd water* erschienen ist. In Buchform haben diese Reisegeschichten ihre deutsche Erstveröffentlichung in den im folgenden genannten Bänden erlebt. Sie sind inzwischen auch in Cees Nootebooms *Gesammelten Werken* nachzulesen.

Das aus dem Gedicht *Titicaca* stammende Motto des Bandes findet sich in Band 1 der *Gesammelten Werke* auf S. 167 und wurde von Ard Posthuma übersetzt.

New York, Stadt des Verschwindens
In: Cees Nooteboom, GW 6, S. 540-561
© der deutschen Übersetzung Suhrkamp Verlag Frankfurt am Main 2004

Autopia
In: Cees Nooteboom, GW 6, S. 525-539
© der deutschen Übersetzung Suhrkamp Verlag Frankfurt am Main 2004

Interstate 93
In: Cees Nooteboom, GW 6, S. 695-708
© der deutschen Übersetzung Suhrkamp Verlag Frankfurt am
Main 2004

Die Reise des Toten Mannes
In: Cees Nooteboom, GW 6, S. 709-721
© der deutschen Übersetzung Suhrkamp Verlag Frankfurt am
Main 2004

Mexiko
　Ankunft in Mexiko; *Vögel und Ruinen*
　In: Cees Nooteboom, GW 6, S. 426-434 und 486-505
　© der deutschen Übersetzung Suhrkamp Verlag Frankfurt
　am Main 2004
　Teotihuacán, die Pyramiden der Sonne und des Mondes
　In: Cees Nooteboom, Nootebooms Hotel (Suhrkamp 2000),
　S. 158-165 und GW 6, S. 470-477
　© der deutschen Übersetzung Suhrkamp Verlag Frankfurt
　am Main 2000

Im rauhen Gedicht der Kröte
　Die Kulissen von Trinidad; *Hilversum am Demarara*; *Der Mond
　ist eine Fackel*
　In: Cees Nooteboom, GW 7, S. 31-45
　© der deutschen Übersetzung Suhrkamp Verlag Frankfurt
　am Main 2005
　Auf der anderen Seite liegt Frankreich
　In: Axel Hütte / Cees Nooteboom, Kontinente (Schirmer /
　Mosel 2000), S. 146-149 und GW 7, S. 46-50
　© der deutschen Übersetzung Suhrkamp Verlag Frankfurt
　am Main 2005

New York. Da capo, ad infinitum
In: Cees Nooteboom, GW 6, S. 731-744
© der deutschen Übersetzung Suhrkamp Verlag Frankfurt am
Main 2004

GW   Cees Nooteboom, *Gesammelte Werke*, Band 1-9,
herausgegeben von Susanne Schaber
Band 6: Auf Reisen 3. Afrika, Asien, Amerika, Australien. Aus
dem Niederländischen von Helga van Beuningen und Andreas
Ecke, Frankfurt am Main 2004
Band 7: Auf Reisen 4. Frühe Reportagen und Reisegeschichten.
Aus dem Niederländischen von Helga van Beuningen, Andreas
Ecke und Rosemarie Still, Frankfurt am Main 2005
Band 9: Poesie und Prosa 2005-2007. Aus dem Niederländi-
schen von Helga van Beuningen, Andreas Ecke und Ard Post-
huma, Frankfurt am Main 2008

Inhalt

New York, Stadt des Verschwindens   9

Autopia   35

Interstate 93   53

Die Reise des Toten Mannes   69

Mexiko   84

   Ankunft in Mexiko   84

   Teotihuacán, die Pyramiden der Sonne und
     des Mondes   94

   Vögel und Ruinen   102

Im rauhen Gedicht der Kröte   125

   Die Kulissen von Trinidad   125

   Hilversum am Demarara   129

   Der Mond ist eine Fackel   133

   Auf der anderen Seite liegt Frankreich   142

Bitteres Bolivien   147

Trommeln, Pfeifen, böse Geister   195

   Garten   195

   Friedhof   197

   Candomblé   200

   Bahia   203

   Ein Morgen in Bahia   206

Zwischen den Costas Ricas   210

Mexikanische Fragmente   225

   Guadalajara   225

   Pátzcuaro   232

   Die Ruinen von Tzintzuntzan   238

   Morelia   240

   Abend in Mazamitla   243

Die Farben von Campeche   245
Ein Abend auf dem Zócalo   254
November im Süden, 1984   258
New York. Da capo, ad infinitum   277

Quellennachweise   294

Mit Cees Nooteboom
um die Welt

Die besten Reisegeschichten

Auf der anderen Wange der Erde. Reisen in den Amerikas. Aus dem Niederländischen von Helga van Beuningen und Andreas Ecke. Herausgegeben von Susanne Schaber. st 3995. 300 Seiten

Eine Karte so groß wie der Kontinent. Reisen in Europa. Aus dem Niederländischen von Helga van Beuningen und Rosemarie Still. Herausgegeben von Susanne Schaber. st 3994. 291 Seiten

Geflüster auf Seide gemalt. Reisen in Asien. Aus dem Niederländischen von Helga van Beuningen. Herausgegeben von Susanne Schaber. st 3997. 288 Seiten

In der langsamsten Uhr der Welt. Reisen in Afrika. Aus dem Niederländischen von Helga van Beuningen und Rosemarie Still. Herausgegeben von Susanne Schaber. st 3996. 242 Seiten

Leere umkreist von Land. Reisen in Australien. Aus dem Niederländischen von Helga van Beuningen. Herausgegeben von Susanne Schaber. st 3993. 179 Seiten